Agnes Imhof

DUMMERWEISE HOCHBEGABT

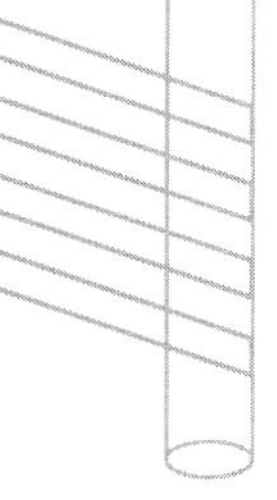

Agnes Imhof

DUMMERWEISE HOCHBEGABT

Wie ich aufhörte, mich zu verstellen, und meinen Weg zum *Glück* fand

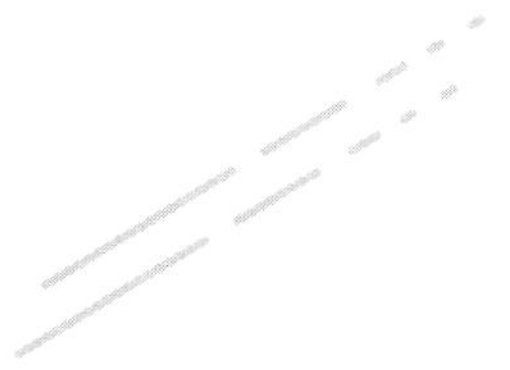

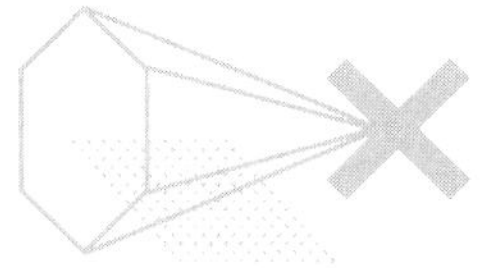

Dieses Buch ist erhältlich als
ISBN 978-3-407-86538-0 Print
ISBN 978-3-407-86548-9 E-Book

1. Auflage 2018

in der Verlagsgruppe Beltz • Weinheim Basel
Werderstraße 10, 69469 Weinheim

Lektorat: Ulrike Ebenritter, Tarek Münch
Umschlaggestaltung: www.anjagrimmgestaltung.de (Gestaltung), www.stephanengelke.de (Beratung)
Umschlagfoto: Silke Weinsheimer
Layout: Meris Sibilla
Herstellung: Sonja Frank
Satz: Publikations Atelier, Dreieich
Druck und Bindung: Beltz Grafische Betriebe, Bad Langensalza
Printed in Germany

Weitere Informationen zu unseren Autor_innen finden Sie unter:
www.beltz.de

INHALT

HOCHBEGABT UND TROTZDEM BLOND. GESCHLECHTERROLLEN

HOCHBEGABTE UND BERUF

DAS MULTIVERSUM IM KOPF

ERKENNE DICH SELBST

VORBEMERKUNG

Sich als hochbegabt zu outen ist so eine Sache. Man macht sich mit dieser Art Coming-out nicht nur Freunde. Realistisch gesehen ist es sehr viel leichter zuzugeben, dass man die Krätze hat oder von tödlichen Gammastrahlen verseucht ist. Schon vor fast dreihundert Jahren warnte Claude-Adrien Helvetius, dass nur unvorsichtige Leute es wagten, vor Menschen, die sie nicht kennen, Geist zu haben.

Ich bin nicht immer vorsichtig, und so habe ich mich trotzdem entschieden, dieses Buch zu schreiben. Weil die Kommunikation zwischen Hochbegabten und den sogenannten Normalbegabten noch immer hinkt. Das liegt auch daran, dass vieles, was über Hochbegabung geschrieben wird, von Leuten stammt, welche die Innenperspektive gar nicht kennen. Denn Hochbegabte selbst beschreiben selten ihr Innenleben und meistens haben sie ohnehin andere Interessen, nach dem Motto: Ja, ich bin hochbegabt. Aber nicht hauptberuflich. Reden wir über Quantenteleportation!

Wir alle brauchen das Verständnis der Menschen, die uns umgeben, ihr Mitgefühl und ihre Freundschaft – auch Hochbegabte, allen Klischees zum Trotz. Zugegeben, man merkt uns das nicht immer an. Noch ein Grund für dieses Buch.

Auch ich war ziemlich gut darin, meinem Umfeld auf den Keks zu gehen, und bisweilen bin ich es noch heute. Versteht mich nicht falsch: Immerhin ziehe ich mich nicht mehr an wie Goethes Werther und ich schreibe meine Weihnachtskarten nicht auf Altbabylonisch. Aber ja, manchmal sieht es so aus, als könnte ich zwar spontan Schillers Gesamtwerk rezitieren oder einen Vortrag über Wurmlöcher halten, wäre aber zu blöd, um die Türklinke zu finden. Manchmal provoziere ich oder vertrete eine Meinung, die ich gar nicht teile, nur um zu sehen, wie weit es sich damit argumentieren lässt. Das macht mich nicht gerade zur Ballkönigin. Und ja, obwohl ich mich wirklich bemühe, kann es schon mal passieren, dass ich ein ganz klein wenig wirke wie ein Klugscheißer.

Hochbegabung bedeutet jede Menge Chaos. Eine lebenslange Herausforderung, an der man oft zu zerbrechen droht. Zerrissen zu sein zwischen den unterschiedlichsten Interessen, zwischen Verstand und Gefühl, als würde man von einer Seite mit 5000 Grad Celsius bestrahlt und gleichzeitig von der anderen schockgefrostet. Sie bedeutet aber auch eine Menge Spaß und viele Dinge, ohne die es zumindest mir ziemlich langweilig wäre. Ja, heute stecke ich gern in meiner hochbegabten Haut. Es wäre gelogen zu sagen, es war kein harter Weg dorthin. Noch immer ist es manchmal unglaublich anstrengend. Aber alles andere würde nun einmal bedeuten, gegen meine eigene Persönlichkeit zu kämpfen. Und wer das tut, kann eigentlich nur verlieren. Deshalb wäre es nett, wenn man uns einfach nehmen würde, wie wir sind. Einen Laktoseintoleranten zwingt man ja schließlich auch nicht, vom Käse abzubeißen.

Dieses Buch ist keine Autobiografie, es erzählt nur das über mich, was auch mit Hochbegabung zu tun hat. Manche Szenen habe ich zur besseren Lesbarkeit komprimiert oder Namen – besonders bei Minderjährigen und Familienmitgliedern – verändert. Es soll helfen, anderen Hochbegabten, ihren Freunden und Angehörigen die Erfahrungen zu ersparen, die hier geschildert werden. Es soll allerdings keine Entschuldigung für schlechtes Benehmen liefern. Auch ein hochbegabtes Ekel ist und bleibt ein Ekel.

Stattdessen möchte ich zurückgeben, was ich selbst durch die Lebensgeschichten anderer Hochbegabter bekommen habe: das Gefühl, nicht allein oder gar abartig zu sein. Und ich möchte denen, die vielleicht manchmal an ihren hochbegabten Freunden, Kindern oder Partnern verzweifeln, eine Möglichkeit geben, zu verstehen. Schließlich kann man schlecht mit jemandem kommunizieren, wenn man nicht weiß, wie er tickt. Noch immer ist es in dieser Gesellschaft oft ein Handicap, wenn man schlau ist. Sozusagen dummerweise hochbegabt. Aber das muss ja nicht so bleiben. Dies ist mein Beitrag dazu.

ICH UND »HOCHBEGABT«?

PRÄLUDIUM IM KINDERGARTEN

Unter anderen Umständen als der totalen Katastrophe wäre ich nie auf die Idee gekommen, meine Intelligenz testen zu lassen. IQ-Tests schienen mir sinnloses Brainjogging für Angeber, die sich besser fühlen, wenn sie ein paar Kreuzchen mehr richtig gesetzt haben als andere. Es brauchte mehrere Anstöße, um meinem komischen Innenleben auf die Spur zu kommen. Und alles begann im Kindergarten.

Nervös verknote ich meine Hände. Das dunkle Büro liegt im Souterrain. Nur durch ein schmales Fenster ganz oben kommt Tageslicht herein. Eine Wickelkommode, der Schreibtisch. Auf der einen Seite ich, auf der anderen die Leiterin der Einrichtung und eine Erzieherin. Eigentlich ist es ein ganz normales Elterngespräch. Aber die angespannte Atmosphäre ist förmlich zu greifen, und es riecht nach Ärger. Auf einmal komme ich mir vor wie ein Kind, das etwas ausgefressen hat.

Was ist denn los?, sage ich mir. Du bist doch kein kleines Mädchen mehr. Und auf den Mund gefallen warst du auch noch nie.

»Also«, meint die Leiterin mit strengem Blick. Sie ist klein und drahtig, schon älter. Ihre Haare sind blond gefärbt, die Stimme ist scharf wie die eines Polizisten beim Verhör. Sie zückt das Protokoll des letzten Elterngesprächs.

»Sie sagten im letzten Gespräch, dass Sie überlegen, Natascha vorzeitig einzuschulen. Weil Sie der Ansicht sind, dass sie sich bei uns hier langweilt.«

Mit zusammengezogenen Brauen blickt sie mich über den Rand des Protokolls an, als wäre das etwas Unmoralisches.

»Na ja«, erwidere ich etwas unsicher. »Sie kann im Prinzip lesen, und die Bücher, die Sie haben, findet sie nicht mehr ganz so anregend.« Nataschas Ausdruck dafür war weniger nett. Sie hat ihren eigenen Neologismus verwendet: »babish« – babyhaft. Seit einiger Zeit weigert sie sich immer öfter, in den Kindergarten zu gehen, hat morgens Bauchschmerzen oder sitzt allein in einer Ecke, wenn ich komme, um sie abzuholen. Wenn ich frage, was los ist, sagt sie, dass ihr langweilig sei. Dass die Erzieherinnen ihre Fragen nicht beantworten und ihr stattdessen befehlen, alberne Spiele mitzumachen, die sie hasst.

Der Ausdruck der Leiterin wird milde wie der eines Inquisitors im Beichtstuhl. »Ich verstehe. Ich habe früher in einem Kindergarten in der Stadt gearbeitet. Da hatten wir viele Mütter wie Sie. Die ihre Kinder mit drei zum Chinesischunterricht schickten und so.«

Ich räuspere mich und schiebe die Handtasche auf den Knien hin und her. »Sie sollen ihr ja nicht Chinesisch beibringen. Natürlich fände sie es schön, wenn jemand ab und zu ein Experiment mit ihr macht. Wenn sie ein Gruppenspiel nicht mitspielen will, warum darf sie nicht stattdessen lesen? Und ja, ich möchte sie vorzeitig einschulen.« Meine Güte, wenn sie Chinesisch toll fände, warum nicht auch Chinesisch? Es ist schließlich nicht so, dass ich verlange, man solle einen Teilchenbeschleuniger anschaffen oder in der Kuschelecke eine Kernspaltung versuchen.

Jetzt mischt sich die Erzieherin ein. »Warum lassen Sie das arme Kind nicht einfach mal Kind sein?«, hält sie mir entrüstet vor.

»Die Kleine sieht so entsetzlich traurig aus«, ergänzt die Leiterin. »Das liegt an der Überforderung. Schauen Sie, dieses Foto haben wir kürzlich von ihr gemacht.«

Sie schiebt mir ein Foto meiner Tochter über den Tisch. Ich grüble, aber ich komme nicht darauf, wann ich den Erzieherinnen eine Erlaubnis gegeben habe, mein Kind zu fotografieren. Ich betrachte das Bild meiner Tochter. Sie steht in einer dunklen Ecke im Gruppenraum. Tatsächlich sieht sie traurig aus.

Ich kämpfe gegen das schlechte Gewissen an. Ich will doch einfach nur, dass mein Kind wieder gern in den Kindergarten geht! Aber ich hasse es, wenn man versucht, mich zu manipulieren, und ganz besonders, wenn man dabei mit Emotionen arbeitet. Gefühle sind zu wertvoll. Mein schlechtes Gewissen schlägt in Ärger um, und ich werde biestig. »Interessant«, kontere ich schnippisch. »Bei uns zu Hause sieht sie nie so traurig aus. Das bestätigt mich in meiner Einschätzung der Situation. Offenbar liegt es an Ihrer Einrichtung, dass sie sich so unglücklich fühlt!«

Entsetzen bebt mir entgegen. Autsch. Jetzt bin ich wohl endgültig unten durch.

ZUSAMMENBRUCH: EINMAL HÖLLE UND ZURÜCK

Damals kam ich kaum dazu, über die Intelligenz meiner Tochter nachzudenken, denn beruflich war ich selbst mehr als unglücklich.

Ich sitze in meinem Büro an der Universität Göttingen. Starre auf das Webformular, eines von unendlich vielen, das ich seit einer Stunde ausfüllen sollte. Die Veranstaltungen für das nächste Semester müssen gemeldet werden. Ich weiß ja nicht, wieso man dazu einen Doktor in Islamwissenschaft haben muss. Aber an deutschen Universitäten ist es üblich, dass das akademische Personal vor allem mit Verwaltungsaufgaben beschäftigt ist.

Seufzend blicke ich auf den Bildschirm. Ich würde meine Zeit lieber mit Denken verbringen. Es. Ist. So. Langweilig. Mit einigen Leuten verstehe ich mich gut: mit meinem Chef oder dem Arabisch-Lektor zum Beispiel. Aber heute Morgen ist schon wieder der Vormittag für die universitätseigenen Intrigen draufgegangen. Leider hat man mir im Bewerbungsgespräch mitzuteilen vergessen, dass mein Job – so wie alle anderen am Lehrstuhl – im Kreuzfeuer einer Professorin im Darth-Vader-Modus steht, so dass ich manchmal das Gefühl habe, nicht an einer Bildungseinrichtung, sondern bei der Terrorabwehr zu arbeiten. Ein Haifischbecken, das alle meine Vorgänger nach kürzester Zeit, ganz oder in Stücken, fluchtartig verlassen haben.

Ich werde hier noch komplett verblöden!, jault mein Inneres. Jedes Mal, wenn du hoffst, endlich Zeit für dein Hirn zu haben, kommt wieder etwas Neues. Es ist, als ob du gerade mit einem romantischen Candle-Light-Dinner angefangen hast, da steht plötzlich der Nachbar am Tisch und will den Müllplan besprechen. Was finden Menschen nur an Intrigen? Es geht doch immer nur um Macht. Und Macht ist langweilig.

Wut kommt in mir auf. Unverständnis. Ein schlechtes Gefühl, weil es auf Kosten meiner Forschung und natürlich der Studierenden geht, wenn ich meine Arbeitszeit mit dem Kampf um Selbstverständlichkeiten verplempern muss. Apropos Arbeitszeit: Zum Glück! Sie ist gerade um. Ehe ich gehe, werfe ich noch einen Blick in den Artikel über Hochbegabung, den ich gestern gefunden habe. Das tut gut. Eigentlich hatte ich ihn wegen meiner Tochter herausgesucht, aber beim Lesen habe ich ein Déjà-vu. Offenbar bin ich nicht die Einzige, der Macht egal ist, nicht die Einzige, die bei Ungerechtigkeiten fuchsteufelswild wird. Nicht die Einzige, die sich bei einfachen Aufgaben langweilt und die deswegen am liebsten die Wände hochgehen will.

Dennoch: »Intelligent« wäre so ziemlich das Letzte, was mir gerade über mich einfällt. Sonst hätte ich mich ja wohl nicht zielgenau in dieses Inferno hineinmanövriert. Seufzend schalte ich den Computer aus. Vermutlich liegt es an mir. So etwas gehört wahrscheinlich dazu, wenn man ein normales Leben führen will.

Es dauerte noch eine Weile, bis ich begriff, was mit mir los war. Tag für Tag, Monat für Monat füllte ich weiter Formulare aus und führte kafkaeske Kämpfe um Bagatellen, die nicht meine waren und die niemand gewinnen konnte. Irgendwann spielten Körper und Seele nicht mehr mit.

Eines Tages geriet ich in Panik angesichts eines Formulars, das ich auszufüllen und mit *blauer* Tinte zu unterschreiben hatte – weil ich gerade keine blaue Tinte zur Hand hatte. Millionen Menschen wären einfach losgegangen und hätten welche gekauft. Ich brach heulend zusammen. Es war nur der Kulminationspunkt einer langen Kette von Beschwerden, die immer schlimmer geworden waren: rasende Kopfschmerzen, permanente Erschöpfung. Mein Hirn fühlte sich an wie gekocht. Beim geringsten Anlass fuhr ich aus der Haut. Dinge, die ich früher parallel erledigt hatte, musste ich nun mühsam nacheinander abarbeiten. Das Leben lief taub und stumm an mir vorbei, als würde ich es von einem schalldicht isolierten Raum aus hinter Glas beobachten; als hätte ich ein lebensechtes Hologramm von mir selbst entwickelt und irgendwann vergessen, wer von uns beiden das Original war. Ich fühlte mich fremd, am Arbeitsplatz, zu Hause, im eigenen Körper – und tat endlich, was ich längst hätte tun sollen: Ich kündigte fristlos. Zeit für ein neues Leben: Fack ju, Göhttingen!

Mein Mann packte mich ein, und wir fuhren ans Meer. Ich brauchte dringend eine Auszeit. Ich hätte jede Veränderung angenommen, aber je mehr sich änderte, desto besser.

Ich sitze an einem Strand. Wasser spielt um meine Füße. Hinter mir, zwischen Zypressen, erhebt sich eine mittelalterliche Festung, ihre goldgelben Mauern ragen hoch über die dunkelblaue Fläche. Der Wind fegt durch mein langes Haar, ich kann endlich atmen. Weit draußen auf dem Meer schwankt ein Schiff. Seine weißen Segel tauchen auf und verschwinden hinter den sturmbewegten Wellen. Anders als ich findet es seinen Kurs. Will ich mich orientieren, sehe ich nur wild sich drehende Nadeln, ständig wechselnde Richtungen, die keinen Sinn ergeben. Ich bin mit einem Kompass unterwegs, der sich nicht am Magnetfeld der Erde orientiert. Wie von einem fernen Stern an einen fremden Strand geworfen, verweigert von Himmel und Meer.

Vermutlich war es dieser Tag am Meer, brennende Sonne auf der Haut, der Wind im Haar, die Füße im körnigen schwarzen Lavasand, als ich anfing, darüber nachzudenken. Lag es an mir? Ich hatte so wenig in meinen Job gepasst wie meine Tochter in ihren Kindergarten. Gab es überhaupt einen Ort, an den ich passte? War ich eine Fremde in diesem Leben? Nur durch einen ironischen Zufall an der Küste des Daseins gestrandet?

Aber da waren diese Geschichten. Von Menschen, die sich ebenso fremd gefühlt hatten. Konnte es sein, dass ich vielleicht nicht die einzige Schiffbrüchige war?

Es war höchste Zeit, dass ich auf die Beine kam. Meine Tochter brauchte mich. Inzwischen war sie in die Schule gekommen, aber die Unterforderung dauerte an, und sie rebellierte dagegen. Erinnerungen an meine eigene Schulzeit kamen auf. Und was ich mir selbst nie zugestanden hatte, schien mir bei ihr inzwischen sehr wahrscheinlich. Nach langem Überlegen entschieden wir uns für einen Intelligenztest. Vor allem, um unsere Tochter vor negativen Erfahrungen zu bewahren und sie ihren Bedürfnissen entsprechend fördern zu können. Und auch deshalb, weil ich es nicht mehr hören konnte, ich solle mein armes Kind nicht so drillen, wo ich es doch einfach nur nicht übers Herz brachte, es in seinem Wissensdurst zu bremsen und seine Fragen unbeantwortet zu lassen. Als ob man eine Lizenz zum Lernen bräuchte.

Die Vermutung bestätigte sich: Sie ist hochbegabt. Ich war endlich gezwungen, mich damit auseinanderzusetzen. Das erste Mal, als ich die Kopie ihres Tests für den Mitgliedsantrag bei der Hochbegabtenvereinigung Mensa e. V. beglaubigen lassen wollte.

»Oh, das sieht ja ungewöhnlich aus«, meint die Gemeindemitarbeiterin, als ich ihr die Seiten reiche. »Darf ich Sie fragen, was das ist?«

Ich fingere an meiner Handtasche herum. Es ist mir peinlich, aber ich will nicht unhöflich sein. »Ein IQ-Test-Gutachten für Kinder«, murmle ich verlegen. Schon habe ich wieder das Gefühl, dass auf meiner Stirn geschrieben steht: »Rabenmutter«, »Tiger Mom«.

Der Blick der Gemeindemitarbeiterin wird mitleidig. »Sie haben ein hochbegabtes Kind?«

Unbehaglich rutsche ich auf meinem Stuhl herum. Drehe den Kopf hin und her. Nicke endlich mit gesenktem Blick.

»Ach, Sie Arme. Ich kenne auch eine Mutter, die so ein Kind hat. Hochbegabt. Echt blöd.«

Voll Mitgefühl betrachtet sie mich über ihren riesigen Schreibtisch hinweg. Mich arme, bedauernswerte Mutter eines missratenen, hochbegabten Kindes.

»Ähm … inwiefern?«, will ich wissen.

Die Mitarbeiterin sieht mich an, als käme ich von einem anderen Stern. »Na ja, die sind doch anstrengend. Haben ständig Fragen und müssen alle paar Tage in die Bücherei.«

Stimmt. Aber gestört hat mich das noch nie. Ich stelle auch ständig Fragen und will in die Bibliothek. Natascha ist aufgeweckt und hat immer neue Interessen. Das ist schön und bereichernd. Ich lerne viel durch sie. Den Mitgliedsantrag bei Mensa stelle ich auch deshalb, weil sie ihre Interessen im Moment nicht mit vielen Kindern teilen kann.

Die Mitarbeiterin bemerkt mein Unbehagen und zuckt die Schultern. »Na ja. Hauptsache, sie sind gesund.«

Als ich meine Unterlagen in die Handtasche stopfe, komme ich ins Grübeln. Im Grunde hat die Gemeindemitarbeiterin gerade Dinge angesprochen, die ich kenne, und zwar nicht erst, seit ich ein Kind habe. Auch ich galt als anstrengende Leseratte. So einiges, was Natascha gerade durchmacht, ist mir aus meiner eigenen Kindheit sehr vertraut.

Natürlich wusste ich, dass ich nicht dumm bin. Ich habe es oft genug gehört. Auch in Situationen, in denen ich lieber ganz andere Dinge gehört hätte. Aber was bedeutete das schon? Vermutlich war ich bloß eine gute Schauspielerin, und die Leute überschätzten mich. Ich war kein bisschen anders als die andern.

Na gut. Ein paar Kleinigkeiten gab es vielleicht.

Ein bisschen gewöhnungsbedürftig war ich schon in der Schule gewesen: eine bebrillte Göre, die im Chemieunterricht unter der Bank Theorien zur Antimaterie entwarf (und prompt schlechte Noten bekam, weil sie deswegen leider keine Zeit hatte, die Formel für stinknormalen Haushaltszucker zur Kenntnis zu nehmen). Die fand, eine Prüfung sei eine gute Gelegenheit, die privat erlernte deutsche Kurrentschrift erstmals anzuwenden – ohne sich Gedanken zu machen, ob der Lehrer ihre Antworten dann noch lesen konnte. Die mit ihrem an Goethes *Leiden des jungen Werthers* angelehnten Kleidungsstil vor allem Modebewusste leiden ließ.

Nein, wenn ich ehrlich bin, war ich nicht gerade die Verkörperung des Gruppenideals: frenetisch begeistert von Schiller und Verdi schrieb ich Dramen in Blankversen und fühlte mich nur dann wohl, wenn ich gerade mindestens vier Sprachen parallel lernte. Männern, denen ich trotzdem gefiel, bescherte ich mitunter Begegnungen der anderen Art. Zwar wurde ich nicht überall bespuckt wie an der Haltestelle des Schulbusses, aber dass ich nicht gerade eine Kandidatin für die Klassensprecherin war, ist auch klar.

Irgendwie habe ich es dennoch geschafft, ein halbwegs normales Leben aufzubauen: Ich bin verheiratet, habe ein Kind, und ich kann Avengers und X-Men auseinanderhalten (stelle allerdings bisweilen die Frage, wie wahrscheinlich eine gleichzeitige Häufung im Grunde ähnlicher Einzelmutationen sämtlich auf dem X-Chromosom ist). Als Islamwissenschaftlerin habe ich an der Universität, als Sängerin mit den Bamberger Symphonikern und einigen Weltklassedirigenten gearbeitet und als Autorin unter einem meiner Pseudonyme einen Bestseller geschrieben. Studenten, die mir mit Machosprüchen kommen, lehre ich die Wissenschaft und das Fürchten, und ich trage keine T-Shirts mit Seehundaufdruck mehr. Ich bin aber auch der Schrecken aller Elternabende, weil ich nie verstehen werde, wieso man eine Stunde auf Kinderstühlen sitzen muss, um Dinge zu hören, die man genauso gut in fünf Sätzen zusammenfassen könnte. Meine Facebookseite ist ein Desaster, weil es mir hundertmal leichter fällt, einen wissenschaftlichen Artikel zu schreiben als eine Statusmeldung. Ist das Hochbegabung?

RAUMSCHIFF IM STAU

Ich vergrub mich in die Fachliteratur. Und je mehr ich über Hochbegabung las, desto weiter sackte meine Kinnlade nach unten. Also nannte man es nicht »abartig«, sondern »hochbegabt«?

An einen Test für mich dachte ich dennoch zunächst nicht. Ein geeigneter IQ-Test kostet mehrere Hundert Euro, und ich hatte gerade meinen Job gekündigt. Außerdem war ich erwachsen, die Sache war gelaufen. Dann suchte ich aber doch eine Praxis auf, die sich mit Hochbegabung auskannte, um mich beraten zu lassen. Schlimmer als das, was ich mir selbst schon an Gründen für meinen Zustand ausgemalt hatte, konnte eine Hochbegabung auch nicht mehr sein.

Die Psychologin bat mich, die Konzentrationsstörung beim Lesen genauer zu beschreiben.

Das fiel mir leicht: Alles ging so furchtbar langsam. Ich musste Zeile für Zeile, Wort für Wort lesen, manchmal sogar mehrmals.

Ein wenig wie wenn man nicht richtig sieht, weil ein Schmierfilm auf den Augen liegt, nur dass die Schmiere im Gehirn klebt. Und das bei ganz normaler wissenschaftlicher Literatur. Zeug, das ich seit Jahrzehnten gewöhnt war.

Ihr Gesicht blieb ausdruckslos, und sie fragte, wie ich denn sonst läse.

Auch das war leicht zu beantworten: Ich blicke auf die Seite, scanne den Text mit den Augen, fertig. Je nachdem, wie aufmerksam ich bin und was ich lese, dauert das so zwischen 20 Sekunden und einer Minute. Vor meiner Philosophiezwischenprüfung im Studium (für die ich viel zu spät mit dem Lernen begonnen hatte) waren das rund hundert Seiten pro Stunde gewesen, also etwa tausend am Tag. Wenn ich in der Bibliothek feststellte, dass ich mein Notebook oder meinen Block vergessen hatte, merkte ich mir, was ich las: Information, zugehörige Seitenzahl und bisweilen auch die Signaturen der Bücher. Wenn es nicht zu viele waren und es nicht zu lange dauerte, bis ich wieder am Schreibtisch war, funktionierte das ganz gut. Jetzt konnte ich froh sein, wenn ich daran gedacht hatte mir aufzuschreiben, welches Buch ich überhaupt suchte.

Angesichts ihres Schweigens kam mir der Gedanke, dass das vielleicht nicht die übliche Art zu lesen war.

Und dann wollte sie wissen, ob ich schon einmal an einen IQ-Test gedacht hätte.

Hatte ich nie zuvor. Mein Abitur war gut – ein Schnitt von 1,8 –, aber keineswegs genial. Zugegeben, im Studium hatte ich zugelegt: Doktorarbeit mit Summa-cum-laude-Bewertung. Aber waren Noten nicht subjektiv? Ich hatte so um die 20 Sprachen gelernt, wenn man die vier oder fünf fremdsprachigen Dialekte mitzählte. Aber ich konnte nicht alle gleich gut. Manche hatte ich zehn Jahre und länger nicht mehr gesprochen. Außerdem war das nicht viel: Mein Großvater, ein Turkologie-Professor, hatte mehr als doppelt so viele aufzuweisen. Natürlich wusste ich, dass ich nicht dumm bin. Aber hochbegabt?

Ich hatte nicht mehr viel zu verlieren. Vor der Alternative zum Borderline-Syndrom schien mir die Hochbegabung noch die akzeptablere Variante. Jedenfalls konnte man damit vermutlich leichter ein halbwegs normales Leben führen. Die einzige Möglichkeit, sie nachzuweisen, war allerdings der Test. Doch was, wenn ich mit einem durchschnittlichen Ergebnis abschneiden und so feststellen würde, dass ich einfach bloß nicht alle Tassen im Schrank hatte?

Irgendwann tat ich es doch. Es war der blanke Leidensdruck, der mich trieb. Zwei volle Wochen vor dem Termin schon schlief ich bestenfalls noch zwei Stunden pro Nacht. Noch am Morgen wollte ich absagen. Ich fuhr trotzdem, einfach nur, um es hinter mich zu bringen. Übermüdet und mit roten, dunkel geränderten Augen schlich ich herein. Der Test war der blanke Horror. Die Fragen eintönig gleich, Seite um Seite dieselben Aufgaben, wieder und wieder und wieder. Meine übermüdeten Augen brannten. Besonders der sprachliche Teil war fürchterlich. Eigentlich hatte ich selbst dort meinen Begabungsschwerpunkt verortet, aber die Fragen waren oft unklar formuliert und ich fragte mich, wie man mit den Antworten Intelligenz testen wollte. Ich suchte nach verborgenen Bedeutungen, tieferen Lösungsmustern. Von einer Hochbegabung spricht man ab einem Wert von 130 IQ-Punkten, der Durchschnitt liegt bei 100. Als ich aus dem Prüfungsraum schlich, war ich sicher, ich würde mit 99 abschneiden.

Da man leider die Auswertungsbögen verlegt hatte, dauerte es fast eine Woche, bis ich mein Ergebnis erhielt. Dann aber war klar: Es waren etwas mehr als 99 Punkte. In nahezu jedem Bereich lag ich deutlich über dem Grenzwert von 130. (Wie bei Mensa e. V. üblich möchte ich keine Zahl nennen. IQ-Tests zur Feststellung von Hochbegabung sollen helfen, Leiden zu vermeiden und sind weder Wettbewerb noch Statussymbol.) In Sachen Sprachkompetenz wurde ich zwar klar als hochbegabt eingestuft, meinen höchsten Wert hatte ich allerdings in einem ganz anderen

Bereich erzielt (mehr zur Problematik, Höchstbegabungen mit gängigen IQ-Tests zu erfassen, auf S. 136–137, 254). Einzig und allein im Kopfrechnen lag meine Leistung unter 130 Punkten.

Ich brauchte einen Moment, bis ich begriff: Ich war nicht ausgebrannt. Ich hatte auch keinen Schlaganfall und erst recht keine Persönlichkeitsstörung. Ich hatte das, was man ein Bore-out nennt.

Kurz nach meiner Promotion hatte ich einen Traum gehabt: Ich saß am Steuer eines Raumschiffs und fuhr durch eine Straße der kleinen Universitätsstadt. Alles, was ich damals von *Star Trek* wusste, war, dass jemand mit komischen Augenbrauen mitspielte. Aber selbst wenn ich ihn damals nicht so nannte, mein Raumschiff besaß einen Warp-Antrieb: jenes fiktive Antriebssystem, das durch gezieltes Krümmen der Raumzeit Reisen mit Überlichtgeschwindigkeit ermöglicht. Zum Abheben benötigte ich allerdings eine gewisse Startgeschwindigkeit. Immer wieder nahm ich Anlauf, nur um im Feierabendstau abbremsen zu müssen, wieder und wieder. Der absolute Alptraum. Was machte ich auch mit einem verdammten Raumschiff mitten in der Rushhour?

Als ich mein Testergebnis in der Hand hatte, war mir klar, was mein Unterbewusstes mir damals hatte sagen wollen: Mein Gehirn stand mit einem Warp-Antrieb im Stau.

Diese Erkenntnis bewirkte, dass ich mich nun doch für den Maschinenraum meines Raumschiffs zu interessieren begann.

»Unter Hochbegabung versteht man zunächst einen IQ von 130 oder mehr, also einen Wert, der rund 98 Prozent, genauer: 97,73 Prozent der Altersgenossen übertrifft.«

Ich fuhr zusammen. »Wer bist du denn? Wo kommst du her?«

»Tust du jetzt schon so, als ob du mich nicht kennen würdest? Ich bin dein wissenschaftliches Ich. Der abgespaltene, verleugnete Teil von dir. Der böse Zwilling, den du loswerden wolltest.«

Mein wissenschaftliches Ich reckte sich wie jemand, der lange in einer Zelle gesessen hatte. Mit einem kleinen, teuflischen

Lächeln sah es sich um, als hätte es schon eine Anklageschrift in der Tasche, um mich vor den Europäischen Gerichtshof für Menschenrechte zu zerren.

»Ähm, willkommen … möchtest du vielleicht … he, das ist eigentlich mein Tee! – Schon gut, bedien dich. Du willst mir etwas sagen?«

»Allerdings. Von einer Höchstbegabung spricht man in Deutschland ab einem IQ von 140 oder 145. Ein wissenschaftlicher Begriff ist ›Höchstbegabung‹ jedoch nicht. In den USA, wo man weniger Berührungsängste hat, misst man auch Extrembegabungen ab 160 IQ-Punkten.«

»160?«, fragte ich. »Das entspricht einem Testergebnis, das 99,997 Prozent der Vergleichsgruppe übertrifft.«

»Exakt. In Deutschland ist das unüblich, man tut sich schon schwer genug mit dem Thema Hochbegabung. Du weißt schon – hier hat man es nicht so mit allem, was nach ›Elite‹ riecht. Historisch belasteter Begriff. Außerdem braucht man zur Messung von Extrembegabungen eine ausreichend große Vergleichsgruppe. Daher reicht die Skala der in Deutschland üblichen Tests für Erwachsene gewöhnlich nur bis in Bereiche zwischen 140 und 150 IQ-Punkten.«

»Das heißt, wenn Sheldon Cooper, der Held aus *The Big Bang Theory*, in, sagen wir, Altötting geboren würde, könnte sein IQ gar nicht erfasst werden?«

Mein wissenschaftliches Ich rümpfte die Nase. »War ja klar, dass du das bisschen Niveau gleich wieder herunterziehen musst. Aber ja. Korrekt. Eine Hochbegabung betrifft nicht nur den IQ. Der IQ ist allerdings der einzige Aspekt, für den es wissenschaftlich anerkannte Testverfahren gibt. Aus diesem Grund wird der Begriff Hochbegabung gewöhnlich an den IQ geknüpft, obwohl eine Hochbegabung sehr viel mehr umfasst.«

Ich ließ mich auf die Couch fallen. Meine Göttinger Galeerenjahre zeigten sich in einem neuen Licht. Denn ich begriff: Die für

Hochbegabte typischen Eigenschaften wie Intelligenz, Autonomie, schnelles Denken, Sensibilität und Kreativität sowie mein ausgeprägtes Gerechtigkeitsempfinden waren nicht gerade die besten Voraussetzungen, um in einem solchen Umfeld glücklich zu werden.

SCHLUSS MIT DER VERSTELLUNG!

Ich war also anders. Aber warum? Wie wurde man so?

»Neuere Ergebnisse aus der Hirnforschung, etwa von Paul Thompson, lassen annehmen, dass Intelligenz zum großen Teil genetisch bedingt ist.«

Ich fuhr zusammen. »Du bist noch immer da?«

Mein wissenschaftliches Ich lehnte sich neben mir zurück und verschränkte die Arme. »Natürlich. Du hast mich lange genug ignoriert.«

Ganz schön dreist. »Jetzt mach mal einen Punkt«, erwiderte ich. »Ich habe immerhin als Wissenschaftlerin gearbeitet!«

»Aber ja, genau davon spreche ich doch. Du bist zur Fachidiotin verblödet. Also: Verantwortlich für die Hochbegabung ist nach aktuellem Forschungsstand vermutlich die Leitfähigkeit des Nervensystems. Vor allem die Myelinschicht um die Nerven steht dabei im Fokus des Interesses. Hier liegt eine Verbindung zur hohen Sensibilität vieler Hochbegabter nahe, denn diese ist natürlich ebenfalls mit der Leitfähigkeit der Nerven erklärbar. Allerdings gibt es weit mehr hoch sensible als hochbegabte Menschen: Bei den hoch sensiblen liegen wir bei gut 20 Prozent, wenn wir das Konzept der Hochsensibilität nach Elaine Aron* zugrunde legen. Bei den Hochbegabten reden wir von rund 2 Prozent.

---

* Mehr von ihr und allen anderen genannten Autoren finden Sie unter der Rubrik »Zum Weiterlesen« ganz am Ende dieses Buches.

Beides ist also nicht dasselbe. Die Hirnforschung geht außerdem davon aus, dass bei intelligenten Menschen mehr Verknüpfungen im Gehirn bestehen. Daher müssen hochintelligente Gehirne weniger Hirnareale aktivieren, um denselben Effekt zu erzielen wie durchschnittlich begabte. Und wie für anderes scheint auch für das Gehirn zu gelten: Größe ist nicht alles. Es geht um Effizienz.« Sprach's und lächelte süffisant.

Das machte mich nachdenklich. Tatsächlich hatten mir immer wieder Lehrer oder Professoren gesagt, dass ich allein vom Zuhören im Gedächtnis behielt, was andere aufwendig lernen mussten; dass ich in vier Stunden erledigte, wofür andere zwei Tage brauchten. Aus genau diesem Grund bin ich beim Lernen gelinde gesagt stinkfaul. Aber weil ich das für völlig normal hielt, hatte ich mich nie gefragt, warum ich mir diese Faulheit eigentlich leisten konnte.

Jetzt war es auf einmal, als würde jemand den Vorhang vor meinen Gedanken wegziehen. Endlich verstand ich nicht nur, warum mir vieles leichter gefallen war als anderen, sondern vor allem und zum ersten Mal auch, warum mir so viele andere Dinge so viel Mühe gemacht hatten. Hochbegabte lernen nicht nur schneller als andere, sondern vor allem auch auf andere Weise. Genau das kann allerdings zu einem echten Problem werden.

Ich begriff, dass ich in meinem Job in Göttingen quasi alle typischen Symptome massiver Unterforderung abgespielt hatte: Dinge wie Aggressionen, Magenbeschwerden oder meine Konzentrationsprobleme. Schon bei Schulkindern kann man sie beobachten, mit vorhersehbaren Folgen für Noten und Sozialverhalten. Inzwischen hatte ich Dutzende Geschichten gelesen über den Teufelskreis von Elterngesprächen, Schulverweisen und Fehldiagnosen wie Asperger-Syndrom, AD(H)S etc., der hier oft für hochintelligente Kinder beginnt. In Extremfällen droht ihnen sogar die Sonderschule. Das Leben in Zeitlupe nehmen zu müssen, während im Inneren der Warp-Antrieb knirscht, ist eben auch eine Art der Folter.

Als ich das alles auf einmal so klar vor mir sah, brach ich in Tränen aus. Es war ein Gefühl unendlicher Erleichterung: Ich war nicht krank, und auch nicht abartig. Mein Anderssein hatte zwischen mir und der Welt gestanden. Jahrelang hatte ich es loswerden wollen, getrieben vom Bedürfnis, endlich »normal« zu sein. Aber da es zu mir gehörte, hatte ich mich selbst dadurch mit bekämpft. All die Jahre hatte ich eine Tarnkappe getragen. Sie hatte mich vor vielem beschützt. Doch irgendwann hatte sie begonnen, mich auch vor mir selbst zu verbergen. Plötzlich ergab alles einen Sinn.

Zum Beispiel, warum ich nach Partys oder Treffen, die für andere entspannend und schön sind, völlig gerädert ins Bett fiel. »Du bist arrogant«, hatte ich oft gehört, wenn ich mich verzog, während alle anderen glücklich dem Smalltalk frönten (unter Smalltalk können übrigens auch philosophische oder wissenschaftliche Themen fallen, wenn sie nur »small« genug behandelt werden). Nein, bin ich nicht. Es ist nur unendlich anstrengend für mich, mich über die Familie, Rezepte für Weihnachtsplätzchen, Horoskope oder sinnvolle Lebensführung zu unterhalten.

Frauen sind mit diesem Problem vermutlich noch stärker konfrontiert als Männer, einfach deshalb, weil Intelligenz bis heute eher männlich konnotiert ist. Bringt ein Mann in einer solchen Situation das Thema auf Marx oder Adorno, sieht man es ihm nach. Intelligente Männer sind sexy, es umgibt sie ein Hauch Che Guevara. Aber was bei Männern »revolutionär« genannt wird, heißt bei Frauen noch immer allzu oft »hysterisch«. Plakativ gesagt: Intelligente Männer haben Groupies, intelligente Frauen haben einen Therapeuten.

Diese männliche Konnotation von Intelligenz brachte auch das Klischee hervor, dass kluge Frauen dann wenigstens kinderlos und Single sind und sich dezent bis spießig kleiden. Aber nur wegen eines Klischees können wir Frauen unsere Intelligenz ja nicht im Kreißsaal mit der Nachgeburt ausstoßen. Und es gibt auch kein biologisches Gesetz, dass das Gehirn aussetzt, sobald die Füße in High Heels stecken (zumindest nicht bei der Trägerin, und was den Rest betrifft: ein Hirn, das sich davon ausschalten lässt, war vermutlich auch schon vorher nicht allzu präsent).

In die Erleichterung mischte sich auch Trauer. Trauer um verpasste Chancen, um ungelebte Möglichkeiten. Hätte ich als Kind schon um meine Hochbegabung gewusst, wie viel anders hätte mein Leben verlaufen können! Wo stünde ich jetzt? Und vor allem: wie soll ich denn jetzt damit umgehen? Was soll ich nun anstellen mit diesem IQ? Jetzt, wo die Hälfte meines Lebens vorbei ist? Bei manchen Bereichen, in denen mein Ergebnis besonders gut war, muss ich erst einmal nachdenken, wofür man diese Fähigkeiten überhaupt benutzen kann, die jahrzehntelang brachlagen. Was ist schlimmer: nicht zu wissen, wozu man fähig gewesen wäre – oder es zu erfahren, wenn es zu spät ist? »Intelligenz ist ein Geschenk des Teufels«, sagte der von mir sehr geschätzte Fjodor Dostojewskij. Als ich mein Testergebnis in der Hand hielt, war mir klar, was er meinte. Aber ich wusste auch, dass es von diesem Augenblick an gleichgültig war, ob diese Intelligenz ein Geschenk ist oder Zufall, ob sie von einem mythischen Fabelwesen kommt oder von den Nukleotiden, die meinen genetischen Code bestimmen. Sie ist nun einmal da, in jeder meiner Zellen. Und nur das zählt. Denn eins werde ich nie wieder tun und auch mein Kind soll es niemals tun müssen: dem eigenen Geist Atem und Seele abschnüren aus Angst, sonst nicht leben zu können.

Ich habe genug davon, meine Intelligenz jedes Mal, wenn ich aus dem Haus gehe, hinter verschlossener Tür zurückzulassen. Ich habe genug davon, meine Gedanken einzumauern, hinter Starkstromzäunen zu verschließen und mir die Luft mit Stacheldraht abzuschnüren.

Und deshalb: Schluss mit der Verstellung! Schluss damit, mich mit Geschwätz zu langweilen aus Angst, jemand könnte merken, dass ich lieber über Quantenmechanik reden würde! Es ist meine Natur, ob ich will oder nicht. Denken ist uns ein Grundbedürfnis, wir brauchen es wie Essen und Trinken und Sex. Fehlt es, werden wir krank. Also: Schluss mit dem Diktat der Banalität!

Ich nahm meine Tarnkappe ab und warf sie in den Müll.

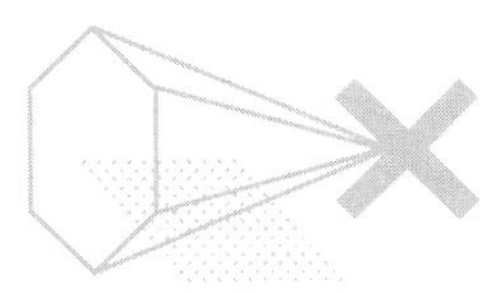

DAS KIND VOM ANDEREN STERN

ALS HOCHBEGABTES MÄDCHEN IN DER KINDHEIT

Wenn ich an die Zeit denke, ehe ich meine Tarnkappe trug, muss ich sehr weit zurückgehen. In eine Zeit, als ich vielleicht vier oder fünf Jahre alt war. Wir lebten damals in einer Erdgeschosswohnung in Karlsruhe. Der Teppich im Wohnzimmer war orange, wie es in den siebziger Jahren modern war, das Sofa tannengrün, ein Sideboard aus braunem Holz, ein Telefon mit Wählscheibe. Ein kleiner Fernseher und ein Radio mit Tonband, das mein Vater benutzte, um Tanzmusik für Partys aufzunehmen. Meine Großeltern sind aus München gekommen, und meine Großmutter liest mit mir. Eine stille, freundliche Frau, die nie die Beherrschung verliert und im Winter einen Turban trägt. Ich weiß noch nicht, dass sie fließend Französisch und Russisch spricht, studiert hat und schon als junge Frau durch Frankreich gereist ist, das sie sehr liebt. Ehe sie ihre eigene Karriere aufgab, um meinem Großvater den Haushalt zu führen und drei Kinder großzuziehen.

Ich genieße es, dass sie da ist, mir vorliest, mit mir zeichnet. Bücher sind mein Fenster zur Welt, denn die Wohnung und der Hof hinter dem großen Mehrfamilienhaus mit Sandkasten, Wäscheleinen, einer alten Mauer und einer steilen Kellertreppe werden mir allmählich zu klein. Es gibt so viel zu sehen auf der Welt, wann endlich kann ich dorthin?

Diese Entwicklung war für meine Eltern nicht leicht. Denn das kulleräugige blonde kleine Mädchen, das ich mit einem Jahr gewesen war, verwandelte sich mit erschreckender Geschwindigkeit in ein Wesen mit unheimlichen Eigenschaften:

Es muss mitten in der Nacht gewesen sein. Meine Eltern schlafen friedlich in ihrer Erdgeschosswohnung. Plötzlich ein Geräusch. Da ist doch jemand in ihrem Schlafzimmer? Etwas Helles weht im Wind, der durch das geöffnete Fenster dringt. Schemenhafte Umrisse, ein fahles Gesicht.

»Maaami!«

Meine Mutter schreckt auf. Blickt in die weit aufgerissenen Äuglein ihrer Ältesten, vielleicht fünf Jahre alt.

»Um Himmels willen, was ist denn? Bist du krank?«

Die Kleine schüttelt den Kopf, die dünnen Haare fliegen um ihr blasses Gesichtchen. »Mami, sechs plus sechs gibt zwölf, oder?«

Vielleicht war das der Moment, als meine Mutter sich zum ersten Mal fragte, ob sie womöglich eine aktualisierte Version von Stephen Kings *Carrie* in die Welt gesetzt hatte. Gesehen habe ich nur, dass sie sich »ja!« raunzend umdrehte und sich die Bettdecke über den Kopf zog.

Von wegen, die Eltern hochbegabter Kinder platzen vor Stolz. Von wegen, sie trimmen ihre Kids auf Leistung. Laut einem Bericht des *Spiegel* von 1998 war noch damals der häufigste Satz, den eine Therapeutin von Eltern hochbegabter Kinder hörte: »Mein Kind ist mir unheimlich.«

Das traf vermutlich auch auf meine Eltern zu. Meine Mutter kämpfte gegen das Leistungsdenken, das ihre eigene Kindheit und Jugend als Professorentochter bestimmt hatte: nach dem jeder, der nicht Altgriechisch verstand, unweigerlich in der Gosse zu landen drohte. Vermutlich hat sie das Gefühl, den Ansprüchen ihrer Eltern – die sich zu Hause gern auf Russisch unterhielten – nicht genügen zu können, ein Leben lang begleitet. Mein Vater war Ingenieur, kam aber aus einfachen Verhältnissen. Ein hochbegabtes Kind war wohl so ziemlich der Super-GAU für beide.

Mit etwa drei Jahren brachte mich meine Mutter zur musikalischen Früherziehung ins Konservatorium in Karlsruhe, wo wir damals lebten. Ich erinnere mich lebhaft an den Kurs.

Ich genieße es, Regentropfen auf dem Tamburin zu trommeln, einen leichten Regenschauer, dann lauter, und schließlich einen Platzregen. Ich kann die Tropfen fast auf meiner Haut spüren. Es macht mich glücklich. Schon wenn wir zu Hause aufbrechen, um mit der Straßenbahn in das alte Gebäude zu fahren, springt mein Herz vor Glück. Irgendwann damals muss es wohl gewesen sein, als die Musiklehrerin meine Mutter ansprach.

»Das Kind ist hochmusikalisch«, höre ich sie sagen.

Meine Mutter murmelt irgendetwas Unverständliches.

»Aber das muss man doch fördern!«, redet die Lehrerin auf sie ein.

Was meine Mutter dazu sagte, weiß ich nicht mehr. Doch nach dem Kurs war es vorbei mit dem Konservatorium.

Zwei Welten prallten aufeinander. Meine Mutter, unerschütterlich nach dem Motto »Chill statt Drill« erziehend, sang uns Schlaflieder zur Gitarre vor und ging mit uns in den Zoo. Mein Vater nahm uns zum Heimwerken und Löten mit und zeigte uns seinen Oszillografen und den ersten Computer. Ansonsten ließen sie uns Kind sein.

Ich wollte aber nicht Kind sein, zumindest nicht das Kind, das sie sich vorstellten. Ich bekam Flötenunterricht an der Grundschule, aber ich wäre auch gern weiter ins Konservatorium gegangen. Die Zootiere waren mir bald zu wenig, und ich ergänzte sie durch ausgestorbene Wesen. Damals gehörten Dinosaurier noch nicht zum normalen Entwicklungsprozess eines Mittelstandskindes, doch ich kannte schnell ihre lateinischen Namen. Bald erzählte ich bei

Familientreffen von Vulkanen, ihren spektakulärsten Ausbrüchen und den geologischen Besonderheiten, die zu seismischer Aktivität führen. Eine Lungenentzündung in der ersten Klasse nutzte ich, um den *Bambi*-Roman von Felix Salten zu lesen.

Das Buch berührte mich sehr. Die Geschichte, die ja recht blutig ist – schließlich geht es um Jagdwild –, erlebte ich hautnah. Eigentlich ist der Roman kein Kinderbuch, und mehr oder weniger war das der Grund, dass ich mich die folgenden sechs Jahre vegetarisch ernährte und zu einer engagierten Tierschützerin wurde. Da die Lungenentzündung nach einem Rückfall mit Homöopathie behandelt wurde und ich dadurch einen guten Teil meines ersten Schuljahrs im Bett verbrachte, hatte ich viel Zeit zum Lesen. Die *Was-ist-was*-Bücher hatte ich schnell durch und ging zum elterlichen Lexikon über. Astronomie und Paläontologie beschäftigten mich, dann die ersten Opern vom Plattenspieler – bis mich jemand das erste Mal zu einer Live-Aufführung mitnahm, sollte es allerdings noch Jahre dauern. Auch mein Interesse für ferne Länder, je ferner, desto besser, entwickelte sich jetzt. Und kollidierte mit der Persönlichkeit einer Mutter, die Bayern am liebsten gar nicht verließ.

Eine solche Kollision fand statt, als ihre Jugendfreundin aus Brasilien uns einen Besuch abstattete. Ich war etwa sieben, und meine Eltern hatten kurz zuvor fatalerweise auf Empfehlung einer Bekannten eine Schallplatte mit südamerikanischen Kinderliedern angeschafft. Die Dritte Welt war damals in bürgerlich-religiösen Kreisen angesagt, weil man so sein Mitgefühl beweisen konnte.

Meine Mutter und ihre Freundin sitzen auf der Terrasse. Die Sonne scheint, alle Kinder spielen. Nur ich nicht. Ich sitze bei den Erwachsenen und quetsche die Freundin aus Brasilien aus. Wie ist es da? Sind es wirklich Hunderte Kilometer bis zur nächsten Stadt? Wahnsinn! Und ihr habt einen Papageien, der das Heulen eurer Tochter so echt imitiert, dass du jedes Mal denkst, sie hat sich wehgetan? Unglaublich! Und …

»Weißt du was«, unterbricht mich die Freundin. »Ich möchte mich jetzt gern weiter mit deiner Mami unterhalten. Aber wenn du willst, komm uns doch mal besuchen.«

Ich springe vor Freude in die Luft. Meine Mutter wird käseweiß. Dann verdünnen sich ihre Lippen. Ihre Augen werden starr.

»Ähm«, meint die Freundin, die das Unbehagen bemerkt, schnell, »also, wenn du Brasilianisch kannst.«

»Kein Problem!«, versichere ich. »Ich habe eine Schallplatte, ich lerne das ganz fix. Ich kann schon ein paar brasilianische Lieder singen, willst du hören? *Eu quería ser balaio* …«

»Ist gut, ist gut«, lacht die Freundin. »Jetzt lernst du mal Brasilianisch und wächst ein bisschen, und dann sehen wir weiter.«

»Ich fange gleich damit an!«, rufe ich, springe auf und laufe ins Haus. In der Tür bleibe ich stehen und verkünde: »Wenn man sechzehn ist, darf man von zu Hause ausziehen. Dann wandere ich nach Brasilien aus!«

Auch das war einer von den Momenten, wo meine Mutter vielleicht an Carrie dachte.

Das Fernweh wurde durch den ersten Schulatlas befeuert, der mit dem Gymnasium kam. Ich zeichnete Weltkarten mit den Routen, die ich gerne reisen würde. Bald konnte ich die Welt auswendig zeichnen. Als Nächstes erfand ich utopische Inseln und zeichnete Landkarten von ihnen. Als ich älter wurde, entwarf ich Grundrisse von Farmen, die ich in Südamerika bauen und bewohnen wollte. Meine Eltern fuhren mit uns in den Urlaub nach Österreich.

Irgendwann, etwa mit zwölf, fand ich dann heraus, dass mein Großvater Professor für Turkologie war und über vierzig Sprachen beherrschte. (Bei uns zu Hause wurde über Berufliches nur gesprochen, wenn es sich gar nicht vermeiden ließ.) Also legte ich meine Lateinvokabeln zur Seite und stiefelte zu ihm.

»Du kannst doch Arabisch, oder?«

Aufgepflanzt wie eine kleine dünne Bohnenstange stehe ich in seinem Zimmer. Die Brille auf der Nase, mager und blass, in unmöglichen, altmodischen Klamotten. Mein Großvater blickt von seiner uralten Schreibmaschine auf, mustert mich hinter seiner dicken schwarzen Hornbrille. Ich habe keine Ahnung, dass es an seiner Uni Studierende gibt, die sich im Treppenhaus an seinem Stockwerk vorbeischleichen, weil sie Angst vor genau diesem Blick haben.

»Ja«, antwortet er. Mustert mich weiter.

»Kannst du es mir beibringen?«

»Du weißt, dass das eine andere Schrift hat, Kindchen?«

Ich bin doch nicht von gestern. Steht bei Karl May. Lässig zücke ich ein Blatt Papier und einen Stift und lege beides auf seinen Tisch. Neben seine Arbeit, an der er gerade sitzt – eine Biografie des osmanischen Sultans Bayezit II. »Na klar. Schreib sie mir auf, bitte.«

»Aber, Kindchen … Das ist eine Konsonantenschrift. Du bist zu klein für so etwas. Lerne erst mal anständig Latein und dann Griechisch, dann reden wir weiter. Und überhaupt, hast du womöglich schon einen Freund, der ein solches, deinem Geschlecht widernatürliches Interesse in dir geweckt hätte? Diese und ähnliche Gedanken stehen ihm ins Gesicht geschrieben. Er grübelt.

»Bitte!«

Kleine Nervensäge, denkt er jetzt vermutlich. Fragt sich, wie er mich loswerden kann, und merkt, dass ich ohne einen Buchstaben nicht gehen werde. »Welchen Buchstaben willst du denn?«

»Alle.«

Er verzieht das Gesicht.

»Vielleicht erst einmal das A?«, versuche ich zu verhandeln. Von Konsonantenschriften weiß ich noch nichts.

Mein Großvater kommt zu dem Schluss, dass der Einzige, der als Freund in Frage kommt, vermutlich Kara ben Nemsis Pferd

Rih ist. Seufzt. Und malt mir endlich den ersten Buchstaben des arabischen Alphabets auf.

Ich sehe ihn an. Will er mich auf den Arm nehmen?

»Das ist das A«, meint er – philologisch nicht ganz korrekt, aber wie soll man einer Zwölfjährigen in zwei Minuten erklären, was der Buchstabe Alif so alles kann – und scheucht mich aus dem Zimmer. »Jetzt geh das üben. Wenn du es kannst, darfst du wiederkommen.«

Ich sehe auf mein Blatt Papier. Der Buchstabe ist nichts als ein senkrechter Strich! Soll das ein Witz sein? Das muss doch kein Mensch üben!

Gegen sein aktuelles Forschungsprojekt konnte ich mich leider nicht durchsetzen. Das war's mit dem häuslichen Arabisch-Unterricht, und ich musste (fast) bis zur Universität warten, ehe ich endlich mehr lernte. Bis dahin benutzte ich Karl May als Sprachkurs. Mein Großvater fiel fast vom Stuhl, als ich eines Tages auf Türkisch zu zählen begann. Leider fasste er das nicht als Aufforderung auf, mir mehr beizubringen.

Immerhin verfügte ich so über ein thematisch zwar begrenztes und einer wissenschaftlichen Überprüfung nicht immer standhaltendes, aber doch umfangreiches Vokabular in mehreren orientalischen Sprachen. Mit dem Wissen meiner Eltern hatte ich sämtliche Kinder- und Jugendbücher im Haus gelesen, und ohne ihr Wissen noch ein paar mehr wie *Der Schakal* (den mir eine ahnungslose Mitarbeiterin der Bücherei tatsächlich ausgeliehen hatte) oder *Die Dornenvögel* aus dem Regal meiner Mutter (dessen Lektüre ich aber aus Langweile abgebrochen hatte, weil es nur um Mädchenkram ging). Ich besaß eine umfangreiche Sammlung von *Was ist was*-Büchern, die heimliche Herrschaft über die elterlichen Lexika und eine gewaltige Zahnspange. Das war wohl der Moment, als mich meine Eltern in Sachen Enkelkinder abschrieben.

Immerhin verlief mein Abschlussball an der Schule, ohne dass ich ein Carrie-mäßiges Blutbad anrichtete. Aber als ich meinen Eltern mit achtzehn eröffnete, ich würde Islamwissenschaft studieren, stieß meine Mutter hervor: »Kannst du nicht etwas Anständiges machen?!«

Nein. Konnte ich nicht. Mein Vater hatte sich zu diesem Zeitpunkt längst davon verabschiedet, das, was ich tat, zu kommentieren. In einer Hinsicht war die Wahl des Studienfachs für die Enkelin eines Turkologen dann aber doch, nein, nicht unanständig, aber etwas unklug. Denn der eine oder andere Auftritt meiner Kindheit hatte ungeahnte Spätfolgen:

Ich habe gerade mein Studium beendet und besuche meinen ersten Fachkongress. Der Deutsche Orientalistentag ist eine Institution. Stolz stapfe ich durch die Flure der Universität. Ich begegne einer ehemaligen Studentin meines Großvaters. Inzwischen ist sie selbst Professorin. Wir kommen ins Gespräch. Sicher haben wir uns doch früher schon gesehen, als ich ein Kind war.

Ich werde etwas verlegen. Rutsche auf meinem Stuhl herum. Ach du liebe Zeit. Meine Kindheit birgt einige Szenen, die nicht so wirklich schmeichelhaft für mich sind. Und ich weiß nicht, ob ich eine davon jetzt, im beruflichen Kontext, hören will. Hoffentlich erinnert sie sich nicht …

Auf einmal sieht sie mich an. Ein kleiner Schrei. »Jetzt hab ich's!«

Ich verziehe mein Gesicht, will ein Lächeln andeuten. Aber vermutlich sieht es eher so aus, als bekäme ich gerade einen Schlaganfall. Was mir im Moment nicht als die schlechteste Option erscheint.

»Sie«, sagt sie begeistert, »Sie waren doch die dünne Kleine mit der Brille, die damals spontan im Garten einen Vortrag über Pferdehaltung und Pferdekrankheiten hielt!«

Ach herrje.

Ja. Das war ich. Ich war auch die, die allen jüngeren Geschwistern einhämmerte, dass es keine Entschuldigung gibt, ein Schiller-Zitat oder eine Verdi-Oper nicht zu kennen, auch nicht die Tatsache, dass man erst fünf ist. Die sich später, wenn sich gerade niemand außer mir für die Probleme der Tropenveterinärmedizin interessierte, einfach wegbeamte. Während sich die anderen am Tisch unterhielten und ich mich langweilte, malte ich Pferde. Ich konnte nach einer Weile ziemlich gut Pferde zeichnen. Überhaupt zeichnete ich sehr viel. Abgeschlossen in meiner Welt aus Papier und Bleistift, war ich sicher, oder indem ich mit einem Buch in der Ecke verschwand. Ein Großteil meiner Kindheitserinnerungen besteht daraus, dass ich vom Dachboden, hinter dem Sofa hervor oder aus sonst irgendeinem Winkel gezerrt wurde, weil gesellschaftliche Vergnügen anstanden, die ich gefälligst mit zu genießen hatte.

»O je«, bemerkte mein wissenschaftliches Ich. »Du warst ganz schön unerträglich.«

Ich verdrehte die Augen. »Was willst du denn schon wieder hier? Und wenn schon, dann waren *wir* unerträglich. Du bist schließlich nicht ganz unschuldig daran.«

Das schien mein wissenschaftliches Ich nicht zu beeindrucken. »Schon gut, reg dich nicht auf. Aus genau diesem Grund hast du ja schon früh die Persönlichkeitsspaltung zwischen uns vollzogen. Es war ein Überlebensinstinkt, und, wenn ich das ausnahmsweise mal so sagen darf, ein vernünftiger. Als Kind kann man sich sein Umfeld nicht aussuchen, und wenn die Intelligenz nicht erwünscht ist, spaltet man sie eben ab oder unterdrückt sie.«

»Soll das heißen, ich bin die Dumme von uns beiden?«

Mein wissenschaftliches Ich blickte mich nur vielsagend an, statt zu antworten. Dann meinte es: »Nun ja, Konflikte sind vorprogrammiert. Hochbegabte Kinder entwickeln sich anders als andere. Das macht sich oft schon früh bemerkbar: Sie sprechen und laufen früh und entwickeln schnell eine Vorstellung vom eigenen Ich, was ihnen ihre ungewöhnlich weit zurückreichende Erinnerung ermöglicht.«

»Da ist etwas dran. Mit neun Monaten konnte ich laufen und sprechen. Ich erinnere mich an die nette Sprechstundenhilfe beim Frauenarzt, zu dem meine Mutter zur Schwangerschaftsvorsorge ging. Und ich kann mich an den Tag erinnern, als mein Vater und ich ins Krankenhaus gingen, um meine neugeborene Schwester zu sehen. Damals musste er sich täglich mit einer Salbe einreiben. Ich erinnere mich an das Wort, das alle ständig sagten: ›Urticaria‹ – die Folge einer Penicillin-Allergie.«

»Da waren wir etwas über zwei Jahre alt. Ist bei Hochbegabten keineswegs ungewöhnlich. Auch das frühe Lesen ist typisch, kommt aber nicht nur bei Hochbegabten vor – laut Roedell, Jackson und Robinson weisen Frühleser in Sachen Intelligenz eine große Bandbreite auf, es fanden sich unter ihnen IQs von 116 bis weit über 160. Eine generelle intellektuelle Frühentwicklung kann allerdings durchaus auf eine Hochbegabung hinweisen – natürlich nur, wenn sie vom Kind selbst kommt und nicht aus dem Druck ehrgeiziger Eltern entsteht. Diese schnelle Entwicklung ist eine Herausforderung. Oft sind die Kinder in kognitiver Hinsicht fast schon Erwachsene, während sie emotional aber noch die Wärme brauchen, die ein Kind nun einmal braucht. Im schlimmsten Fall bekommen sie weder das eine noch das andere.«

»Klar. Wer will schon mit Carrie kuscheln?«

»In unserer Kindheit war Hochbegabung kein Thema in Deutschland«, bemerkte mein wissenschaftliches Ich und rümpfte die Nase. »Vermutlich geht es den meisten so, die in dieser Zeit aufgewachsen sind. Bis wir vier Jahre alt waren, existierte hier nur ein einziger Artikel, der sich explizit mit Hochbegabung befasste. Auf einer Konferenz zu dem Thema 1979 in Jerusalem wurde Deutschland in Sachen Förderung von Hochbegabten als unterentwickelt bezeichnet.«

Das hatte ich schon gelesen. Die 68er-Generation, die so viel für die Aufarbeitung der Nazizeit getan und mit ihrer Rebellion das Land in die Gegenwart geholt hatte, identifizierte Hochbegabung mit dem Gedanken der Nazi-Elite, oder zumindest mit dem Leistungsdenken ihrer Elterngeneration. Kinder, die gern lernten, passten nicht in die Zeit. Mein Problem war, dass »Chill statt Drill« für mich schlicht die falsche Erziehungsmethode war. Ich wollte nicht chillen. Ich wollte spielen, und zwar mit meinem Verstand. Und genau das konnten meine Eltern nicht nachvollziehen. Für sie bedeutete Denken Arbeit. Für mich Spaß.

»Ich kenne die Herausforderung, ich habe selbst ein hochbegabtes Kind«, erwiderte ich. »Hochbegabte Kinder benötigen nicht nur Förderung. Sie müssen sich auch in ihrem Anderssein akzeptiert fühlen: in ihrer kognitiven Reife, aber auch in ihrer Sensibilität. Und man sollte nie vergessen, dass sie trotz allem noch Kinder sind, auch wenn sie die Erdzeitalter auswendig können. Die Erziehung eines hochbegabten Kindes ist daher eine ständige Gratwanderung. Sie ist im Übrigen auch teuer, denn hochbegabte Kinder belegen – wenn man sie lässt – alle Kurse in ihrer Reichweite.«

»Richtig. Werden Kinder unterfordert oder wird ihnen gar beigebracht, dass ihre Intelligenz nicht erwünscht ist, reagieren sie: Aggressionen, Konzentrationsprobleme, Depressionen, psychosomatische Beschwerden, Bettnässen und Verleugnen oder zumindest Verstecken der eigenen Begabung, das sogenannte Underachieving, können die Folgen sein. Na ja, das sind ja Dinge, die du kennst.« Mein wissenschaftliches Ich versuchte so etwas wie ein Grinsen.

Ich räusperte mich.

»Das Kind bleibt unter den eigenen Möglichkeiten. Das ist besonders problematisch, weil Intelligenz ein Persönlichkeitsmerkmal ist. Wird sie bereits in der Kindheit geleugnet, ist es schwer, eine gesunde Persönlichkeit zu entwickeln. Hochbegabte Underachiever zeigen daher bisweilen Verhaltensweisen, die vergleichbar sind mit Kindern, die Gewalt oder andere Traumata erfahren haben. Katharina Fietze bezeichnet das Ignorieren oder gar Abwerten der Intelligenz daher als Gewalterfahrung.«

»Na, lass das mal nicht meine Familie hören! Für die war alles ganz großartig und nur ich komischerweise immer so schwierig. Sie haben mir alles Mögliche diagnostiziert.«

»Natürlich ohne je eine Person vom Fach zu Rate zu ziehen. Das kennen wir ja.« Mein wissenschaftliches Ich grinste nachsichtig. »Aber selbst Psychologen liegen oft daneben. Fehldiagnosen insbesondere klinischer Störungen verschlimmern häufig die Probleme hochbegabter Kinder: Das Verhalten, das letztlich nichts weiter ist als ein Hilferuf, führt zu stigmatisierenden Etiketten, die das Selbstbild weiter schwächen. So werden Kinder bisweilen mit immer stärkeren Medikamenten behandelt – um eine Störung in den Griff zu bekommen, die gar nicht existiert. Die Hilfe, die sie brauchen, erhalten sie nicht. Im Gegenteil, sie werden buchstäblich erst krank gemacht. Die laut dem Magazin *Labyrinth* häufigsten Fehldiagnosen bei solchen Kindern betreffen ADHS, das Asperger-Syndrom und verschiedene Störungen des Sozialverhaltens, vor allem oppositionelles Verhalten sowie depressive Störungen: ICD 10: F 91.3 und ICD 10: F 92 nach der ICD-Liste der psychischen und Verhaltensstörungen, falls dir das etwas sagt. Der auffälligste Unterschied ist der, dass Hochbegabte zwar, insbesondere in Stresssituationen, durchaus solche Verhaltensweisen an den Tag legen können, dies aber nicht durchgehend tun. Fühlen sie sich wohl und sicher, verhalten sie sich völlig normal. 2015 wurde auf dem Bildungskongress in Münster erstmals eine Initiative zur Verhinderung des Risikos von Fehldiagnosen bei hochbegabten Kindern vorgestellt – eine internationale Kooperation der DGHK (Deutsche Gesellschaft für das hochbegabte Kind) und deutscher Psychologinnen, unter anderem mit der amerikanischen Institution SENG (Supporting

Emotional Needs of the Gifted) und dem Psychologen James Webb.«

Ich rutschte auf dem Sofa herum. »Ich weiß nicht, ob ich das Thema vertiefen möchte.«

»Warum, weil auffliegen könnte, dass du nie die brave Streberin warst, für die Hochbegabte oft gehalten werden?« Mein wissenschaftliches Ich grinste. »Oppositionelles Verhalten insbesondere bei Hochbegabten ist oft eine normale Reaktion auf die Einschränkung ihrer Freiheit und Autonomie. Wird dem Kind innerhalb der Familie ein falsches Label aufgedrückt, kommt es zum Impostor-Phänomen: Das Kind glaubt, es sei gar nicht klug, sondern nur ein Blender. Für Underachieving bei Mädchen spielen, wie unterschiedliche Untersuchungen gezeigt haben, neben den üblichen Geschlechterstereotypen auch andere Dinge eine Rolle: zum Beispiel, wie empathisch die Mutter damit umgeht. Kinder aus dysfunktionalen Familien sind stärker gefährdet als solche aus intakten. Insbesondere die Kombination von weiblichem Geschlecht, Hochbegabung und hoher Kreativität ist ein Risikofaktor. Volltreffer.«

Einen Moment musste ich die Augen schließen. Und an den Besuch im Schiller-Archiv in Marbach denken.

Ein kalter, regnerischer Wintertag. Es ist stürmisch auf der Schillerhöhe, und der Wind zerrt an uns, als Uwe und ich auf das Gebäude zugehen. Drinnen ist es warm und still. Klassiker besucht man mit Schulklassen, nicht am Wochenende. Für mich ist es immer ein Weg nach Hause. Ich mag es, dass mein Idol und ich die Pferdezeichnungen gemeinsam haben: Auch Schiller zeichnete Pferde, wenn ihm nichts einfiel oder er gelangweilt war. Und dann stehe ich vor dem Brief an Caroline von Beulwitz vom 25. August 1789. Er schreibt, wie die Narben seiner Kindheit, die Unterdrückung von Gefühlen und Intelligenz ihn bis heute verfolgten. Tränen schießen mir in die Augen.

Es ist unmöglich, über die nicht erkannte Hochbegabung in der eigenen Kindheit zu sprechen, ohne zu sagen, was falschgelaufen ist. Dieses Kapitel ist eines der schwersten für mich. Denn ich erinnere mich ungern an meine Kindheit. Mir ist klar, dass ich einen anderen Blick darauf habe als der Rest der Familie. Ich erhebe keinen Anspruch darauf, dass andere die Dinge so erlebt haben wie ich. Aber ich erhebe Anspruch auf die Wahrheit meiner eigenen Gefühle.

Es gibt viel Literatur über hochbegabte Kinder, und die Autoren stimmen darin überein, dass eine rechtzeitige, den Bedürfnissen des Kindes angepasste Förderung viel zu einer gesunden seelischen Entwicklung beiträgt. Eltern hochbegabter Kinder sind in den seltensten Fällen übermäßig ehrgeizig. Und meine waren eher das Gegenteil. Die logische Folge war Unterforderung.

Wenn ich vom Schulbus nach Hause lief, hatte ich die Nase meistens in einem Buch. Einmal rannte ich damit direkt vor dem Haus gegen einen Laternenpfahl. Meine Mutter beobachtete alles. Sie warnte mich nicht, weil sie fand, ich müsste lernen, dass es jenseits meiner Bücher auch noch eine Realität gab.

In Zukunft sah ich hin und wieder über den Rand des Buches auf die Straße und merkte mir, wo die Laternenpfähle standen. Nach einiger Zeit konnte ich spüren, wenn ich mich einem näherte. Mit dem Lesen auf der Straße hörte ich allerdings nicht auf.

Es war sicher damals sehr viel schwerer, für ein hochbegabtes Kind Fördermöglichkeiten zu finden. Ganz unmöglich war es allerdings nicht. Meine Eltern fanden indes, dass wir Kinder fast alles, was wir brauchten, auf dem Dorf und in ihrem Haus finden würden. Für meine Schwestern traf das zu – für mich nicht. Es wäre ungerecht zu sagen, dass ich gar keine Förderung bekommen hätte. Ich bekam, was meine Eltern normal fanden. Aber »normal« ist für ein hochbegabtes Kind eben viel zu wenig.

Meine guten Noten waren ihnen vermutlich ebenfalls unheimlich. Denn trotzdem (oder deswegen?) fand meine Mutter, sie müsse Druck von mir nehmen, und zeigte mir ihre eigenen alten (schlechten) Zeugnisse. Fortan bewegten sich meine Noten im Zwei-plus-Bereich.

In der Grundschule ging es ohnehin nicht um Astronomie und ferne Länder. Lesen, Schreiben und Rechnen konnte ich leider längst. Warum man indes in der Schule Schuhe putzen lernen und abgefragt werden soll, ob man auch in der Kirche gewesen sei, ging mir nicht so ganz in den Kopf. Und in der Küche meiner Eltern stand, vis-à-vis der bayerischen Nationalhymne, ein Schild mit der Aufschrift: »Einem Mann ist es im Allgemeinen lieber, wenn er eine gute Mahlzeit auf dem Tisch hat, als wenn seine Frau Griechisch kann.«

Meine Mutter hatte Griechisch übrigens auf der Schule gelernt. Ich nehme an, das Schild galt vor allem meinen Großeltern.

Enge ist das bestimmende Gefühl meiner Kindheit. Eingesperrt zu sein. Eingemauert in der Gedankenwelt meiner Eltern, die von der Ästhetik der Nachkriegszeit geprägt war, in der sie selbst aufgewachsen waren. Bedrückende, lähmende Enge, die das Atmen schwermacht. Ich lernte mich zu maskieren. Mich zu betäuben. Zu Hause weit mehr als in der Schule.

FREMDHEIT

Für meine Mutter gab es nur zwei Optionen: Entweder alle ihre Kinder waren hochbegabt oder keines. Begabungsunterschiede, das Normalste der Welt, waren nicht vorgesehen. Für mich war diese kollektive Identität entsetzlich. Ich spürte ja, dass ich nicht Teil davon war, wie sehr ich mich auch maskierte. Meine Schwestern irritierte es vermutlich, dass ich viele sehr unterschiedliche Interessen hatte und sie mich nicht in eine Schublade stecken konnten. Sie imitierten mich, aber letztlich hatte ich das Etikett weg, die herzlose Streberin mit der Zahnspange zu sein. Und schließlich fanden sie in der Astrologie die perfekte Möglichkeit, doch noch eine Schublade für mich zu finden. Dass ich so viele Interessen hatte, lag fortan keineswegs an einer Hochbegabung, sondern daran, dass ich im Sternzeichen Zwilling bin. Meine Mutter und meine Schwestern haben bis heute ein Faible für Horoskope, Tarot und dergleichen. Nun ja, auf diese Weise lässt sich hervorragend anderen Menschen ihr Leben erklären. Im Nachhinein betrachtet ist es kein Wunder, dass ich mich schon mit sieben Jahren fremd in der Familie fühlte.

Ich bin allein im Wohnzimmer. Im neuen Haus ist alles anders, ein mahagonifarbener Schrank mit Glastüren, eine beigemelierte Couch, ein Esstisch, und in der Ecke ein Bücherregal mit Lesesessel. Über der Couch stehen die Fotoalben.

Ich zögere. Ich bin mir nicht sicher, ob ich die Antwort auf meine Frage wissen will. Aber es ist offensichtlich, dass ich anders bin, dass ich hier nicht dazugehöre. Ich könnte genauso gut blaue Haut haben, so klar ist es. Es lässt mir keine Ruhe, ich muss nachsehen. Denn immer habe ich diesen schrecklichen Verdacht, dass ich in Wirklichkeit von einem ganz anderen Ort komme. Dass ich etwas Fremdes bin.

Entschlossen und zögernd zugleich greife ich nach den Fotoalben. Mein Herz schlägt mir bis zum Hals. Gibt es Schwangerschaftsfotos von meiner Mutter aus der Zeit vor meiner Geburt? Es kann keine geben. Ich bin sicher, dass ich adoptiert wurde.

Ich finde Fotos. Und bin überrascht – und enttäuscht. Wäre ich ein Adoptivkind gewesen, hätte das einiges erklärt. Alles hätte einen Sinn ergeben. Aber wenn es das nicht ist – was stimmt bloß nicht mit mir?

Lange Zeit liebte ich Geschichten, in denen jemand adoptiert wird und es erst spät erfährt. Ein Schock, aber auch eine Chance: eine Erlösung von dem ständigen Gefühl, dass etwas mit dir nicht stimmt. Eine Erlösung, die es für mich nicht gab. Im Alter zwischen acht und elf Jahren quälten mich Selbstmordgedanken, mehr als einmal dachte ich daran, von zu Hause wegzulaufen. Es scheiterte nur daran, dass ich nicht wusste, wohin ich hätte gehen sollen. Einmal machte ich mich ziellos auf den Weg, aber das war natürlich wenig erfolgreich. Mit sieben grub ich im Garten ein Loch, um einen unterirdischen Gang auszuheben, der mich direkt mit meinem früheren Wohnort Karlsruhe verbinden sollte. Aber mit einer Kinderschaufel kommt man bei rund 300 Kilometern Entfernung nicht weit. Mit sechzehn brannte meine sechs Jahre ältere Cousine nach Italien durch. Ich war tief beeindruckt. Als sie ein paar Tage später strandete und die italienische Polizei anrief, ging ich ans Telefon, während mein Großvater zum Dolmetschen gerufen wurde – und schaffte es irgendwie, den Polizisten halbwegs zu verstehen. Nachdem sie zurückgekommen war, hätte ich ihr am liebsten Löcher in den Bauch gefragt und sie um die besten Tipps gebeten. Aber da ihre Flucht so schnell gescheitert war, konnte ich von ihr natürlich auch nicht erfahren, wie man so etwas erfolgreich durchzog.

Eine Weile flüchtete ich mich in die Religion – aus denselben Gründen, die auch andere Jugendliche anfällig für Sekten machen. Aber dann wurde ich irgendwann älter, und es gibt nun einmal eine Kluft zwischen den Lehren von Religionen und der normalen Allgemeinbildung einer Gymnasiastin (mehr dazu im Kapitel »Autonomie«). Außerdem konnte auch hier nur dazugehören, wer sich der Leitung anderer unterwarf. Ich begriff, dass ich der Illusion religiöser Überlegenheit mein ohnehin schon geschwächtes Selbstbild hätte opfern müssen. Im Prinzip hätte ich einfach nur die kollektive Identität der Familie durch die der Religion ersetzt. Also bot mir auch die Religion keinen Ausweg.

SYMPTOME

Im Laufe meiner Kindheit hatte ich einige seltsame Symptome entwickelt: psychosomatische Schmerzen, eine Tendenz zur Magersucht. Meine Mutter kam eines Tages nach Hause und erzählte empört, der Pfarrer habe sie angesprochen, ich sähe so bleich und dünn aus, ob er mich nicht auf eine Caritas-Freizeit schicken dürfe. Natürlich durfte er nicht.

Ich begann mich zurückzuziehen, hatte kaum noch Freunde, las stundenlang allein im Zimmer. Gleichzeitig entwickelte ich eine sonderbare Lust an verrückten Thrills. Mein Kinderzimmer hatte ein Dachfenster, und ich gewöhnte mir an, dieses Dachfenster als Leseplatz zu benutzen. Bald genügte mir das nicht mehr, und ich kletterte ungesichert auf dem Dach der dreistöckigen Haushälfte herum: über den First und zum anderen Dachfenster wieder hinein. Meine Schwester, die alles tat, was ich tat, war auch bald dabei. Als meine Mutter vom Einkaufen kam, saßen wir beide auf dem Dachfirst – ungesichert, ich vielleicht zehn Jahre alt, meine Schwester zwei Jahre jünger.

»Kommt da mal runter«, sagte sie mit bebender Stimme. Kaum waren wir im sicheren Haus, brach das Donnerwetter los.

Je weniger mir die Schule an Ausgleich bot, je fremder ich mich fühlte, desto jähzorniger wurde ich. Ich galt als hochaggressives Kind. Mit meinem Temperament kam eigentlich niemand wirklich klar, und von klein auf wurde ich dazu erzogen, es zu unterdrücken. Wie gern hätte ich ab und zu mal eine Tür knallen lassen! Das Geräusch nahm wenigstens etwas von dem Druck. Wenn niemand hinsah, pfefferte ich mein Mathebuch in die Ecke. Allerdings nicht impulsiv: Ich überlegte zuerst, ob der Druck groß genug war, dass ich das wirklich brauchte. Waren Sanktionen zu erwarten, die das Ergebnis zunichtegemacht hätten? (Mehr dazu im Kapitel »Ritt auf dem Drachen«.)

Wut ist eine lebenserhaltende, kreative Kraft. Die pure Lebensenergie, die Raum braucht, um sich zu entfalten, um ihre Flügel auszubreiten. Eine ständig anwachsende Energie, eingeschlossen in mir, so wie ich in meiner ländlichen Vorgartenidylle eingeschlossen war. Der einzige Ausdruck dieser intensiven Lebenskraft, der mir noch geblieben war. Die danach schrie, sich Luft zu verschaffen, sich zu bewegen, und doch verurteilt war, stillzuhalten.

Denn Wut ist für junge Mädchen nicht vorgesehen. Zornige Mädchen sind unheimlich. Und so lernte ich, meine Wut ebenso zu verbergen wie den Rest meines Inneren. Einen Teil der Aggression kehrte ich gegen mich selbst: Ich wurde depressiv und verletzte mich. Besser, mich selbst zu schlagen, als es gar nicht loswerden zu können.

Niemand kam je auf den Gedanken, mich wegen dieser Symptome von einer Fachperson behandeln zu lassen. Ich galt einfach als schwieriges Kind, das vermutlich entweder den Umzug von Karlsruhe in das bayerische Dorf oder die Geburt der beiden jüngeren Schwestern nicht gut verkraftet hatte. Noch vor wenigen Jahren sagte mir meine Mutter selbstbewusst, sie habe ja schließlich auch Psychologie studiert. Ich erwiderte, dass ein Grundschullehramtsstudium, zu dem unter anderem Psychologiekurse gehören, wohl kaum zu vergleichen sei mit einem Psychologiestudium. Aber ich hatte nicht das Gefühl, dass das zu ihr vordrang.

Als sozial schwieriges Kind mit geschwächtem Selbstbild war ich auf die Familie angewiesen. Hin und wieder sagte meine Mutter, sie müsse mir wohl einen Boxsack kaufen, damit ich meine Aggressionen loswürde. Bekommen habe ich ihn nie. Eine ernsthafte Frage nach dem wahren Grund meiner Probleme – Unterforderung, dysfunktionales Elternhaus bei gleichzeitiger Hochbegabung und hoher Sensibilität – stand nie im Raum. In perfekten heilen Familien von pädagogisch geschultem Fachpersonal, wo niemand überfordert wird, sind Kinder nicht magersüchtig und krank, sondern bestenfalls ein wenig schwierig.

Psychosomatische Schmerzen, Bettnässen, Magersucht, Depression, Aggression, soziale Probleme: All das sind typische Kennzeichen von massiver Unterforderung bei hochbegabten Kindern, die ihre Intelligenz verstecken müssen. Leider erfuhr ich das erst mit über vierzig.

ABLEHNUNG: SANKTIONIERUNG DURCH LIEBESENTZUG

Von wegen, Hochbegabte werden bewundert. Dass Intelligenz positiv besetzt ist, heißt noch lange nicht, dass dasselbe auch für intelligente Menschen gilt. Vermutlich wäre vieles leichter gewesen, wenn sich meine Mutter wenigstens in meinem Charakter wiedergefunden hätte. Leider ist ein typischer Charakterzug von Hochbegabten Autonomie, meine Mutter hingegen pflegte eine kollektive Familienidentität. Oft erzählte sie mir, wie schwer es für intelligente Frauen sei, einen Partner zu finden. Gleichzeitig wurde etwa ab dem dreizehnten Lebensjahr von mir erwartet, dass ich mich für Jungs interessierte und einen Freund mit nach Hause brachte. Ich beschloss logischerweise, mich von diesem Thema für die nächsten Jahrzehnte zu verabschieden, und kommunizierte das auch lautstark.

Das Verhältnis zu meinem Vater war spätestens ab der Pubertät konfliktreich. Er hatte kein Gespür für die verbalen und körperlichen Grenzen anderer Menschen. Irgendwann vermied ich es, allein mit ihm in einem Raum zu sein. Mit meinem Faible für Schiller und Lyrik konnte er nichts anfangen, er bevorzugte Groschenromane. Als Ingenieur, erklärte er, habe er eine sehr anspruchsvolle Arbeit und wolle sich abends einfach entspannen. Das begriff ich leider nicht. Wie konnte man sich bei seichtem Zeug entspannen? Mich stresste so etwas furchtbar. Erst viel später sollte ich lesen, dass hochbegabte Töchter selten ein gutes Verhältnis zu ihrem Vater haben – besonders dann nicht, wenn dieser ein konservatives Geschlechterrollenbild und einen geringeren IQ als die Tochter hat. Bei meinem kam noch dazu, dass er ein Suchttyp war.

Aber auch einige Reaktionen meiner Schwestern lerne ich heute neu zu bewerten. Anstatt zu kommunizieren, dass Begabungsunterschiede normal sind und keine Aussage darstellen, ob jemand besser oder schlechter, beliebter oder unbeliebter ist, hatten meine Eltern sie einfach geleugnet. Auf diese Weise war keine von uns je sie selbst: Ich versteckte meine Begabung, meine Schwestern versuchten sie zu imitieren und taten, was ich tat. Selbst die Unterschrift einer von ihnen sieht meiner so ähnlich, dass es schon grotesk ist. Bis heute denke ich, dass sie verzweifelt versucht, ich zu sein – anstatt einfach nur sie selbst. Hätten sie bloß gewusst, dass es nichts gab, worum ich zu beneiden war! Unser Verhältnis wäre heute sicher besser. Denn meine Hochbegabung machte mich nicht beliebter bei den Eltern, sondern eher unbeliebter. Aber so ging der Umgang damit auch für meine Schwestern nach hinten los:

Eines Tages kam meine Mutter von einem Elternsprechtag.

»Ich sage zum Griechischlehrer: ›Ihre Schwester möchte nicht immer als eine Kopie von Agnes wahrgenommen werden‹«, berichtete sie wütend. »Und was erwidert er? ›Ja, ist sie das denn nicht?‹«

Ich weiß nicht, ob ich meinen Kindern eine solche Bemerkung erzählt hätte. Vermutlich nicht, denn die Auswirkungen auf das Verhältnis der Geschwister sind vorhersehbar. Vermutlich sollte man in einer solchen Situation versuchen, das kopierende Kind in der Entwicklung einer eigenen, vom Geschwisterkind unabhängigen Persönlichkeit zu stärken. Das geschah offenbar nicht. Ergebnis: Das unerwünschte Verhalten des dummerweise hochbegabten Geschwisterkinds wird sanktioniert:

Als ich anfing, Arabisch zu lernen, war ein Nachbar begeistert von einem Science-Fiction-Buch. Die Leute sprachen darin eine Art Arabisch, und so zeigte er es mir.

Ich übersetze die Zitate aus dem Buch – und breche in Hohngelächter aus.

»Ich lach mich kaputt!«, japse ich. »Die Seherin ruft ›Kull Wahid‹ als Ausruf der Verwunderung – dabei bedeutet das nichts als ›jeder Einzelne‹! Was für ein Schrott ist das denn?«

Der Ehrlichkeit halber muss ich sagen, dass mein Gefühl für diplomatische Formulierungen noch nicht zufriedenstellend entwickelt ist. Stört den Nachbarn aber nicht, er nimmt es sportlich. Sofort ist eine heiße Diskussion über das Buch im Gange.

Zu Hause meint meine Schwester: »Du bist so unsympathisch, wenn du diesen rechthaberischen Ton hast, so wie vorhin in der Diskussion.«

Die meisten Hochbegabten, die in »normalen« Familien aufwachsen, erleben eine Abwertung ihrer Intelligenz bis hin zur Ausgrenzung. Wenn Hochbegabung nicht erkannt und benannt wird, kann man auch nicht lernen, verantwortungsvoll damit umzugehen. Erst Jahre später sollte ich erfahren, dass ich kein Charakterdefizit hatte, sondern eine sehr verbreitete Erfahrung machte. Bis dahin endeten gesellschaftliche Vergnügen oft mit einem Gefühl der Demütigung, was natürlich nicht gerade Lust machte, sie zu wiederholen.

Wieder einmal sitzen alle Familienmitglieder in großer Runde nebst einigen alten Freunden meiner Mutter und meiner Tante in einem Restaurant in Giesing. Eine alte, dunkle Brauereigaststätte, klein, zu klein für all die Menschen.

Neben mir sitzt ein Freund meiner Mutter, er ist in etwa im Alter meiner Großeltern und ehemaliger Taxifahrer. Er berichtet mir von seiner Jugend in Giesing.

Nun ist so etwas bisweilen recht anstrengend für mich. Nicht weil ich andere Menschen nicht mögen würde. Aber allzu lange halte ich diese Art Gesprächsthemen einfach nicht durch. Ich bin nicht dafür gemacht, es strengt mich an.

Ich will aber nicht unhöflich sein, also bleibe ich sitzen. Eine Weile geht es mit einiger Kraftanstrengung ganz gut. Dann aber merke ich, wie ich abdrifte. Mein Kopf wird dumpf, und so sehr ich mich auch anstrenge, es wird immer schwerer für mich, der Unterhaltung zu folgen. Und mein Gegenüber redet und redet. Ich selbst bin kaum zu Wort gekommen. Aber was könnte ich auch von meinem Arabistik-Studium erzählen?

Ist es unhöflich, wegzugehen? Ich könnte sagen, ich müsste zur Toilette.

Auf einmal macht mein Gegenüber eine kurze Atempause. Ich nutze sie, sage: »Das war sehr interessant, vielen Dank für das Gespräch. Entschuldigen Sie mich einen Moment, ja?« Dann drehe ich mich zu meiner Sitznachbarin auf der anderen Seite und will mich dort ins Gespräch mischen. Leider lässt mein Gegenüber das nicht zu. Er redet weiter.

Ich befinde mich in der Zwickmühle. Drehe ich mich weg, wirke ich unhöflich. Drehe ich mich wieder zu ihm, wird er erst recht nicht von mir ablassen. Der Schweiß bricht mir aus. In meinem Kopf schrillt die Alarmsirene.

Ich muss hier weg, sonst wird der Stress zu groß. Meine Wahrnehmung verengt sich. Auf die Hälfte des Tisches, auf ein Viertel. Auf mich und den Mann, der nicht aufhört zu reden. Die Worte scheinen mir immer leerer, prallen auf mein Nervensystem, schmerzhaft, unerbittlich. Unzählige andere Stimmen liegen in der Luft. Gesprächsfetzen klatschen mir ins Gesicht. Ich rutsche ein Stück weg, nicke und versuche erneut abzubrechen. Er redet weiter. Ich drehe mich zur Nachbarin. Er redet weiter. Hält mich gnadenlos in seinem eisernen Griff aus netten, belanglosen Jugenderinnerungen.

Ich stehe auf. »Ja, Entschuldigung, einen Moment.« Stürze in Richtung Toilette.

Im Bad lasse ich Wasser über meine Handgelenke laufen und atme tief durch. Mein Puls verlangsamt sich. Ich denke an etwas, das mich beruhigt, mein Studium, das ich vor kurzem begonnen habe. An meinen Studienort Bamberg, meine WG in dem uralten Gerberhaus am Fluss. Allmählich werden meine Gedanken klarer. Ich atme noch einmal durch, dann gehe ich zurück zum Tisch.

Als wir auf der Heimfahrt im Auto sitzen, meint meine Schwester: »Das war so gemein, wie abweisend du den armen alten Mann behandelt hast. Richtig arrogant. Wie unhöflich, einfach mittendrin wegzugehen. Du bist manchmal so herzlos.«

Mein Fazit aus solchen Treffen war, dass Intelligenz offenbar ein charakterliches Defizit darstellte und schlichtweg unmoralisch war. Wertlos und abstoßend. Kein Wunder, dass mir manche Freundinnen näherstanden als meine Schwestern.

Der Mensch in meiner Familie, von dem ich mich damals am ehesten verstanden fühlte, war mein Großonkel. Er war Professor für Tiermedizin und leitete ein Forschungsinstitut. Von ihm fühlte ich mich ernst genommen, er redete mit mir wie mit seinesgleichen und nicht wie mit einer Zehnjährigen, die man an den Kindertisch schickt. Einige Zeit hatte er in Tansania gelebt, wovon selbst gemalte Bilder in seinem Haus erzählten. Er verstand mein Fernweh, mit ihm konnte ich über die Länder sprechen, die mich interessierten. Er erzählte mir von seiner Forschung, anstatt mich mit einem senkrecht gemalten Strich wegzuschicken.

Jahre später hatte ich ein Live-Interview zu einem meiner Bücher im Fernsehen, und meine Mutter und mein Mann sahen es sich gemeinsam an. Als ich zurückkam, fragte mein Mann schockiert, was denn mit meiner Mutter los sei. Offenbar hatte sie völlig konsterniert auf dem Sofa gesessen und immer wieder gesagt: »Das ist doch gar nicht mein Kind!«

Es dauerte lange, bis ich begriff, dass mein Streben nach Wissen und Autonomie unversöhnlich kollidierte mit dem Bedürfnis meiner Familie, gebraucht zu werden: sich überlegen zu fühlen. Im Nachhinein erklärt es, warum ich als hochbegabtes Kind in meiner Herkunftsfamilie nie wirklich zu Hause war.

Erst als ich die Geschichten anderer Hochbegabter las, begriff ich, dass ich kein Einzelfall bin. Dass Frauen mit einer nicht erkannten Hochbegabung meist keine schönen Erinnerungen an ihre Kindheit haben, dass viele von ihnen Geschichten wie meine erzählen. Dass es nicht undankbar und absurd war, wenn ich geglaubt hatte, ein Adoptivkind zu sein, sondern die normale Reaktion eines hochbegabten Kindes in einem unpassenden Umfeld. Ich konnte die Reaktion meiner Mutter einordnen, dass die Frau im Fernsehen nicht ihr Kind sein konnte. Wenn das allerdings die Haltung war, in der sie mich großgezogen hat, ist es kein Wunder, dass ich permanent blockiert und unterfordert war – und meine gesamte Kindheit hindurch als aggressiv und schwierig galt, obwohl ich doch einfach bloß hochbegabt war.

Katharina Fietze hat gezeigt, wie die hohe Vitalität Hochbegabter als anstrengend empfunden, ihr Streben nach Autonomie als aufsässig verstanden und mit Ausgrenzung, auch innerhalb der Familie, sanktioniert wird. Unterforderung wird hier als eine Form der Vernachlässigung verstanden. Da sich das Kind sein Umfeld nicht aussuchen kann, muss es Persönlichkeitsanteile unterdrücken oder abspalten. Die Ablehnung seiner Intelligenz erlebt es als Ablehnung seiner Person. Deshalb versteht Fietze diese Ablehnung als seelische Grausamkeit, die einer Gewalterfahrung sehr nahekomme.

Für meine Herkunftsfamilie bin ich bis heute ein Alien. Die ursprüngliche Bedeutung des Worts »Alien« ist »fremd«. Vielleicht bin ich deshalb immer so gern und so weit gereist. Mitten in der Sahara habe ich mich weniger fremd gefühlt als in der Familie, in der ich aufwuchs. Wenn ich Fotos aus meiner Pubertät betrachte, kommt manchmal das alte Gefühl der Verlorenheit wieder auf. Ich spüre die Maske, die ich so lange getragen habe: die Maske eines Kindes, das sich verbietet, erwachsen zu werden. Als ob ich so die Zeit zurückholen könnte, in der noch niemand erkannt hatte, wer ich wirklich bin.

CARRIES SCHULZEIT

DIE LEIDEN DES JUNGEN WERTHERS

Zweite Klasse, Dorfgrundschule. Ich bin neu in der Klasse, wir sind gerade erst aus Karlsruhe zurück nach Bayern gezogen. Meine neue Lehrerin bewundere ich. Sie hat lange blonde Haare, und sie ist mit einem Mann verheiratet, der einen klangvollen portugiesischen Nachnamen trägt. Ein Silberstreif des Kosmopolitischen, der an mein Fernweh appelliert. Deshalb habe ich ihr ein Bild des Planetensystems gezeichnet. Gerade lese ich nämlich besonders gern über das Weltall. Ich bin noch sehr schüchtern in dem neuen Umfeld, aber dann nehme ich meinen Mut zusammen und stapfe zu ihr. Reiche ihr das Bild.

»Hm«, sagt sie und betrachtet die elliptisch angeordneten Kugeln. »Und was ist das?«

»Das Sonnensystem«, erwidere ich. »Hier ist unsere Sonne, und das sind die Planeten. Der dritte von innen ist die Erde. Und hier, der kleine Punkt ist unser Mond.«

»Und willst du keine Sterne malen?«

Ich schüttle den Kopf. »Das geht leider nicht. In unserem Sonnensystem gibt es keine Sterne. Wir sehen die Planeten und ihre Monde als Sterne. Alle anderen sind selbst Sonnen, nur viele Lichtjahre entfernt«, erkläre ich.

Die Lehrerin sieht mich an, als hätte ich nicht alle Tassen im Schrank. Dann meint sie: »Also, ich sehe nur eine Sonne.«

Das Bild mit dem Planetensystem landet kurz darauf im Müll.

Von wegen, Hochbegabte sind Lehrerlieblinge. Ein helles Köpfchen ist eine Sache, aber die Gebrauchsanweisung dafür eine ganz andere. Selbst die *X-Men* müssen lernen, ihre übernatürlichen Kräfte zu kontrollieren. Nicht einmal Charles Xavier ist glücklich, wenn ihm seine X-Schüler mit einem Blitzblick den Schreibtisch versengen oder ihn mittels Telekinese versehentlich aus dem Fenster werfen. Mit dem Verstand funktioniert das nicht anders. Auch ihn muss man erst einmal kontrollieren lernen. Verstehen, dass für den Lehrer der Lösungsweg genauso wichtig ist wie die Lösung und dass »Sieht man doch sofort!« keine Beschreibung des Lösungswegs ist. Insbesondere bei hochbegabten Grundschülern kann es passieren, dass sie einiges mehr wissen als der Lehrer. Da sie das aber nicht erwarten, gehen sie damit möglicherweise nicht sehr diplomatisch um – wie könnten sie auch? Das trägt nicht dazu bei, dass die Lehrer sie besonders lieben. Generell sind Hochbegabte selten besonders gut darin, sich beliebt zu machen. Ich jedenfalls verstand es nicht, Intelligenz zu meinem Vorteil einzusetzen. Die Inhalte interessierten mich weit mehr als das, was andere dazu sagten. Lehrer eingeschlossen. Das führte zu Situationen wie dieser:

Der Grundschullehrer stellt eine Frage, die niemand beantworten kann. Ich sehe mich im Klassenzimmer um, während das Schweigen schwer im Raum hängt. Wir sind neu in diesem Raum. Er ist dunkler als der alte, und statt der blonden Lehrerin steht vor uns der Rektor, vor dem alle ein wenig Angst haben. Auf einmal bemerke ich an der Wand ein kleines Plakat. Ich kneife die kurzsichtigen Augen zusammen. Da steht ja genau die Frage – nebst der Antwort. Also melde ich mich. Bei der nächsten Frage sehe ich gleich wieder zur Wand – dasselbe Spiel. Vier Fragen sind es insgesamt, und ich denke die ganze Zeit, dass doch jeder merken muss, was hier passiert. Auch deshalb, weil ich wegen meiner Kurzsichtigkeit einige Verrenkungen anstellen muss, um die richtigen Antworten überhaupt erkennen zu können. Und überhaupt, warum fragt der Lehrer eigentlich Dinge, die doch jeder ablesen kann?

Irgendwann fragt der Rektor beeindruckt, woher ich denn all das wisse. Und ich erwidere treuherzig: »Ich wusste es nicht, aber es steht doch alles auf dem Plakat dort.« Es kommt mir nicht einmal in den Sinn, dass man so eine Situation ausnutzen könnte, um sich bei einem Lehrer beliebt zu machen.

Später musste ich mühsam lernen, wann man besser den Mund hält. Ehrlichkeit ist leider ein typischer Charakterzug bei vielen Hochbegabten, der häufig auch dann zutage tritt, wenn es kontraproduktiv ist. Das passierte mir noch, als ich längst erwachsen war:

Als Doktorandin auf einem Kongress beim Abendessen. Einer der Professoren hebt sein Glas und zitiert den Beginn einer altgriechischen Ode: »Ariston men hydor« (am besten ist das Wasser). Sein Glas enthält allerdings Wein.

Und ich erwidere reflexartig: »Ich denke, das ›Wasser‹, das Pindar im Kopf hatte, als er seine ›Erste olympische Ode‹ schrieb, hatte doch einen etwas geringeren Alkoholgehalt.«

Gerät man an den Falschen, kann so ein Verhalten gelinde gesagt etwas unklug sein. In diesem Fall hatte ich Idiotenglück. Dennoch wäre es besser gewesen, schon in der Schule zu lernen, wann man den Mund hält. An eine Hochbegabung dachte damals natürlich keiner meiner Lehrerinnen und Lehrer. Die eine warf meine Planetenzeichnung weg, und der andere lachte und nannte mich »Bazi«, was auf Bayerisch etwa »Frechdachs, Scherzkeks« bedeutet.

Heute gibt es bereits in der Grundschule Wettbewerbe in Mathematik oder im Lesen. Für Hochbegabte eine wunderbare Gelegenheit, soziale Anerkennung zu finden. Dass sie ihre Fähigkeiten in den Dienst der Klasse stellen können, nimmt ihnen das Stigma, zumindest so lange, bis sie auf eine Jury treffen, deren eigene

Fähigkeiten unter denen der Kinder liegen und die ihnen schon deshalb keine Preise gibt. Was leider häufiger vorkommt, als man so denkt.

Zu meiner Schulzeit gab es nicht einmal das. Und die falschen Fähigkeiten gingen ganz schnell nach hinten los.

Dritte Klasse. Wir lesen ein Gedicht über eine Lokomotive, die langsam anrollt und dann immer schneller wird. Ich soll das Gedicht vorlesen. Genau wie es der Inhalt vorgibt, lasse ich die Lokomotive langsam anfangen. Wort. Für. Wort. Dann schneller. Und schnellerundschneller … Juhu! Was für ein Spaß, die Lokomotive schließlich mit Höchstgeschwindigkeit durch die Landschaft rasen zu lassen!

Leider bekommt der größte Teil meiner Mitschüler vom Inhalt kaum noch etwas mit. Sie sind damit beschäftigt, jeweils das letzte Wort in der Zeile zu suchen. Mit vorhersehbaren Auswirkungen auf meine Beliebtheit in der Klasse.

Heute würde ein Lehrer idealerweise das hochbegabte Kind beiseitenehmen und es darauf aufmerksam machen, dass es sich so keine Freunde macht. Schließlich wollte ich meine Mitschüler ja nicht ärgern. Ich war noch nicht alt genug, um zu begreifen, dass die anderen eben nicht so schnell lesen konnten und dass es ein gewaltiger Unterschied ist, ob man beim Sport die Schnellste ist – was Anerkennung einbringt – oder beim Lesen – was sonderbarerweise das Gegenteil bewirkt.

Ich musste mir also anderweitig Anerkennung verschaffen. Eine Zeitlang funktionierte das, indem ich den Mädchen Pferdebilder malte und für die Jungs die Unterschrift von Karl-Heinz Rummenigge fälschte. Aber ewig konnte das nicht gutgehen.

Übungsstunden für den Fahrradführerschein. Ich erinnere mich an schwarzgeteerte Flächen mit aufgemalten Straßen, an Verkehrsschilder in Liliputanergröße zum Aufstellen, die wackelten. Ein Parcours, wie ihn Tausende Schüler jedes Jahr abfahren, um ihren Fahrradführerschein zu erwerben. Ich hatte die Verkehrsschilder gelernt, die Regeln: Rechts vor Links, Vorfahrtsstraßen und so weiter. Wie alle anderen war ich aufgeregt. Aber ich ahnte nicht, dass mich jemand bestrafen wollte. Vermutlich für das Gefühl, sich in meiner Gegenwart dumm zu fühlen.

Ich fuhr also den Parcours ab. Der Lehrer hatte ein paar Schüler eingeteilt, die die anderen bewerten und ankreuzen sollten, wenn man einen Fehler machte. Feedback, um an sich arbeiten zu können.

Am Ende der Stunde zeigte mir der Junge, der mich bewertet hatte, seinen Zettel. Er war über und über voller Kreuze. »Das sind alles deine Fehler«, sagte er. »Niemand sonst hat so viel falsch gemacht wie du.«

Der Junge und seine Freunde ließen sich jedes Mal einteilen, um mich zu bewerten. Jede Probestunde wurde so zu einem Spießrutenlauf. Schon bevor ich losfuhr, brach mir der Schweiß aus, und mein Herz begann zu rasen. Ich schlug vor lauter Nervosität mit den Knöcheln gegen die Pedale. Der Schmerz trieb mir Tränen in die Augen. Ich biss mir auf die Zunge und machte weiter. Am Ende hatte ich an den dünnen Beinchen jede Menge blauer Flecken. Sosehr ich mich auch bemühte, alles richtig zu machen, immer war ich diejenige, deren Karte die meisten Kreuze aufwies. Ich war überzeugt, dass ich nicht Fahrrad fahren könnte. Niemals würde ich die Prüfung schaffen. Ich fühlte mich als kompletter Versager.

Als der Tag der Prüfung kam, war ich völlig fertig. Ich hatte panische Angst. Wäre es nicht besser, so zu tun, als wäre ich krank, und die Prüfung zu verpassen, anstatt mich so unendlich bloßstellen zu lassen? Ich würde ja doch als Einzige durchfallen. Niemand sonst hatte so viele Fehler während der Übungsstunden gemacht, das hatten die Jungen oft genug gesagt.

Nie wäre ich auf die Idee gekommen, dass meine Mitschüler einfach jede Menge Kreuze auf ihre Karten geschmiert hatten, und zwar auch dann, wenn ich gar nichts falsch gemacht hatte – einfach nur, weil sie mich nicht leiden konnten. Ich wusste nicht einmal, dass es so etwas wie Mobbing gab. Damals hatte ich ein paar Züge, die an ein Asperger-Syndrom erinnerten, tatsächlich aber relativ typische Reaktionen hochbegabter Kinder in problematischem Umfeld darstellen. Dazu gehörte, dass ich Gefühle und gefühlsmotivierte Handlungen schlecht einschätzen konnte.

Meine Knie zitterten, als ich auf das komische Prüfungsfahrrad stieg. Meine Hände waren feucht und klammerten sich um das Lenkrad. Ich musste mich anstrengen, mehr als nur dieses Lenkrad wahrzunehmen. Die ganze Wirklichkeit zog sich zusammen auf zwei Meter vor mir.

Irgendwie schaffte ich es durch den Parcours. Aber ich war überzeugt, dass auf der Karte, die der Polizist in der Hand hielt, ebenso viele Kreuze waren wie auf denen der Jungen. Bei der Wimpelvergabe hielt ich den Kopf gesenkt und machte mich so klein wie möglich. Bloß nicht auffallen. Bloß schnell alles hinter mich bringen. Als auch ich meinen Wimpel bekam, das Zeichen, dass ich die Prüfung bestanden hatte, war ich völlig fassungslos. Ich konnte es nicht glauben, dass ich wirklich nur so wenige Fehler gemacht hatte. Ich war doch so unfähig, wie war das möglich? Das konnte nur Glück gewesen sein.

Ich hatte gelernt, die Erwartungen meines Umfelds zu erfüllen und mich zu unterschätzen.

NATRIX STATT »MATRIX«

Zum Glück fand ich eine Freundin, auf die ich mich wirklich verlassen konnte und die mich immer so akzeptiert hat, wie ich war. Mit ihr konnte ich auch später, lange nach dem Ende der Grundschulzeit, noch intensive Gespräche führen. Auch am Gymnasium hatte ich das Glück, eine oder zwei Freundinnen zu finden, die ebenfalls »ein bisschen anders« waren. Eine ist zum Beispiel leidenschaftliche Bergsteigerin und teilt mein Fernweh.

Die angesagten Filme sah ich weiterhin nicht, und mit Schauspielern, in die ich verliebt gewesen wäre, konnte ich auch nicht aufwarten. Während die coolen Kids im Kino *Terminator* sahen, studierte ich meine Bücher und arbeitete so, ohne es zu ahnen, an meinem Streberimage.

Biologieunterricht. Der Lehrer zeigt uns Fotos von Schlangen.

»Hier seht ihr zwei Schlangen«, erklärt er. »Was denkt ihr, gehören die zur selben Art?«

Ich melde mich. Der Lehrer erwartet eine Antwort, die sich auf die Zeichnung der Schlangenhaut bezieht. Stattdessen erhält er die Antwort:

»Links haben wir die Ringelnatter mit der Bezeichnung *Natrix natrix*, rechts die Würfelnatter, *Natrix tessellata*. Sie gehören beide zur Gattung Natrix, stellen aber verschiedene Arten davon dar.«

Streberin, dachten wohl die meisten. Das Hochbegabtenklischee ist bis heute der Streber, bei dem der Zeigefinger in der Luft festhängt. Dabei gibt es nichts, was mir ferner gelegen hätte. Wenn ich etwas lese, bleibt es in meinem Kopf, ob ich will oder nicht. Zumindest, wenn es etwas ist, das ich interessant finde. Und ich finde eben sehr viele Dinge interessant. So kam ich auch zur klassischen Literatur.

Angefangen hat alles, als ich krank im Bett lag und mir der Lesestoff ausgegangen war. Ich griff zum Nächsten, was da war, und das war eine alte Schülerausgabe von Schiller. Darin blätterte ich und landete bei der Ballade »Die Bürgschaft«.

Wie viele Hochbegabte ging ich völlig unvoreingenommen heran. Ich sah nicht die graubärtigen Gymnasialprofessoren aus der *Feuerzangenbowle*, die im Kommisston Zitate abfragen, auch nicht die Lehrer, die man vielleicht damit beeindrucken konnte. Ich sah ein Action-Abenteuer: mit Räubern, Rebellen und echter Freundschaft, und mit Happy End. Also genau das, wonach ich mich sehnte. Und das Ganze auch noch in Versen, die das musikalische Temperament in mir ansprachen. Bald konnte ich die Ballade auswendig.

Das mag jetzt wirklich nach Streber klingen, aber bitte bedenkt dabei, dass Hochbegabte meistens ein sehr gutes Gedächtnis haben. Ich benutzte keine besondere Technik, ich las die Ballade einfach ein paarmal, und das war's. Ich bin kein Streber, nie gewesen. Streber sind strebsam, ich bin faul. Streber arbeiten für Erfolg, ich arbeite für den Flow – weil es mir etwas gibt, mich in bestimmte Dinge hineinzuversetzen. Habt ihr das Gefühl zu arbeiten, wenn ihr ins Kino geht? Auch nicht, oder? Und trotzdem könnt ihr hinterher beschreiben, worum es in dem Film ging, vielleicht erinnert ihr euch sogar an einzelne Sätze. Geht ihr fünf-, sechsmal in den Film, weil er so gut war, könnt ihr ihn am Ende auch fast auswendig. Und genau so fühlt es sich an, wenn man als hochbegabte Göre eine Schiller-Ballade auswendig lernt.

Dass es allerdings etwas kompliziert sein kann, dies einem Umfeld von Dreizehn-, Vierzehnjährigen zu erklären, dürfte einleuchten. Spätestens jetzt war ich den meisten anderen nicht mehr so ganz geheuer. Dass ich im Folgenden zu einem veritablen Schiller-Fan wurde – der aber immerhin auch Goethe zugestand, »nicht unbegabt« gewesen zu sein –, schaffte es am Ende auch noch in die Abiturzeitung.

Schon in der fünften Klasse, als die Theatergruppe Shakespeares *Sturm* aufführte, war ich fasziniert von Literatur. Damals spielte ich den *Sturm* im Kinderzimmer nach, immer wieder. Für die Theatergruppe war ich zu schüchtern, also begann ich selbst Gedichte zu schreiben, erst im Stil von Heinrich Heine, dann in dem von Schiller. Eine Ballade von Heine wurde von mir adaptiert und erhielt einen bildungspolitisch-kabarettistischen Anstrich, indem unser Schuldirektor zum Protagonisten wurde. Das Gedicht kursierte unter den Schulbänken und verschaffte mir etwas Luft vom täglichen Kampf gegen die cooleren Kids. Zumindest so lange, bis mich der so besungene Direktor beim Rezitieren erwischte.

In einer Lateinprüfung verwendete ich schon mal spaßeshalber die deutsche Kurrentschrift, nur um zu sehen, wie das war. Natürlich machte ich mir keine Gedanken, ob der Lehrer die Schrift auch lesen konnte. War das nicht selbstverständlich? Schließlich war er doch der Lehrer und musste mehr wissen als ich. Ich hatte ein verdammtes Idiotenglück. Er konnte es.

Mit sechzehn schrieb ich Dramen in Blankversen. Damals hatte das Münchner Prinzregententheater mehrere Inszenierungen von Frank Castorf laufen. Das war nun nicht meine Ästhetik, umso weniger als Castorf meine geliebten Dramentexte einfach umschrieb. Alles, was rockte, strich er heraus und ersetzte es durch eine blutleere, weichgespülte Schulhof-Revolte. Nicht mit mir! Ich schrieb ihm also einen langen, fast ausschließlich aus Schiller-Zitaten bestehenden Brief. Schiller hat ja dem menschlichen Entsetzen diverse Ausdrucksformen verliehen, und ich konnte auf einen reichen Fundus zurückgreifen. Am Ende meines Briefes stand: »Johanna geht, und nimmer kehrt sie wieder!« Den Brief schickte ich ans Theater. Und wunderte mich sehr, dass keine Antwort kam.

Da die besagte Aufführung ein Schulausflug gewesen war, bekam der Rest der Klasse samt der Deutschlehrerin das mit. Wenn es um meine Dramen oder meine Musik geht, verhalte ich mich nicht immer sehr subtil. Was für Auswirkungen das auf meine Noten oder mein Standing in der Klasse hatte – wen scherte das?

Vom Chemieunterricht hielt ich viel. Weniger wegen der Chemie, davon bekam ich nur wenig mit. Denn ich war leider zu beschäftigt, um mir die Formel für stinknormalen Haushaltszucker zu merken, weil ich unter der Bank Theorien zur Antimaterie entwerfen musste. Unerfreulicherweise wurden die nicht in den Klausuren abgefragt, weshalb meine Noten alles andere als überragend waren. Mit bemerkenswertem Instinkt hielt ich mich knapp oberhalb der Grenze, wo meine Versetzung oder mein Abitur gefährdet gewesen wäre. Warum ich Antimaterie spannend fand, in einem Alter, in dem die meisten Mädchen vor allem Jungs und Schminktipps im Kopf haben? Keine Ahnung. Es schien mir einfach interessanter, mich mit dem zu beschäftigen, was die Welt ausmacht, mit Fragen nach der Art, wie unser Universum gemacht ist, nach Dingen, die noch nie ein Mensch gesehen hat.

Ich kann es euch und mir nicht ersparen, auch über meinen Kleidungsstil zu sprechen. Gelinde gesagt war ich damit nicht gerade eine Kandidatin für *Germany's Next Topmodel.* Man könnte auch sagen, er war gruslig. Als ich in der dritten Klasse eine Brille erhielt, begann meine Zeit als Amy Farrah Fowler.

Amy ist in *The Big Bang Theory* die Freundin von Sheldon Cooper. Sie trägt Brille, Polyesterstrickjacken, Gesundheitslatschen und zu lange Röcke, und ihre Haare hängen strähnig wie zu weich geratene Spaghetti an ihrem Kopf herunter. Während meiner Pubertät wäre ich die Idealbesetzung für diese Rolle gewesen.

Als ich fünfzehn war, erschien ich zur Schule regelmäßig in blauen Jeans und einem quietscheentengelben Pullover. Das waren schließlich die Farben gewesen, in welchen Goethes Werther seine Charlotte kennengelernt hatte, ehe ihn verschmähte Liebe in seinen tragischen Selbstmord trieb. Ich demonstrierte so für die klassische und die Sturm-und-Drang-Literatur, die meinem Empfinden nach im Lehrplan vernachlässigt wurden. Leider hat das wohl niemand gemerkt, die Deutschlehrer standen damals auf Grass. Immerhin kann ich guten Gewissens sagen, dass ich in meinem Werther-Outfit keinen jungen Mann in den Selbstmord aus verschmähter Liebe getrieben habe. Wenn sich jemand meinetwegen erschossen hätte, dann höchstens Karl Lagerfeld oder Wolfgang Joop.

»Au weia. Ein bisschen gewöhnungsbedürftig warst du schon.« Mein wissenschaftliches Ich runzelte strafend die Stirn. »Zu diesem Zeitpunkt waren wir vermutlich schon so weit, dass die Provokation zur Art des Umgangs mit der Tatsache wurde, dass wir nirgendwo hinpassten. Nach dem Motto: Wenn ich schon ausgeschlossen werde, will ich wenigstens selbst dafür verantwortlich sein. So erträgt man das Anderssein nicht mehr einfach, sondern wählt es selbst.«

»Ist ›au weia‹ ein wissenschaftlicher Fachausdruck?«, erwiderte ich trocken.

»Okay, erwischt. Die Identifikation mit Figuren aus der Literatur suggerierte uns, dass es Leute wie uns durchaus gab – nur eben nicht in unserem Umfeld.«

»Im Nachhinein war es unglaubliches Glück, dass ich ein als elitär berüchtigtes bayerisches Gymnasium besuchte«, meinte ich nachdenklich. »Da es dort noch eine Menge Pauker der alten Schule gab, hatte ich immer ein paar Lehrer, die mich vielleicht komisch fanden, aber doch irgendwie auch respektierten.«

»Ja, das leistungsorientiertere Schulsystem und innerhalb dieses Systems das noch einmal für seine Strenge berüchtigte Gymnasium war in unserem Fall ein Glück. Wenn man Erfahrungsberichte anderer Hochbegabter unseres Alters liest, die in den Schulsystemen von Niedersachsen, Nordrhein-Westfalen oder Hamburg aufwachsen mussten, ist das ganz anders. Da hört man von Lehrern, die Hochbegabten schlechte Noten gaben, weil sie schneller waren als die anderen, weil sie aufmüpfig wurden oder einfach nur, damit sie auch mal erfahren, wie sich ein Misserfolg anfühlt. Jutta Billhardt spricht von geistiger Vergewaltigung – Tag für Tag.«

»Na, das blieb uns ja glücklicherweise erspart.« Ich überlegte. Ja, auch ich hatte manchmal Noten bekommen, die vermutlich nicht meinem Leistungsstand entsprachen. Aber es gab eben auch Lehrer, die freundlich oder zumindest mit Ironie an die Sache herangingen: Wie der Biologielehrer, der meinen Eltern entspannt erklärte, sie müssten sich wegen meiner Faulheit nicht sorgen: Ich müsste nicht lernen, weil ich den Stoff vom Zuhören im Kopf behielte. Oder wie die Deutschlehrerin, die mir vor der Abiturprüfung mit einem Grinsen nahelegte, doch bitte nur Theaterstücke zu zitieren, die sie auch kenne.

Hin und wieder liest man, Hochbegabte seien eigentlich ganz normal. Aber das stimmt nun auch wieder nicht. Manche nennen uns Individualisten, es gibt aber auch sehr viel weniger nette Ausdrücke dafür. Während meiner Kindheit hatte ich jedenfalls nicht selten das Gefühl, selbst das von Sigourney Weaver ausgebrütete Alien hätte bessere Integrationschancen als ich. Okay, wir wollen es nicht dramatisieren. Ich habe meine Kindheit nicht mit dem Kopf in der Toilette verbracht wie Sheldon Cooper. Aber es gab durchaus den einen oder anderen, nun ja, nennen wir es Kommunikationsengpass. Genau genommen gehören die meisten der beschriebenen Anekdoten in diese Kategorie.

Viel später sollte mir Sherlock Holmes (und ein paar Chamäleons, Giftschlangen, Stabheuschrecken etc.) klarmachen, dass man am ehesten unsichtbar wird, wenn man sich seiner Umgebung anpasst. Und nicht, indem man noch mehr auffällt. Mein Kleidungsstil erfüllte indes perfekt das Beuteschema der Raubtiere, für die ich eigentlich unsichtbar werden wollte.

Warum? Ich weiß es nicht. Vielleicht weil mir so viel im Kopf herumging, dass für solche Gedanken keine Zeit war, aber vermutlich vor allem, weil ich alles vermeiden wollte, was tussig oder auch nur mädchenhaft wirkte. Denn ich wollte kein Mädchen sein. Mädchen sollten ja offenbar nichts anderes tun als einen Mann finden, der sie heiratet, und ihm dann für den Rest ihres Lebens Schmalznudeln backen – dieser Diätalptraum aus Hefeteig, Fett und Zucker bestimmte damals den Marktwert einer bayerischen Frau. Und Winnetou und Old Shatterhand nahmen Mädchen auch nicht mit.

LEKTION IN NORMALISCH

Das Problem bei einer unerkannten Hochbegabung ist: Du kannst dich nicht verstecken. Die anderen riechen, dass du anders bist, noch ehe du den Mund aufmachst, selbst dann, wenn du dich nicht so schrill anziehst, wie ich es tat. Irgendwann hast du diese Haltung, die allen suggeriert: Hilfe! Ich verstehe euch nicht. Ich weiß zwar nicht warum, aber ich brauche einen Dolmetscher.

Das betrifft die einfachsten Dinge. Ein Normalbegabter, der seine Lehrer verbessert, will wahrscheinlich Dominanz zeigen oder angeben. Bei einem Hochbegabten kann es allerdings auch sein, dass er nicht im Traum an so etwas denkt, sondern einfach Spaß an der Sache selbst hat und diesen Spaß mit jemandem teilen will. Ein Normalbegabter, der stumm in der Ecke sitzt und sich nicht am Gespräch beteiligt, hat vermutlich auch keine Lust darauf. Ein Hochbegabter womöglich schon, doch er ist vielleicht von zu vielen Reizen überfordert, die auf ihn einstürmen, oder schlicht in Gedanken gerade noch bei einem anderen Thema, das ihn fasziniert. Außerdem wird in einem Gespräch gerade unter Mädchen meist Übereinstimmung erwartet. Für Hochbegabte ist aber umgekehrt eine Diskussion oft erst dann interessant, wenn entgegengesetzte Standpunkte aufeinanderprallen.

Die Probleme, die hochbegabte Kinder mit Altersgenossen haben, beruhen tatsächlich oft auf Kommunikationsschwierigkeiten. Katzen und Hunde haben eine Reihe von Bewegungen in ihrer Körpersprache, die für den jeweils anderen unverständlich sind: Wedelt ein Hund mit dem Schwanz, freut er sich. Tut eine Katze dasselbe, wird sie gleich angreifen. Knurrt ein Hund, ist er sauer, schnurrt eine Katze, ist sie meistens zufrieden. So ähnlich ist das auch mit einer Hochbegabung. Sie fühlt sich an, als wärst du eine Katze unter Hunden oder umgekehrt. Hunde und Katzen können übrigens durchaus miteinander auskommen: wenn sie lernen, dass ein Hund ein Hund und eine Katze eine Katze ist. Auch Hochbegabte können kommunizieren lernen, aber dazu müssen sie erst einmal wissen, dass sie hochbegabt sind.

Zwar galt meine Schule als mittelalterliche Zuchtanstalt, und daher steckte mich niemand mit dem Kopf in die Kloschüssel wie Sheldon Cooper. Aber es gibt auch andere Methoden, um einer nervenden Klassenkameradin zu suggerieren, dass man sie für einen blöden Nerd hält.

So gab es auch an meinem Gymnasium mehrere Mitschüler, die mir unmissverständlich kommunizierten, dass sie mich für das Letzte hielten. Die mein Mäppchen vom Pult warfen (Jungs-Version) oder behaupteten, meine Haare seien fettig und würden stinken (Mädchen-Version). Bisweilen liest man, je höher der IQ, desto größer die Probleme. Aber das tröstet dich nicht in dem Moment, in dem du die Probleme hast. Abgesehen davon, dass es mir keiner sagte. Es brauchte einen Eklat, bis ich das begriff.

Eines Tages beginnt der Lehrer die Deutschstunde mit einer Ansprache. Er habe gehört, dass manche Kids mich schlecht behandelten. Er will wissen, was da dran ist und was der Grund ist.

Ich versinke im Erdboden. Auf der anderen Seite des Ganges neben mir sitzt Andi, einer der schlimmsten Mobber. Ich starre auf mein Pult, weil ich schreckliche Angst habe, dass er mich hämisch angrinsen und nach der Stunde jeden meiner Gesichtsausdrücke kommentieren könnte. Meine Schultern ziehen sich so fest zusammen, dass es wehtut. Ich will einfach nur unsichtbar sein und ganz weit weg von hier.

Und dann sagt Nicole etwas Wunderbares.

»Wir haben gar nichts gegen Agnes. Wir wissen nur nicht, wie wir an sie herankommen. Weil sie so anders ist.«

In diesem Moment fällt der Groschen. Er klirrt so laut, dass ich denke, jeder müsste ihn hören. Ich starre Nicole völlig entgeistert an. Endlich spricht jemand aus, was ich zwar gefühlt, aber nie zugestanden bekommen hatte: dass ich anders bin.

Sie hassen mich also gar nicht (zumindest nicht alle) – wir sprechen einfach nur verschiedene Sprachen! Meine Güte, wenn das alles ist … Warum hat mir das keiner gesagt?

Ich lernte bereits zwei Sprachen an der Schule und interessierte mich für einige weitere, als Nicole den Satz sagte, der in den nächsten Jahren der wichtigste für mich werden sollte: »Wir würden uns schon mehr mit ihr abgeben, wenn wir nur wüssten, wie.«

Da begriff ich, dass ich ihre Sprache lernen musste – denn dass sie meine lernten, war zumindest zum jetzigen Zeitpunkt ausgeschlossen. Aber Sprachen lernen war ja nun wirklich nicht mein Problem.

Ich fand heraus, dass eine der Mobberinnen Pferde liebte. Die liebte ich auch. Also verabredete ich mich mit ihr im Stall. Ich hatte ziemliches Herzklopfen. Wir misteten ein paar Boxen aus und fachsimpelten, und es lief überraschend gut. Dicke Freundinnen wurden wir zwar nie, aber der Umgang wurde menschlicher. Gegen Ende unserer gemeinsamen Schulzeit hatten wir sogar ein langes und gutes Gespräch über die ganze Sache.

Inzwischen kam auch meine jüngere Schwester ins Teenie-Alter. Für mich bedeutete das, dass ich die Namen der angesagten Schauspieler kennenlernte und mein Beliebtheitsgrad proportional dazu stieg. Ein paar Mitschüler begannen sogar damit, meine Sprache zu lernen.

Heute denke ich, dass viele meiner Mitschüler wahrscheinlich nicht zu Mobbern geworden wären, wenn man damals schon über das Thema Hochbegabung gesprochen hätte. So wenig wie mir klar war, dass Dinge, die für mich selbstverständlich sind, das keineswegs für alle sind, so wenig war ihnen klar, dass ich nicht arrogant war, sondern einfach nur keine Ahnung hatte, dass ich anders tickte.

Ein paar Probleme erledigten sich von selbst, weil manche Mobber ein Schuljahr nicht schafften oder gar die Schule verlassen mussten. Einer blieb mir allerdings fast bis zum Abitur erhalten, er wechselte erst in der Endphase auf ein Gymnasium, das einen Kunst-Leistungskurs anbot. Irgendwann nach der Schulzeit schrieb ich ihm einen Verriss zu einer seiner Aktionen. Überraschenderweise kam ein zehnseitiger Brief zurück, in dem er mir seine Vorstellung von Kunst darlegte. Ich schrieb ihm zehn Seiten über meine Vorstellungen zurück. So entwickelte sich ein Austausch, der immer interessanter wurde. Ich erfuhr, dass er selbst keine leichte Kindheit gehabt hatte. Am Ende wurde fast so etwas wie eine Brieffreundschaft daraus. Heute ist er selbst Lehrer und muss vermutlich seinerseits Mobber zur Rede stellen. Wir sehen uns zwar nur, wenn ich ausnahmsweise ein Klassentreffen besuche, aber dann ist unser Verhältnis freundschaftlich.

So gute Ausgänge verzeichnet allerdings nicht jede Mobber-Geschichte. Willkommen in der Mobbing-Hölle.

An der Bushaltestelle ging es nämlich weniger subtil zu. Hier stellte ich unfreiwillig in Form meiner Schulsachen die Requisiten für die Fußballspiele der coolen Kids. Die tägliche Fahrt war eine Tortur. Ein Spießrutenlauf aus verbalen und physischen Gemeinheiten vor allem der Realschüler, die denselben Bus benutzten. Ich war der Fußabtreter, an dem sie alles ausließen, was sie in ihrem Leben an Frustration erlebten. Auf dem sie herumtrampelten, den sie misshandeln konnten, Tag für Tag, Monat für Monat, Jahr für Jahr. Sie waren viele, ich war allein. Längst hatte ich das Vertrauen in andere Menschen verloren, deshalb bat ich auch niemanden um Hilfe. Mir würde ja doch niemand helfen, ich konnte froh sein, wenn nicht noch mehr Jugendliche mit ihren Worten auf mich einprügelten. Wären alle verbalen Gemeinheiten Schläge gewesen, hätte ich mich vor Schmerzen nicht mehr bewegen können. So war es vielleicht sogar schlimmer: Ich hatte dieselben Schmerzen, aber niemand nahm sie zur Kenntnis.

Warum ich? Vielleicht lag es an meiner Kleidung oder daran, dass ich den Kopf entweder in der Luft oder in einem Buch hatte. Ich träumte mich auf der Straße in Geschichten hinein. Und ja, okay: Ich komponierte im Bus, weil ich nicht zwanzig Minuten lang aus dem Fenster sehen kann, ohne mich zu Tode zu langweilen, und sich ja doch niemand mit mir abgab. Damit war ich natürlich nicht das, was sich schlichtere Gemüter unter einem typischen Mädchen vorstellten: adrett, lieb und doof.

Die Busfahrer merkten nie etwas davon, und auch von den älteren Mitfahrern griff nie jemand ein. Keine Helden an der Haltestelle. Auch meine Eltern wurden erst tätig, als Spucke und Nasenschleim diverser wohlmeinender Mitfahrer auf meiner Jacke nicht mehr zu übersehen waren.

Ich magerte weiter ab, schlug mich selbst, wenn keiner hinsah. Als ich kleiner war, hatte ich gestottert, jetzt reagierte ich mit Rückzug oder Provokation. Ich war eingeschlossen in eine enge Blase in einer fremden Welt. Im Nachhinein wundere ich mich oft, wie ich das alles ohne jede psychologische Hilfe überstehen konnte. Es ist ein gutes Gefühl zu sehen, dass es heute eine Community von Hochbegabten gibt, wo man über seine Mobber spricht. Wo der Besitz eigener Mobber schon fast das Zeichen ist, dass man dazugehört.

Schließlich gab es noch den Typ Mobberin, der sich als deine beste Freundin tarnt, um dich auszusaugen. Natürlich fiel mir auf, dass meine Ideen auf wundersame Weise aus ihrem Mund den Lehrern präsentiert wurden. Natürlich merkte ich, dass in den seltenen Fällen, wo sich doch einmal ein Junge für mich interessierte, sie sofort zur Stelle war und versuchte, seine Aufmerksamkeit auf sich zu ziehen. Natürlich merkte ich, dass sie jede positive Veränderung an meinem Äußeren mit Spott kommentierte. Das nahm groteske Züge an: Nachdem ich am Blinddarm operiert worden war, entwickelte sie unversehens eine massive Blinddarm-Hypochondrie. Auf der Abiturfahrt stellte ich sie endlich zur Rede. Sie erwiderte: »Du hast doch niemanden sonst. Wohin willst du gehen?«

Die Antwort gab ich ihr wenig später. Ich ging zum Studium nach Bamberg, sang mit den Bamberger Symphonikern und suchte mir Freunde, die diese Bezeichnung auch verdienten.

Vermutlich war gerade mein Verstand, der mich zur Zielscheibe machte, auch mein Schutz: Denn das, was ihn beschäftigte – ständig Neues –, war mir schlichtweg wichtiger als das, was andere von mir dachten. Das heißt nicht, dass Hochbegabte nicht genauso unter Mobbing leiden würden wie andere auch. Viele – auch ich – sind gleichzeitig hoch sensibel, und was ihnen durch Mobbing angetan wird, ist eine Schande für jede Gesellschaft, die das Adjektiv »zivilisiert« für sich beansprucht. Aber gleichzeitig haben gerade hoch sensible Hochbegabte ein Sensorium für Dinge, die sie das ausgleichen lassen und aus denen sie Kraft schöpfen. Dinge, die den Mobbern – meist Menschen von brüchigem Ego und ohne jede Sensibilität oder eigene, reale Werte – niemals zugänglich sein werden.

BESSER GEHT'S NICHT

Im Nachhinein war meine Schulzeit natürlich keine schöne Zeit. Aber durch das, was ich mitgemacht habe, weiß ich heute auch, dass es auf dieser Welt nur eine einzige Person gibt, der ich gefallen muss: Und das bin ich selbst. Mit Liebesentzug oder Abwertung kann man mich nicht mehr bestrafen oder gar manipulieren, denn es gibt kaum etwas, das ich in dieser Hinsicht nicht schon erlebt hätte.

Jahre später, als ich bereits studierte, lief der Film *Besser geht's nicht* in den Kinos. Jack Nicholson verkörpert darin einen einsiedlerhaft lebenden Schriftsteller, der alles in seiner Nähe tyrannisiert und einfach unerträglich ist. Bis ihn eine resolute Kellnerin, sein Nachbar und vor allem dessen winziger Hund immer menschlicher machen. Es war die Zeit, als ich mich das erste Mal wirklich verliebt hatte und die Beziehung in die Brüche ging. Erinnerungen an die Zeit als gemobbtes Kind kamen wieder hoch und quälten mich. Ich fragte mich, ob mich überhaupt je irgendjemand lieben könnte.

Meine Mitbewohnerin schleppte mich ins Kino, um mich abzulenken. Ich erinnere mich lebhaft an die Szene, als der elegante Kunsthändler den ekelhaften Schriftsteller am Kragen packt und anschreit: »Sie meinen, Sie können die ganze Welt mit Ihrem fiesen Benehmen einschüchtern? Aber mich können Sie nicht einschüchtern. Ich bin in der Hölle aufgewachsen, meine Großmutter war fieser als Sie!«

Ich platzte fast vor Lachen. Mein Kummer war für einen Moment vergessen. So konnte man mit Mobbing in der Kindheit also auch umgehen!

Dieser Moment hat etwas in mir verändert. Im Bruchteil eines Augenblicks sah ich die Vergangenheit des Kunsthändlers vor mir, dachte mir aus, was er wohl erlebt, was ihn zu dem gemacht hatte, was er heute war. Der Kunsthändler war in diesem Moment meine Identifikationsfigur.

Von nun an, schwor ich mir an jenem Tag im Kino, würde ich dasselbe tun wie er. Mich von meiner Vergangenheit als gemobbtes Kind nicht mehr schwächen lassen. Sondern Stärke daraus ziehen.

HOCHBEGABT UND TROTZDEM BLOND. GESCHLECHTERROLLEN

WEIBLICH, INTELLIGENT SUCHT ... LIEBE – DIE WERTHER-VARIABLE

Als ich studierte, ging ich öfter mit einem Kollegen aus. Ein gutaussehender Mann, intelligent und kultiviert. Einmal verabredeten wir uns zu einem Nachtspaziergang im Park. Er hatte im Vorfeld sein Interesse höflich, aber unmissverständlich zum Ausdruck gebracht. Da diese Kommunikationsebene für mich jedoch Neuland war, begriff ich leider nicht, dass ein gemeinsamer Nachtspaziergang für gewöhnlich Romantik impliziert. Wir saßen also auf einer Bank im nächtlichen Park, blickten auf die im Dunkeln rauschenden Bäume, umweht von lauer Luft.

»Woran denkst du?«, fragte er schließlich.

Und ich, ohne zu zögern, erwiderte: »An Giordano Brunos *De l'infinito, universo e mondi.*«

Ich wünschte, ich könnte sagen, das war gelogen und die Sache ging mir einfach zu schnell. Leider war es die reine Wahrheit. Ich saß mit einem gutaussehenden Mann im nächtlichen Park, und das Einzige, was mir dabei durch den Kopf ging, war ein Philosoph aus Nola, der seit vierhundert Jahren tot war.

Ich bin übrigens keineswegs unterkühlt, im Gegenteil (siehe das Kapitel »Ritt auf dem Drachen«). Mein Mundwerk sprach nur aus, was in meinem Bewusstsein noch gar nicht angekommen war: Mit uns wird das nichts. Noch heute spart sich mein Unterbewusstes hin und wieder den Weg übers Bewusstsein. Manchmal auch andersherum.

Allmählich begriff ich auch (nicht so schnell, wie man aufgrund des IQ-Testergebnisses annehmen sollte), dass Frauen, die zu allem eine Theorie und fünf Fachquellen in petto haben, meistens den Abend allein verbringen. Sagen wir es mal dezent: Als hochbegabte Frau kannst du dich von Kopf bis Fuß in roten Latex quetschen und darin aussehen wie Angelina Jolie oder Jennifer Lawrence. Sobald du den Mund aufmachst, verflüchtigen sich die Männer schneller als Helium. Und beileibe nicht nur die dummen. So lernte ich die Bedeutung von Geschlechterrollen kennen.

Seien wir realistisch. Hochbegabung ist alles andere als ein Paarungsvorteil. Generell nicht, und ganz und gar nicht für eine Frau. Es ist noch gar nicht so lange her, da war es in Deutschland weitgehend üblich, dass der Mann die bessere Ausbildung zu haben und finanziell erfolgreicher zu sein hatte als die Frau. Für die Hochbegabten unter den Mädchen bedeutete das: Du kannst ja dann mal Lehrerin werden. Mein Vater fand das auch.

Um ehrlich zu sein, habe ich in meiner Kindheit und Jugend in einem stockkonservativen bayerischen Elternhaus auch nicht den Anschein erweckt, an zweigeschlechtlicher Fortpflanzung interessiert zu sein. Wozu auch? Es bedeutete ja offenbar vor allem eines: einen Kerl finden, der einen ernährt und dem man im Austausch dafür die niederen Arbeiten abnimmt, die sonst keiner machen will. Auf die hatte ich aber keine Lust, wo doch Genetik, Theater und Oper so viel interessanter waren. Das bloße Interesse, bald Nachwuchs zu produzieren, oder wenigstens ein erster Freund hätten mir weit mehr familiäre Anerkennung eingebracht als meine Theorie zur Antimaterie. Aber das alles interessierte mich nicht, und das sah man mir auch an.

Meine Brille würde man heute mit einigem guten Willen als Nerd-Brille bezeichnen. Damals war sie einfach nur uncool. Die

Sorte Kassengestell, mit der ihr selbst eine Miss World in eine Vogelscheuche verwandeln könnt. Ein bisschen wie die von Sandra Bullock am Anfang von *Miss Undercover*. Dazu eine Zahnspange Marke Halloween und ein Haarschnitt, der mich, ich erwähnte es bereits, zur Idealbesetzung für die Rolle der Amy Farrah Fowler in *The Big Bang Theory* gemacht hätte. Klamotten, die farblich an Goethes Werther gemahnten, ansonsten aber vor allem daran, dass Geschmack nicht jedem in die Wiege gelegt ist. Und als Sahnehäubchen die gern und laut vorgetragene These, dass die Evolution in siebzehn, achtzehn Generationen Männer ohnehin überflüssig machen und dafür sorgen würde, dass wir uns per Parthenogenese (Jungfrauenzeugung) fortpflanzen. Fertig war das Verhütungsmittel auf zwei Beinen.

Um keine Missverständnisse aufkommen zu lassen: Ich halte viel von Männern. Meine größten Helden waren welche. Aber ich bin auch in einer Familie aufgewachsen, in der »Emanze« als Schimpfwort verwendet wurde. Man pflegte ein geradezu klischeehaftes bayerisches Matriarchat: nach außen Bilderbuchpatriarchat, hinter den Kulissen die Herrschaft des Nudelholzes. Aber mit dieser Fassade tat ich mich schwer.

Hochbegabung geht oft mit einem ausgeprägten Gerechtigkeitssinn einher (und zwar, im Unterschied zu Narzissten, leider auch dann, wenn man selbst nicht davon profitiert). Und so denke ich, dass man nicht hochbegabt sein muss, um Geschlechterrollen albern zu finden. Warum sollten gut 50 Prozent der Menschheit quasi hormonell bedingt geistlose und gesellschaftlich nicht anerkannte Tätigkeiten favorisieren und geistvolle, gesellschaftlich anerkannte verschmähen? Warum sollten sich gestandene Akademikerinnen, kaum schreit der Nachwuchs in der Wiege, in Fütter- und Wickelmaschinen verwandeln, als würde man mit der Plazenta auch gleich das Hirn mit ausscheiden? Um das klarzustellen: Wenn jemand das genau so möchte, respektiere ich das und wünsche ihr (oder ihm) alles Gute. Doch nie und nimmer konnte ich mich damit abfinden, es pauschal nur von Geschlechts wegen so zu wollen. Und so setzte sich in mir der Gedanke fest, dass eine Beziehung ungefähr dasselbe bedeutete wie eine Selbsteinweisung ins Straflager.

Während meine Schulkameradinnen also shoppten, in den angesagten Cafés saßen oder mit ihrem ersten Freund fummelten, hockte ich in irgendeiner Ecke mit einem Reclam-Bändchen. Allerdings brachte auch das Konflikte mit sich. Für Trash hatte ich zwar zu viel Verstand, für die zeitgenössischen Literaten aber zu viel Temperament. Und so rockte ich mit Schiller und Goethe ab, weil ich mit rebellischen Raubrittern, gegen Geschlechterrollen aufbegehrenden Prinzessinnen und Gedankenfreiheit mehr anfangen konnte als mit dem unterkühlten Blässling *Homo faber*. Heute noch erkenne ich gute Literatur an, aber lieben kann ich sie nur, wenn sie mich persönlich berührt. Sorry, Max Frisch, Sie waren einfach nicht wild und gefährlich genug.

Man sagt Hochbegabten nach, sie orientierten sich gewöhnlich nicht oder nur wenig an anderen. Aber das bedeutet nicht, dass das auch zu ihrem Vorteil sein muss. Es dauerte also eine ganze Weile, ehe ich anfing, mich für Männer zu interessieren, die nicht der Literatur entstammten. Dem Interesse auf dem Fuß folgte die Erkenntnis, dass mein Werther-Look auf wenig Gegeninteresse stieß. Also benötigte ich Styling-Tipps. Vor dem Hintergrund dieser Erfahrung möchte ich bemerken, dass Frauenzeitschriften systemrelevant sind.

Ich nehme an, dass es jede Menge Frauen jeglichen Begabungsprofils gibt, die keinen Dolmetscher brauchen, um zu verstehen, was sie für Männer attraktiv macht. Gerade hochbegabte Frauen mit meinem Profil – also verbunden mit einem Novelty bzw. Sensation Seeking (mehr dazu im Kapitel »Ritt auf dem Drachen«) – haben häufig schon sehr früh erste sexuelle Erfahrungen. Ich benötigte Starthilfe. Aber ich kam auch aus einem konservativen Elternhaus, wo einerseits Enkelkinder erwünscht, gleichzeitig aber die gängige Methode, selbige herzustellen, mit Tabus verbunden war.

Das Sexualleben Hochbegabter wird generell gern als unterkühlt dargestellt – geradezu klischeehaft bei *Sherlock* oder Sheldon Cooper in *The Big Bang Theory*, oder bei Friedrich Nietzsche, der bei seinem einzigen Bordellbesuch den anwesenden Huren auf dem Klavier vorgespielt haben soll. (Etwas muss aber dann doch noch passiert sein, denn beim Klavierspielen holt man sich normalerweise nicht die Syphilis.) Umgekehrt lassen andere Quellen annehmen, dass es auch anders geht. Goethe und viele andere sind für ihr reges und offensichtlich genussvolles Sexualleben bekannt. Coaches berichten, dass sie bei Hochbegabten alle Spielarten der Sexualität angetroffen hätten – von intensiven, sehr persönlichen Beziehungen bis hin zum Domina-Studio oder Swinger-Club. Diese Unterschiede sollten aber nicht überraschen. Warum sollten sich sexuelle Vorlieben von Hochbegabten nicht ebenso unterscheiden wie bei allen anderen auch? Nicht alles, was wir tun oder mögen, hat unmittelbar mit unserer Intelligenz zu tun.

Ich krempelte also meinen Look um, von Nerd zu Cosmopolitan. Das klappte naturgemäß nicht sofort. Geschmack muss sich auch bei Hochbegabten erst entwickeln. Aber ich ließ mich nicht entmutigen und stürzte mich, Zahnspange voraus, in die neue Herausforderung. An dieser Stelle gebührt all denen Dank, die mich mit stoischer Gelassenheit zum Ausgehen mitnahmen, während ich mit unterschiedlichen Stilen experimentierte: trotz viel zu enger Miniröcke oder Schlabberjeans, trotz knallorangefarbener Seidenblusen oder Röcken mit Teppichmuster.

Die nächste Problemzone war leider nicht so leicht umzukrempeln wie der Look. Kosmetika, der Besuch eines Friseurs und altersgemäße Kleidung änderten nichts daran: Jahrelang war ich ein absoluter Date-Killer.

MANSPLAINING ODER: DAS NIXON-DILEMMA

Irgendwann hatte ich dann einen Freund (ja, der neue Kleidungsstil wirkte), der eines Tages auf die Idee kam, mit mir eine Kurzgeschichte zu lesen. Sein Onkel hatte sie verfasst, womit er mich vermutlich beeindrucken wollte – was mir natürlich erst Jahre später klar wurde. Leider hatten wir im Biologie-Leistungskurs nämlich nicht gelernt, dass ein Mann in so einer Situation gewöhnlich weniger am künstlerischen Aspekt interessiert ist als über Imponiergehabe ein verbreitetes Balzritual abspielt.) Je weiter das gemeinsame stumme Lesen also voranschritt, desto missvergnügter wurde der Gesichtsausdruck meines Freundes. Es störte ihn, dass ich das Ende der Seite jeweils einige Zeit vor ihm erreichte. Eine lebhafte Diskussion, in der ich ihn irgendwann mit einem etwas bearbeiteten Marx-Zitat aufzog, beendete er mit den Worten: »Ach, du bist einfach zu intelligent!«

Autsch. Das saß. Damals hatte ich kaum von Hochbegabung gehört. Ich hatte weder besonderes Interesse dafür, noch wäre mir auch nur der Gedanke gekommen, dass ich selbst hochbegabt sein könnte. Dennoch begriff ich, dass Intelligenz nicht für alle Männer attraktiv ist. Es gab zwei Möglichkeiten, eine stabile Paarbeziehung aufzubauen: Entweder ich musste dümmer werden – schwierig. Denn Hochbegabung geht nun einmal nicht weg. Es ist ein bisschen wie mit der Schuhgröße. Aschenputtels Schwestern wissen, wie weit man kommt, wenn man sich dagegen auflehnt. Die Alternative war, mir Männer zu suchen, die ich austricksen konnte.

Ergo übte ich mich eine Weile im Mansplaining-Zen. (Mansplaining, für alle, die es interessiert, nennt man es, wenn Männer Frauen die Welt erklären, egal ob das erwünscht ist oder nicht.) Wenn ich Mittelalterschwerter schwang, ließ ich mir gönnerhaft deren Herstellung und Handhabung nach Wikipedia erklären, während ich in Gedanken altarabische Waffenbücher rekapitulierte. Wenn ich von Giovanni Pico della Mirandola sprach und mein Gegenüber (der Pico nicht kannte und Vico verstand) dann eine Tirade über Letzteren vom Stapel ließ, lauschte ich interessiert. Ich lernte, dumme Fragen zu stellen und überrascht zu tun, wenn ich die Antwort hörte, die ich längst kannte. Das machte mich eindeutig attraktiver, doch ist es natürlich nicht gerade die Basis für eine vertrauensvolle Paarbeziehung. Dennoch wende ich das Mansplaining-Zen noch heute an. Eigentlich will ich es gar nicht, aber es ist so praktisch. Es aktiviert beim Gegenüber die Beißhemmung und ist daher gerade für oberflächliche Konversationen gut geeignet. Inzwischen spiele ich die Rolle ganz überzeugend, zumindest solange ich mich nicht allzu sehr für das Thema oder gar mein Gegenüber interessiere. Selbst als mir der Psychologe beim IQ-Test erklärte, dass man Intelligenz auch zur Bewältigung sozialer Probleme wie zum Finden eines Partners nutzen könne, nickte ich noch verständnisvoll. Erst eine Viertelstunde später ließ ich fallen, dass ich seit über zehn Jahren verheiratet war. Insofern verwenden intelligente Frauen wirklich bis heute einen nicht geringen Teil ihrer Intelligenz darauf, dass niemand etwas davon merkt.

Man muss nicht Simone de Beauvoir sein, um zu sehen, dass das Verhältnis zwischen weiblicher Intelligenz und traditionellen Geschlechterrollen keine Liebesgeschichte ist. Ich habe mir mal den Spaß gemacht und Zitate zum Thema Frauen und Intelligenz gesucht:

»Die größte Klugheit einer klugen Frau besteht darin, ihre Klugheit nicht zu zeigen« (Virginia Woolf), oder »Eine gescheite Frau hat Millionen geborener Feinde: alle dummen Männer« (Marie von Ebner-Eschenbach). Aber auch Richard Nixon hat einen Rat für die Frau mit Geist: »Eine Frau sollte nicht zu intelligent sein, sonst lässt sie ihren Mann wie eine Niete aussehen.« Hm. Diese Ehrlichkeit ist ja schon wieder entwaffnend.

Intelligenz ist nach wie vor eine Eigenschaft, die tendenziell männlich konnotiert ist. Und das, obwohl wir heute wissen, dass sie unabhängig vom Geschlecht ist. Hochbegabung ist in etwa gleich auf die Geschlechter verteilt. Gehen wir noch einmal zu den beiden Filmbeispielen: In *The Big Bang Theory* ist es vor allem Sheldon, der für herablassende Äußerungen zuständig ist, bei denen alle anderen sich dumm fühlen. Auch *Sherlock*, verkörpert von Benedict Cumberbatch, wirkt dadurch gegenüber Watson (Martin Freeman) maskuliner und, wie die weltweite weibliche Fangemeinde beweist, vermutlich auch attraktiver. Aber stellt euch mal vor, Sherlock wäre eine Frau! Die bei Cumberbatch so witzigen Beleidigungen, von denen die Rolle lebt, würden sofort zickig wirken, humorlos und arrogant. Keine Cumberbitches für einen weiblichen Sherlock – stattdessen womöglich das Adjektiv »cumberbossy«.

Hat ein hochbegabtes Mädchen also tatsächlich schlechtere Paarungschancen? Oft liest man, Hochbegabte seien einfach unsozial und würden sich deshalb seltener fortpflanzen. Bisweilen hört man sogar immer noch, dass Frauen eben nach Männern Ausschau hielten, die besser verdienten und gebildeter seien als sie selbst (nichts anderes als die Aussage, alle Frauen wollten sich quasi von Natur aus hochschlafen). Deshalb seien für hochbegabte Frauen keine Männer mehr da. Tut mir leid, ganz so einfach ist es nicht.

Es war in London, wo ich damals studierte. Er war Australier und Millionär. Wir waren in einem reizenden Pub in Kensington unterwegs, umgeben von reizenden Menschen. Ein wenig britischer Staub, wie sich das für echte Pubs gehört, aber alle sehr motiviert, den Abend zu genießen. Als wir gingen, standen wir noch auf der regenfeuchten Straße. Die Laternen spiegelten sich auf dem Teer und ließen ihn leuchten. Es war kühl, und der Wind, der von der Themse her über die Stadt fegte, ließ die Menschen dichter zusammenrücken. Und plötzlich fragte er, ob ich ihn heiraten wollte.

Ihr wollt meine Antwort nicht wissen.

Also gut. Es war kein einfaches Nein. Und schon gar kein Ja. Es war viel schlimmer. Ich zitierte nämlich aus Shakespeares *Much ado about nothing* die Worte der Beatrice:

»*Adam's sons are my brethren – and truly, I hold it a sin to match in my kindred!*« (Adams Söhne sind meine Brüder, und wahrlich, ich halte es für Sünde, innerhalb der Verwandtschaft zu heiraten.)

Nein, ich war nie eine Kandidatin für *Der Bachelor*.

Die Arbeit von Aiga Stapf sieht in den hohen geistigen und moralischen Ansprüchen hochbegabter Frauen an mögliche Partner den Hauptgrund, warum so viele von ihnen tatsächlich keinen festen Partner haben. Es ist richtig, dass wir uns nicht langweilen wollen mit einem Mann. Intelligenz ist für uns zweifellos sexy, und natürlich freue ich mich, wenn ich mich mit einem Mann über altgriechische Lyrik oder die Philosophie der Renaissance unterhalten kann. Aber es geht in einer Beziehung auch nicht nur um den IQ. Auch hohe Ansprüche an die Intensität einer Beziehung können eine Rolle spielen. Ich würde mich zum Beispiel als sehr romantisch und sinnlich beschreiben. Aber weil ich das eben auch sehr zielgerichtet bin, wirke ich manchmal wie das Gegenteil. Dabei hat mein Hirn den Kandidaten einfach schon ausgeschlossen. Langweile ist für mich generell schon unerträglich, aber in der Liebe verpasst sie selbst dem *Sexiest Man Alive* in einem Sekundenbruchteil die Verführungskraft eines Gollum. Bis heute würde ich mich lieber mit einem Mann aus der klassischen Literatur abgeben, der etwas zu sagen hat, als mit einem echten, der nur mit Banalitäten stresst. Und zwar nicht aus Mangel an Sinnlichkeit, sondern aus Sinnlichkeit.

Schließlich müssen wir unter den verbliebenen Männern noch einen finden, der mit unserem IQ klarkommt. Und das, seien wir ehrlich, ist das Hauptproblem. Denn tatsächlich gibt es noch diese Relikte, die zwar gern mit einer intelligenten Frau verkehren (so und auch so), aber dann doch ihre feste Partnerin nach dem Nixon-Prinzip wählen. Das hat aber nichts mit unserem Sozialverhalten zu tun, sondern mit Geschlechterstereotypen. Ein Kollege brachte das Dilemma folgendermaßen auf den Punkt: »Wenn meine Frau aus Syrien nach Deutschland kommt, werde ich ihr sagen, sie soll so sein wie du.« Zögern, Augenzwinkern, verlegenes Grinsen: »Hm. Vielleicht besser doch nicht – dann macht sie nicht mehr, was ich will.«

Davon, dass er mit seinem Dilemma nicht allein ist, kann jede intelligente Frau ein Lied singen. Meist reagieren Nixen-, pardon: Nixon-Männer mit Abtauchen. Manche versuchen auch, ihrer intelligenten Angebeteten zu imponieren, indem sie ihr beweisen, dass sie ihr überlegen sind. Das geht zumindest bei mir nach hinten los. Selbst wenn es stimmt (was ich noch nie erlebt habe, denn dieses Verhalten findet sich meistens bei Männern, die sich aus gutem Grund unterlegen fühlen): Machtkämpfe haben in der Liebe nichts verloren, sie sind langweilig und ergo abtörnend. Außerdem ist jede Art von Dominanzverhalten ein Ausdruck von Schwäche, und dafür habe ich nichts übrig. Schließlich gibt es auch solche Männer, die mit Aggression kontern und eine Frau, die ihnen einerseits gefällt, andererseits geistig überlegen ist, dafür bestrafen wollen – im Extremfall mit sexueller Belästigung, wie ich es beim Vater eines Kindes erlebte, das wir (ausgerechnet!) über eine DGHK-Veranstaltung kennengelernt hatten. Ich betrachte das als wenig einfallsreiche Kompensation intellektueller Kastrationsangst. Die Angst dürfte begründet sein, aber helfen wird es wohl nichts. Denn der IQ wird nun einmal etwas weiter oben gemessen, als solchen Leuten offenbar vorschwebt, und die Länge ihres kleinen Freundes wird leider nicht darauf angerechnet. Drücken wir es freundlich aus: Wer sich durch die Anwesenheit einer klugen Frau intellektuell kastriert fühlt, der war es wohl schon vorher.

Schließlich sollte man festhalten, dass ein weiterer Grund für zurückhaltendes Paarungsverhalten bei Hochbegabten natürlich auch in diesen selbst liegen kann. Stapf stellte fest, dass geschlechtsspezifische Interessen bei Kindern mit zunehmender Intelligenz an Bedeutung verlieren. Da aus hochbegabten Kindern eines Tages Erwachsene werden, dürfte das auch später noch gelten. Und zu den geschlechtsspezifischen Interessen gehört eben auch die Suche nach Mr Right. Generell definieren sich Frauen heute weniger über ihre Paarbeziehung als in früheren Generationen. Das trifft umso mehr auf hochbegabte Mädchen zu. Natürlich wollen wir uns genauso verlieben wie alle anderen, und wir tun es auch. Aber wir sind nicht unbedingt bereit, jeden Preis dafür zu zahlen. In den von Katharina Fietze aufgeführten Biografien Hochbegabter taucht das Thema weibliche Unterordnung leitmotivartig als Grund für die Ablehnung einer Beziehung auf. Je gleichberechtigter eine Gesellschaft ist, desto mehr intelligente Frauen sind vermutlich auch bereit, sich zu binden.

In meiner Zeit als lebendes Verhütungsmittel und auch später noch provozierte ich bisweilen mit dem Beispiel der Prinzessin Turandot: eine Figur des persischen Schriftstellers Nizami, die später von Carlo Gozzi, Friedrich Schiller und natürlich Giacomo Puccini als Theaterstück und Oper bearbeitet wurde. Sie stellt jedem Heiratskandidaten drei Rätsel und macht jeden, der sie nicht löst, einen Kopf kürzer – sozusagen als präkoitaler IQ-Test. Als Date-Killerin im wahrsten Sinne des Wortes war Turandot definitiv noch schlimmer als ich. Netterweise hat Schiller ihr ein paar einschlägige Monologe verpasst, die das rabiate Dating-Verhalten klar als Reaktion eines Superhirns auf männliches Dominanzgehabe charakterisieren. Den Rest überlasse ich eurer Phantasie. Allerdings war es vielleicht keine so gute Idee, diesen Text meinem Freund zu schenken. Ihr wisst schon: der mir vorwarf, ich sei zu intelligent.

Diese unselige Erfahrung lag noch gar nicht so lange zurück, als eine Freundin mir jemanden vorstellen wollte und uns beide zum Essen einlud. Es ging gut – genau fünf Minuten lang. Dann kamen wir auf eines meiner Lieblingsthemen. Von einer Sekunde auf die andere mutierte ich zu einem sprudelnden Wasserfall. Ich übergoss ihn mit einem Wortschwall, als wäre soeben ein zehnjähriges Schweigegelübde zu Ende gegangen.

Was passierte? Er floh nicht. Es war nämlich auch eines seiner Lieblingsthemen. Er machte einfach mit, und wir hatten einen Heidenspaß. Ein paar Monate später waren wir ein Paar, heute sind wir verheiratet.

WEIBLICH, INTELLIGENT, SUCHT ... SELBSTBEWUSSTSEIN – DAS PARKPLATZ-PARADOXON

Geschlechterstereotypen betreffen nicht nur das Paarungsverhalten. Sie können auch der Grund sein, warum Mädchen (wie auch Jungen) nicht an ihre Begabung herankommen. Ein klassisches Beispiel ist das räumliche Denken, das unter allen Intelligenzbereichen als der am wenigsten »weibliche« gilt. Räumliches Denken wird unter anderem etwa zum Einparken benötigt, und Herrenwitze wie dieser sind immer noch salonfähig: »Warum leben Frauen länger als Männer? Weil der liebe Gott ihnen die Zeit gutschreibt, die sie fürs Einparken benötigen« (Bernd Stelter). Man stelle sich vor, Herr Stelter hätte statt »Frauen« »Juden/Muslime/Afrikaner/Asiaten« etc. gesagt. Da wäre der Aufschrei groß gewesen, und das zu Recht. Aber Frauen? Ach, habt euch nicht so.

Wie für so viele Mädchen hatten solche gesellschaftlichen Bilder auch auf meine Entwicklung üble Auswirkungen. Laut meinem späteren IQ-Test habe ich im räumlichen Denken nicht nur eine Hoch-, sondern sogar eine Höchstbegabung. Wenn mir das jemand gesagt hätte, als ich vierzehn war, hätte ich später vielleicht noch nebenher Architektur studiert, für die ich mich sehr interessierte. So entwarf ich zwar im sicheren Kinderzimmer

Häuser, traute mir an der Schule aber nicht einmal den Medizinertest zu. Und da es niemanden gab, der mich dazu ermutigt hätte (im Gegenteil, alle waren vermutlich froh, dass ich wenigstens hier endlich mal »normal« war), fielen medizinische Berufe damit auch aus.

Ich zeichne gern – Karten, Grundrisse, Landschaften. Mein Navi brauche ich vor allem zur Gesellschaft, und neben dem lateinischen Schriftsystem habe ich noch sechs weitere gelernt. Aber ich kam nie auf die Idee, all das auf Fähigkeiten im räumlich-bildlichen Denken zurückzuführen. Herrenwitzen zum Trotz bin ich auch eine sportliche Autofahrerin. Aber eines glühend heißen Tages hatte ich mehrere Stunden in der Bibliothek verbracht. Ich war im fünften Monat schwanger und völlig dehydriert. Meine Konzentration war also im Eimer. Und so dauerte es dieses Mal eine Weile, bis ich in der gewünschten Parklücke stand. Ein paar Männer in einem Café fanden das furchtbar lustig und rissen Herrenwitze wie den oben zitierten. Natürlich dauerte das Einparken daraufhin doppelt so lange.

Und wenn das mir so geht, die ich eine Höchstbegabung im räumlichen Denken habe – was richten solche Stereotypen dann erst bei den vielen Frauen an, die ein völlig normal bis gut ausgebildetes räumliches Denken haben? Männer und Frauen werden nicht getrennt getestet. Mit ziemlicher Sicherheit dürfte also mein räumliches Vorstellungsvermögen und damit mein Potential zum Einparken sehr viel besser ausgeprägt sein als das der Männer, die mich so amüsant fanden, oder auch des Komikers, der ihnen die Witze dazu lieferte. Hätte ich das damals schon gewusst, hätte ich mich nicht verunsichern lassen. Die Situation hätte womöglich den Sherlock in mir geweckt. So fühlte ich mich wie eine Versagerin, die zwar 17 Sprachen kann, aber zu blöd zum Einparken ist.

Mädchen, die um ihre Hochbegabung wissen, weisen gegenüber Jungen kein geringeres Selbstbewusstsein auf. Ganz anders liegt der Fall, wenn sie nicht darum wissen: Dann führen sie Erfolge, anders als Jungen, weniger auf ihre Fähigkeiten zurück als auf Glück, Fleiß etc. Auch mir ging das so.

Schon daraus wird ersichtlich, wie existentiell wichtig gerade für Mädchen das Wissen um eine Hochbegabung sein kann. Gleichzeitig sind aber die Chancen von Mädchen, als hochbegabt erkannt zu werden, noch immer deutlich geringer als die von Jungen: Doppelt bis dreimal so viele Jungen wurden Stapf zufolge 2006 zu einer Hochbegabtenberatungsstelle gebracht. Noch 2012 saßen in fast allen bayerischen Hochbegabtenklassen doppelt so viele Jungen wie Mädchen – in den letzten Jahren normalisiert sich das Verhältnis, auch wegen zunehmender Aufmerksamkeit. Dass weniger Mädchen getestet werden, liegt nicht nur an der Angst der Eltern, ein zu kluges Mädchen könnte es schwerer haben, einen Partner zu finden. Eltern trauen, so Stapf, ihren Töchtern auch weniger zu als ihren Söhnen. Offenbar auch deshalb, weil Mädchen geschlechterrollenbedingt stärker dazu neigen, sich anzupassen, und daher seltener auffallen. Die Bezeichnung insbesondere der Fähigkeiten, die im IQ-Test geprüft werden, als »männliche« Intelligenz fördert wohl auch nicht gerade das Selbstbewusstsein der Mädchen, mit dem sie in einen solchen Test gehen. Möglicherweise hält sie viele ganz davon ab. Erziehung und mediale Darstellung spielen hier eine große Rolle: Auch ich dachte, ich hätte im Medizinertest wegen der Fragen zum räumlichen Denken keine Chance – nicht ahnend, dass ich genau in diesem Bereich eine Höchstbegabung habe.

Intelligenz wird zum größten Teil vererbt. Abgesehen von wenigen auf den Gonosomen (nur 2 von 46 Chromosomen, eines davon haben darüber hinaus beide Geschlechter) liegenden Informationen erfolgt Vererbung völlig unabhängig vom Geschlecht: Haar- und Augenfarbe werden bekanntermaßen auch nicht geschlechtsspezifisch vererbt. Was Männer und Frauen tatsächlich unterscheidet, beläuft sich auf unter 3 Prozent unseres Genmaterials. Der Psychologe Wolfgang Schmidbauer weist darauf hin, dass die extreme Ausprägung von Geschlechterrollen (und die haltlosen, immer wieder auftauchenden »Entdeckungen«, dass männliche und weibliche Gehirne angeblich ganz unterschiedlich funktionierten) dazu in krassem Widerspruch steht. Ich denke, was »männlich« konnotiert ist, hat oft weniger mit der Fähigkeit an sich als vielmehr mit deren sozialem Prestige zu tun. Wie schnell sich solche Zuschreibungen verändern können, zeigt das Beispiel Kochen: Traditionell eine »weibliche« Tätigkeit im häuslichen Bereich, finden sich im Bereich der Sterne- und Fernsehköche von heute doch wundersamerweise hauptsächlich Männer. Na sowas. So fix kann man »naturgegebene«, »aus der Steinzeit stammende« Konstanten überwinden, sobald eine Kamera in der Nähe ist und Starruhm winkt.

»Nepper Fiebig stellte in ihrer Studie fest, dass die Fähigkeit hochbegabter Mädchen, Begabung in Leistung umzusetzen, stark vom Rollenverständnis der Mutter abhing.«

»Interessant. Hallo übrigens.«

Mein wissenschaftliches Ich zeigte kein Interesse an diesen Nebensächlichkeiten. »Je weniger diese an traditionellen Rollenvorstellungen hing, desto eher konnten die Mädchen ihr Potential nutzbar machen. Was das für Mädchen bedeutet, die in konservativ-religiös geprägten Familien aufwachsen – so wie wir beide –, kann man sich vorstellen.«

»Hm. Und mein Vater hatte wenigstens keine Bedenken, seinen Töchtern ›unweibliche‹ Heimwerker-Fertigkeiten beizubringen (wenn auch mit dem Hintergedanken, zumindest eine davon würde wahrscheinlich keinen Mann finden, der das erledigen könnte).«

»Nicht nur die Zuschreibung von allem, was soziales Prestige verspricht, als ›männlich‹ spielt eine Rolle. Auch die Vereinbarkeit von Beruf und Familie ist, laut Aiga Stapf, für die Umsetzung von Begabungen wichtig. Wenn man sich noch immer entscheiden muss zwischen privatem Glück und begabungsgerechtem Leben, dann wählt vielleicht nicht jede Frau den Erfolg, sondern ordnet sich – möglicherweise auch aufgrund von erziehungsbedingter Selbstunterschätzung, wie es Schmidbauer annimmt – ihrem Mann unter.

Aber auch die Unterschätzung durch andere kann eine Rolle spielen: Laut einer Untersuchung über Hochbegabte an deutschen Universitäten wurden Frauen noch in den 1990er Jahren seltener von ihrer Schule für Stipendien vorgeschlagen. Dennoch war das Geschlechterverhältnis bei den Stiftungen einigermaßen ausgeglichen, weil die Frauen, die sich bewarben, erfolgreicher waren als ihre männlichen Konkurrenten.«

Da war etwas dran. Während meines Studiums gab es noch Professoren, die im Ruf standen, aus Prinzip niemals Frauen vorzuschlagen. Zum Glück waren das aber nur sehr wenige. Und wie viele Hochbegabte kam ich am besten mit den bisweilen knorrigen Professorinnen und Professoren zurecht, die sich nur für eines interessieren: Leistung.

Nun klingt es bisweilen so, als hätten hochbegabte Frauen vor allem mit Männern und der berühmten gläsernen Decke zu kämpfen. Frei nach Virginia Woolf: »Viele erfolgreiche Männer haben keine besonderen Qualifikationen außer der, keine Frau zu sein.« Es gibt diese gläserne Decke, und natürlich bereitet sie auch hochbegabten Frauen Ärger, genau wie allen anderen. Aber wir wollen fair sein: Auch beim Stereotypen-Stress ist das Geschlechterverhältnis ausgeglichen.

WEIBLICH, INTELLIGENT, SUCHT ... PLATZ IM LEBEN – DIE KIERKEGAARD-PROBLEMATIK

Geschlechtsspezifische Interessen verlieren mit zunehmender Intelligenz an Bedeutung. Hochbegabte wählen ihre Gesprächspartner nach Thema aus, nicht nach Geschlecht. Als hochbegabte

Frau gerät man folglich, besonders in traditionellen Kontexten, bisweilen in Situationen, wo man sich mit den Männern besser unterhalten kann als mit ihren Frauen: etwa, wenn Erstere von ihrem Forschungsaufenthalt in Zentralafrika zu berichten haben und Letztere vom Apfelkuchenrezept. Oder wenn die Männer das familieneigene Segelboot auftakeln, die Frauen hingegen nur sich selbst. Da in traditionellen Kontexten jedweden religiösen Hintergrunds oft eine Geschlechtertrennung schlimmer als in mittelalterlichen Klöstern herrscht, kann es ein Familiendrama geben, wenn sich die hochbegabte Tochter dann weigert, am Katzen-, pardon: Frauentisch Platz zu nehmen.

Die von Fietze erhobenen Daten zeigen, dass hochbegabte Frauen offenbar weniger dazu neigen, sich über Beziehungen zu identifizieren, sondern in diesem Punkt eher hochbegabten Männern als durchschnittlich begabten Frauen ähneln. Anders gesagt: Wir finden die aktuelle Forschung zur Antimaterie tatsächlich interessanter als die Frage, ob unser Gesprächspartner mit uns schlafen will. Unser Ego beziehen wir weit mehr aus der Anzahl geknackter Rätsel als aus der geknackter Verehrer. Das kollidiert mit traditionellen Geschlechterrollen: Noch immer werden Mädchen stärker als Jungen dazu erzogen, sich über zwischenmenschliche Beziehungen und die Aufmerksamkeit des anderen Geschlechts zu definieren.

Durch ihre bloße Intelligenz sprengt eine Hochbegabte die Geschlechterrollen. Das zwingt ihr Gegenüber nachzudenken, ob diese wirklich so naturgegeben sind, wie einem ein Leben lang erzählt wurde. Was ist in dieser Situation wohl leichter: lebenslange Vorstellungen umzukrempeln und sich den damit verbundenen Auseinandersetzungen zu stellen – oder sich zu sagen, dass die Hochbegabte eine arrogante Kuh ist, die man am besten nicht mehr einlädt?

Diese Problematik wird nicht gerade gemildert durch die Tatsache, dass gelegentlich gerade traditionell orientierte Männer angenehm überrascht sind, mit einer Frau reden zu können. Rajaa Alsanea beschreibt in ihrem Roman *Banat ar-Riyadh/Die Girls von Riad*, wie ihre Heldin Lamis übers Internet mit Männern flirtet. Die wollen gar nicht glauben, dass ihr Chat-Partner wirklich eine Frau ist – Mädchen seien schließlich langweilig. Was dieses Rollenbild für die hochintelligenten Frauen solcher Gesellschaften bedeutet, kann man sich vorstellen.

In der von Alsanea porträtierten traditionell-fundamentalistischen Gesellschaft Saudi-Arabiens ist dieser Gegensatz von Intelligenz und Frauenrolle natürlich ganz besonders augenfällig. Erkannt und benannt wurde das Problem aber schon sehr früh von arabischen Intellektuellen: besonders seit Beginn der Geschlechtertrennung im 9. Jahrhundert (anders als oft von Fundamentalisten vermittelt, wurden die Frauen im Islam nämlich keineswegs von Beginn an, sondern erst ab dieser Zeit von Männern abgesondert und der Schleier allgemein üblich). Später von Ibn Rushd (Averroes), der es ausdrücklich dumm nannte, die Hälfte der Menschheit von Geschlechts wegen wegzuschließen, wo ihre Intelligenz doch so dringend gebraucht würde. Im 20. Jahrhundert brachten es Dichter wie Nizar Qabbani oder die Vordenkerinnen und Vordenker der ägyptischen Frauenbewegung wieder ins Gespräch, die sich auch klar gegen jede Form der Verschleierung aussprachen, und natürlich die große algerische Autorin Assia Djebar (gest. 2015). Die Problematik ist natürlich keine spezifisch islamische, sondern in jeder streng patriarchalischen Gesellschaft zu beobachten: Europas intellektuelle Frauen flüchteten sich in früheren Zeiten in Klöster und Magersucht (bei Heiliggesprochenen quasi standardmäßig). Annette von Droste-Hülshoff beschreibt in ihrem Gedicht »Am Turme« die Depression der Frau, die ihr Temperament unterdrücken muss und sich nicht mit gelöstem Haar zeigen darf. Virginia Woolf und Sylvia Plath endeten durch Suizid. Und das Frauenbild der Nazis hatte manches mit dem moderner Fundamentalisten gemeinsam. Auch die langjährige Depression der japanischen Kronprinzessin Masako wurde weltweit mit dem traditionalistischen Frauenbild des Königshauses in Verbindung gebracht, das die hochgebildete junge Frau auf die Produktion eines männlichen Erben reduzierte.

Heute sind dank der Fortschritte bei der Gleichberechtigung in Europa sicher mehr hochbegabte Frauen glücklich verheiratet als noch vor fünfzig Jahren. Doch die nächste Herausforderung beginnt, wenn der Nachwuchs da ist.

Søren Kierkegaard hat ausführlich über die Schwierigkeit sinniert, »das Allgemeine zu realisieren«, also: zu heiraten und eine Familie zu gründen, wie es alle tun. Søren, hör auf zu jammern. Hättest du mal die hochbegabten Frauen deiner Zeit gefragt, wie es sich für sie anfühlt, das Allgemeine zu realisieren, dann wären dir deine eigenen Befürchtungen ziemlich banal vorgekommen, das garantiere ich dir.

Generell führt Mutterschaft vor allem in Deutschland noch immer oft zu einer Traditionalisierung der Beziehung: Er arbeitet, sie hütet die Kinder und bessert nebenher die Familienkasse auf. Hochbegabte, auch weibliche, haben aber oft eine sehr idealistische Beziehung zu ihrem Beruf. Die Elternzeit wird für sie so nicht selten zu einer Phase, in der ihnen dieser schmerzlich fehlt. Im schlimmsten Fall führt das zu Depressionen. Das Problem ist natürlich nicht die Mutterschaft an sich, sondern das Bild davon, das in Deutschland noch immer herrscht – die Nazidiktatur hat hier den Fortschritt ins Stocken gebracht, und bisher ist es noch nicht gelungen, das Versäumte aufzuholen. Wie gesagt, ich respektiere jede Frau, die sich aus eigenem Willen für eine traditionelle Rolle entscheidet. Doch gleichzeitig ist die noch immer oft pauschal gestellte Forderung, dass eine Frau, sobald sie Mutter ist, ihre Ausbildung, ihre eigenen Interessen und ihre Persönlichkeit zurückzustellen hätte, sicher ein Grund, warum sich Hochbegabte später und seltener für ein Kind entscheiden. Wir lieben unsere

Kinder nicht weniger als andere, aber ganz ehrlich: Die meisten von uns haben sich von frühester Kindheit an eher auf ältere Gesprächspartner hin orientiert, und plötzlich mit einem Baby konfrontiert zu sein, ist da eine ganz eigene Herausforderung. An den Diskurs von ah-ah und Hoppi-Hoppi muss man sich erstmal gewöhnen, wenn man sich ansonsten mit der ontologischen Differenz beschäftigt. Deshalb habe ich Babygruppen etc. meistens innerhalb kurzer Zeit fluchtartig verlassen. Und wenn ihr mich so richtig auf die Palme bringen wollt – ladet mich zu einer Tupper-Party ein.

WEIBLICH, INTELLIGENT, SUCHT ... RETTUNG – HYSTERIE UM HIRN IN HIGH HEELS

Katharina Fietze stellt lakonisch fest: »Einem weiblichen Genie bleibt nur die Psychiatrie.« Sieht man sich die BBC-Serie *Sherlock* an, wird das bestätigt: Die von den drei Geschwistern Holmes am höchsten begabte, die Schwester Euros, sitzt tatsächlich in der forensischen Psychiatrie. Ganz so dramatisch läuft es in den meisten Fällen aber dann doch nicht ab. Intelligenz kann man schließlich auch dazu benutzen, Schlupflöcher zu finden. Jahrhundertelang haben intelligente Frauen genau das getan. Und nicht zuletzt war auch die Psychiatrie selbst eines der Schlupflöcher intelligenter Frauen: Wolfgang Schmidbauers Studie *Kassandras Schleier* zeigt, wie zur Zeit Freuds ein nicht geringer Teil der »Hysterikerinnen« – in Wahrheit hochintelligente Frauen – in der »Krankheit« einen Ausweg aus traditionellen Geschlechterrollen fand. Wohlhabend und von Geschlechts wegen zur Untätigkeit verdammt, schafften depressive Symptome etwas Luft für die blockierte Begabung: Indem die Frauen ihre eigene geistige Überlegenheit auf den Arzt projizierten, brachten sie ihn dazu, eine Therapie für ihre »Störung« auszuarbeiten, und gewannen so intellektuelle Entwicklungsmöglichkeiten, die die Gesellschaft nicht für sie vorgesehen hatte. Bertha Pappenheim zum Beispiel, die als »Anna O.« bekannt gewordene Patientin Josef Breuers und Zeitgenossin Freuds, widmete sich später aktiv dem Kampf für Frauenrechte, gründete Heime, um Opfer von Frauenhandel aus der Prostitution zu holen, und schrieb mehrere Bücher. Geheiratet hat sie nie.

Hohe Intelligenz in einem weiblichen Körper ist noch heute eine Herausforderung, die einen oft an die Grenzen bringt. Wir sind alle so unglaublich tolerant und aufgeklärt, aber dann geht es bei intelligenten Frauen doch meistens nur darum, wie sie es mit den Männern halten. Wer sich davon befreien will, ist nach wie vor gezwungen, sich geschlechtsneutral zu kleiden: Tatsächlich werden vor allem Frauen offenbar als klüger wahrgenommen, wenn sie sich nicht zu weiblich kleiden. Und so sieht man an Universitäten jenseits der Promotion nur noch selten Frauen mit langem, offenem Haar und erkennbarem Spaß an Mode. Dieses Stereotyp betrifft auch Männer, doch sie haben trotz allem bessere Chancen, auch in schickem Outfit als klug wahrgenommen zu werden. Hübsche Männer, die sich klug geben, haben Groupies. Hübsche Frauen, die dasselbe tun, hören Sätze wie: »Man ist entweder klug oder hübsch. Übrigens, gut siehst du heute aus!«

Als Kind war ich fasziniert von dem Märchen *Die kleine Meerjungfrau* von H. C. Andersen. Die Meerjungfrau mit der süßen Stimme opfert ihre Begabung, um ihren Fischschwanz in Beine zu verwandeln und so um die Liebe ihres menschlichen Prinzen zu kämpfen. Doch das Opfer ist umsonst. Der Prinz schätzt zwar ihre Gesellschaft, verliebt sich aber in ein Mädchen seinesgleichen. Schließlich muss sie eine noch grausamere Wahl treffen: zwischen seinem Leben und ihrem eigenen. Am Ende steht die totale Vernichtung.

Die kleine Meerjungfrau ist Ausdruck einer Gesellschaft, in der hochbegabte Frauen wählen mussten zwischen Sinnlichkeit und Begabung. Und oft genug am Ende beides verloren. Weibliche

Begabung wurde offenbar als Bedrohung angesehen. Dieser Bedrohung wurde durch eine sexuelle Neutralisierung der Frauen begegnet, nach dem Motto: »Du bist begabt – aber dann bist du eben auch keine richtige Frau mehr und darfst dich an deiner Sexualität nicht freuen.« Kluge Mädchen sind nicht hübsch. Und Blondinen sind dumm.

Ich will aber nicht wählen zwischen Sinnlichkeit und Begabung. Und deswegen macht es mich wütend, wenn selbst manche Feministinnen hier genau der Tradition verhaftet bleiben, aus der sie die Frauen eigentlich befreien wollen: der Einteilung in Heilige und Hure und der damit verbundenen Idee, dass eine intelligente, emanzipierte Frau in Kleidung und Frisur zu einer modernen Version der Nonne werden muss. Diese Abwertung des weiblichen »Putzes« und damit der Sinnlichkeit steht unfreiwillig in der Tradition von Propagandisten wie Caesarius von Heisterbach (12./13. Jh.). Er behauptete beispielsweise, auf der eleganten Schleppe einer Kirchgängerin Dämonen tanzen gesehen zu haben. Caesarius bewegte sich im weiteren Kreis um den berüchtigten Inquisitor Konrad von Marburg, jenes Fanatikers, der Elisabeth von Thüringen ihre Heiligkeit einpeitschte und dessen »mordgierige Unduldsamkeit« in Thomas Manns *Zauberberg* thematisiert wird.

Die Kombination von Hirn und High Heels verschreckt offenbar weltweit: Denn auch in der Debatte um die Verschleierung von Musliminnen arbeiten manche Befürworter mit diesem Argument, das, nebenbei bemerkt, schon seit Jahrzehnten im Iran propagiert wird, der im selben Zeitraum nicht gerade durch besondere Wertschätzung von Frauen auffällt: Unter dem Schleier winke die Freiheit, denn er beschütze die Frauen vor Modezwängen, die doch ein männliches Diktat seien. Gerade weil ich selbst lange genug das Gefühl hatte, meine Weiblichkeit verstecken zu müssen, denke ich allerdings, dass man sich damit nur selbst beschneidet und eine Freiheit, die durch den Verzicht auf Sinnlichkeit erkauft werden muss, den Namen nicht verdient. Ich will keine kleine Meerjungfrau mehr sein.

Mir kann niemand einreden, dass eine Frau ihre gesunde Weiblichkeit zugunsten der Begabung verstecken muss – solange Kleider- und Frisurmoden bei den Herren der Schöpfung offenbar kein Problem darstellen, selbst dann nicht, wenn diese für Fitnessstudio und sogar plastische Chirurgie mehr ausgeben als Dolly Buster. Oder hat man je gehört, dass ein Mann mit trainiertem Körper, gegeltem Haar und teurer Uhr sich weiblichem Diktat unterwerfe und zum Sexobjekt mache?

Schließlich hat die weitaus bedeutendere intellektuelle Tradition nicht die Heilige, sondern die Hure. Die Griechen nannten sie Hetären: hochgebildete, durchaus angesehene Halbweltdamen, die sich als gesellschaftliche Außenseiterinnen die Intelligenz leisten durften, die »ehrbaren« Frauen verwehrt war. Auch die Geschichte der islamischen Welt kennt solche Hetären, über eine von ihnen habe ich den Roman *Die Königin der Seidenstraße* geschrieben. Und deshalb: Zum Teufel mit der kleinen Meerjungfrau!

Ich träume davon, dass Sätze wie »Kluge Mädchen sind nicht hübsch« – nichts anderes als die Kurzfassung des Blondinenwitzes – eines Tages nur noch aus den Geschichtsbüchern bekannt sein werden. Intelligenz und äußere Erscheinung haben nichts miteinander zu tun. Es gibt hübsche und hässliche Hochbegabte, schicke und spießige, schwarzhaarige, rothaarige, brünette und blonde und so weiter. Und ich weiß wirklich nicht, warum man das selbst heute noch immer wieder sagen muss. Wir könnten längst serienmäßig Warp-Antriebe herstellen, wenn vor allem die weiblichen Hochbegabten nicht seit Jahrhunderten ihre Zeit mit Stereotypen verschwenden müssten.

Etwa die Hälfte aller Hochbegabten sind Mädchen und Frauen. In Deutschland entspricht das rund 800 000 Personen. 800 000 Personen, die große Erfindungen machen, brillante künstlerische und wissenschaftliche Leistungen bringen und geniale Unternehmerideen haben könnten. Und man müsste für den Anfang kaum mehr dafür tun, als sie einfach mit diesem entwürdigenden Geschlechterrollenmüll in Ruhe und endlich sie selbst sein zu lassen.

Was für eine utopische Vorstellung.

Es gibt aber auch Erfahrungen, die Hoffnung machen. Meine Tochter saß mit zwei Jungen aus ihrer Grundschule bei den Hausaufgaben. Einer davon augenzwinkernd zum anderen, nennen wir ihn Adam: »He, Adam, wer von euch ist eigentlich schlauer, du oder sie?« Adam, völlig entspannt: »Na, ist doch klar. Sie natürlich.«

Dieser kleine Kerl mit seinen neun Jahren hat in sechs Wörtern mehr Souveränität bewiesen als Richard Nixon im ganzen Leben.

HOCHBEGABTE UND BERUF

DIE FLÜGEL ENTFALTEN

Ende der sechsten Klasse. Meine Lateinnote ist abgesackt. Zum Glück kann meine Mutter selbst Latein. In diesen Sommerferien tut sie, was sie sonst nie tut: Sie verdonnert mich zum Pauken der unregelmäßigen Verben. Achtzehn Seiten, jeden Tag eine, die gnadenlos abgefragt wird.

Eine klare Ansage, ohne verwirrende nonverbale Signale, die das Gegenteil ausdrücken: Das ist eine Sprache, die ich verstehe. Ich meckere zwar ein wenig, aber ich lerne meine Vokabeln. Und siehe da – es funktioniert! So einfach ist das also, gute Noten zu bekommen?

So einfach ist das. Die Schwierigkeit besteht darin zu begreifen, dass zwar Schillers »Bürgschaft« nach vier-, fünfmal Lesen in deinem Kopf ist, achtzehn Seiten unregelmäßige Verben aber auch von dir gepaukt werden müssen.

Wer sich immer noch vorstellt, die 1,0-Schüler wären die Hochbegabten, dem droht deshalb jetzt eine herbe Enttäuschung:

Tatsächlich tut sich ein Kind umso schwerer mit dem Schulsystem, je mehr es vom Durchschnitt abweicht – nach unten, aber eben auch nach oben. Denn dieses Schulsystem ist für die durchschnittliche Intelligenz entwickelt worden. Gute Noten haben weit weniger mit Intelligenz als mit der Erfüllung von Lehrererwartungen zu tun. Hochbegabte sind also keineswegs Einserschüler, sondern bewegen sich häufig im Zwei-plus-Bereich – mit meinem 1,8-Abitur bin ich also endlich einmal völlig normal. Laut einer Studie von Freund-Braier hatten die untersuchten Top-Abiturienten (Notendurchschnitt zwischen 1,0 und 1,4) im Schnitt einen IQ von 117. Sie waren also keineswegs hochbegabt, sondern nur knapp überdurchschnittlich intelligent: perfekte Voraussetzungen, um in einem am Durchschnitt orientierten Schulsystem bestmöglich zu bestehen. Von wegen, Hochbegabung macht erfolgreich!

Was das konkret bedeutet, erfuhr ich zuerst am Beispiel meiner Tochter. Als sie sich in der ersten Klasse langweilt, spreche ich die Lehrerin darauf an.

»Aber das kann nicht sein«, erwidert die Lehrerin. »Manchmal habe ich sogar das Gefühl, sie trödelt.«

Ich werfe ein, dass das an der Langweile liegen könnte.

»Sicher nicht«, meint die Lehrerin. »Ich habe ein Zusatzangebot für alle Kinder, die schneller fertig sind. Wenn sie das macht, muss sie sich nicht langweilen. Aber das will sie ja nicht.«

Ich sehe mein Kind an. »Warum das denn?«

Natascha druckst herum. Die Lehrerin setzt einen triumphierenden Gesichtsausdruck auf und meint gönnerhaft: »Dann machst du eben in Zukunft die Aufgaben, die ich euch zusätzlich gebe.«

Später, als wir zu Hause sind, frage ich Natascha noch einmal, warum sie das Zusatzangebot nicht wahrnimmt. Und dieses Mal antwortet sie: »Weil das genau die gleiche Art Aufgaben sind wie die anderen.«

Ich glaube, ich höre nicht richtig. Also, um die Langweile zu bekämpfen, gibt ihr die Lehrerin einfach noch mehr Aufgaben von genau dem Typ, der die Langeweile hervorgerufen hat? Im Grunde nichts anderes als eine Strafarbeit fürs früher Fertigwerden. Kein Wunder, dass Natascha trödelt. Da wäre sie ja schön blöd, schnell abzugeben!

Hochbegabung ist nicht gleich Hochleistung. Hochbegabte lernen nicht nur schneller, sondern auch anders als andere. Und die Lehrer werden in ihrer Ausbildung noch immer nicht annähernd auf sie vorbereitet.

Ich erinnere mich an meine eigene Grundschulzeit. In meinem Übertrittszeugnis stand eine Eins in Mathe, später langweilte mich das Fach zu Tode. Meine Noten waren eine Überraschungsparty: Zwei, Fünf, Zwei, Vier, Eins, Fünf. War womöglich auch hier Langeweile im Spiel gewesen? Als sich Nataschas Mathematiknote leicht verschlechtert, wage ich ein Experiment. Beim Lernen für die nächste Mathe-Probe wenden wir ein neues System an: Wir nehmen uns von jedem Aufgabentyp nur die schwerste Aufgabe vor. Schafft sie die zügig und fehlerfrei, muss sie keine weitere Aufgabe vom selben Typ mehr üben. Nur bei Fehlern oder wenn sie eine Aufgabe nicht versteht, üben wir im engeren Sinne.

Ich traue meinen Augen nicht. Natascha knobelt sich in Rekordtempo durch die Übungsaufgaben. Kein bisschen Trödeln! Nach einer knappen halben Stunde hat sie den gesamten Stoff für die Probe durch. Strahlt mich an und sagt: »Mathe kann ja richtig Spaß machen!«

Die übliche Art zu lernen kann für hochbegabte Kinder schnell zu einer Belastungsprobe werden. Die Motivation sinkt, die Noten werden schlechter. Wissenslücken entstehen, die meist nicht mehr aufgeholt werden, was die Motivation erst recht in den Keller sinken lässt. Kommen dann noch Lehrer ins Spiel, die ihnen – wie es durchaus vorkommt – schlechte Noten geben, »damit sie nicht glauben, sie seien etwas Besseres« oder »damit sie lernen, mit Misserfolgen umzugehen«, ist die Katastrophe vorprogrammiert. Diese Schüler, die weit unter ihren eigentlichen Fähigkeiten liegen, nennt man Underachiever.

Underachiever kompensieren die verdrängte oder erstickte Begabung durch Verhaltensauffälligkeiten oder psychosomatische Erkrankungen. Das können die Klassenclowns sein, aber auch die stillen Depressiven, die Aggressiven oder die an Magersucht erkranken. Was mich betrifft, ich habe so ziemlich alles davon ausprobiert.

Wie viele Hochbegabte blühte auch ich im Studium auf. Die Islamwissenschaft ist ein sehr kleines Fach. So besuchte ich viele Veranstaltungen gemeinsam mit deutlich Älteren. Mit ihnen verstand ich mich wesentlich besser als mit Altersgenossen, und bald waren die meisten meiner Freunde sechs oder sieben Jahre älter als ich. Ich lernte Arabisch, Persisch und Urdu, nebenher weitere Sprachen. Mein Stundenplan war vollgestopft bis zum Platzen. Das Vorlesungsverzeichnis war eine Wundertüte, eine Schatzkiste, in die ich nur hineingreifen musste. Und nichts davon kostete Geld!

Damals hauste ich in Bamberg in einem uralten Gerberhaus an der Regnitz, gegenüber der Touristenattraktion Klein-Venedig. Es gab nur einen Ölofen, der im Winter gerne mal schlappmachte. Die Dusche der WG befand sich in der Küche und die Toilette vis-à-vis des Treppenaufgangs und mit Fenster zur Dachterrasse der Nachbar-WG. Die Klingeln funktionierten mechanisch per Seilzug. Gegenüber lag die Justizvollzugsanstalt, vermutlich eine der schönstgelegenen in ganz Deutschland. Deren Insassen konnten von ihren Fenstern aus unseren Eingang sehen und fungierten schon mal als Concierge: Wenn Besuch vor der Tür stand, informierten sie ihn, falls die gewünschte Person aus dem Haus gegangen war.

Mein doppeltes Leben als Studentin und gleichzeitig Choristin bei den Bamberger Symphonikern musste ich hier vor niemandem verstecken. Endlich war ich ganz normal. Meine Mitbewohnerin, die auf ihrer Schule sicher zu den angesagten Kids gehört hatte, sagte einmal, unter normalen Umständen wären wir nie

Freundinnen geworden. Aber nun sei sie froh, dass es so gekommen sei. Ich war es auch. Eine andere Freundin lernte ich kennen, indem ich ihr Latein-Nachhilfe gab – hier mussten viele für ihr Studium das Latinum nachweisen. Ein wunderbarer, sensibler Mensch, unsere Freundschaft besteht bis heute.

Dass ich anders war, interessierte niemanden mehr, weil man es immer darauf zurückführen konnte, dass ich aus einer anderen Stadt kam. Außerdem hatten hier die meisten ein paar Besonderheiten – einige waren vermutlich selbst hochbegabt. Ich hatte verschiedene Kreise, in denen ich meine Interessen ausleben konnte: Kunsthistoriker, Musiker, Philosophen, Islamwissenschaftler und mehr. Innerhalb der Islamwissenschaft gab es noch die Community der Arabisten und der Iranisten. Ein Freund, dessen Muttersprache Persisch war, las mit mir die Originalversion der *Turandot* aus Nizamis *Haft Paikar*. Und mochte mich danach noch immer. Im Studium erreichte ich weitaus bessere Noten als in der Schulzeit. Allerdings führte ich das nicht auf Begabung zurück. Nach dem ersten Semester sagte mir meine Professorin: »Arabisch bereitet Ihnen ja – untertrieben gesagt – keinerlei Probleme.« Das erste Semester Persisch übersprang ich. Noch als ich meinen Doktor mit Bestnote gemacht hatte, dachte ich mir nichts dabei. Was bedeutete die Bestnote schon in einem System, in dem jede hohle Nuss, welche die Thesen ihres Professors auf ein beliebiges Stück Literatur anwendet (oder, wie ich von einem Fall aus der Romanistik wusste, einfach mit selbigem schläft), eine Summa bekommt? Ich besuchte Meisterklassen, gewann Wettbewerbe, sang unter Horst Stein, Herbert Blomstedt, Ingo Metzmacher, später Giuseppe Sinopoli, Rafael Frühbeck de Burgos, Roger Norrington und vielen anderen und hatte keine Ahnung, dass es Profis gibt, die dafür einen Mord begangen hätten. Und dachte bei alldem: Das kann doch jeder.

Bis heute habe ich Schwierigkeiten, Erfolge als das Ergebnis meiner Fähigkeiten und nicht als Glück, Zufall oder gar Hochstapelei zu werten. Erst durch den IQ-Test fange ich langsam an zu glauben, dass ich diese Dinge tatsächlich kann. Und selbst den habe ich noch hinterfragt.

»Man nennt das das Impostor-Phänomen.«

»Was? Ach, du schon wieder.« Ich stand auf, um meinem wissenschaftlichen Ich einen Stuhl zu holen, aber da saß es schon auf meinem. Seufzend ließ ich mich gegenüber nieder.

»Erstmals beschrieben wurde das Impostor-Phänomen 1978 von den Psychologinnen Pauline Clance und Suzanne Imes«, bemerkte es. »Allerdings gilt es nicht als Störung, sondern nur als Erfahrung, deshalb wurde es auch nicht unter die ICD-10-Störungsbilder aufgenommen. Bis heute gibt es sogar Fachpersonen, die seine Existenz bestreiten.«

»Na, vielen Dank. Denen wünsche ich mal einen Tag in meinem Kopf.«

»Besonders verbreitet scheint es unter intelligenten Menschen zu sein. Insbesondere intelligenten Frauen, lange dachte man sogar, es sei ein rein weibliches Phänomen. In den letzten Jahren ist es allerdings zu einer Art Modediagnose geworden. Besser gesagt: einer Mode-Selbstdiagnose. Diverse Stars bekennen sich dazu. Interessanterweise nicht wenige, die zugleich für hohe IQs bekannt sind, wie die Schauspielerin Emma Watson.

Ich persönlich denke ja, dass es eine Reaktion auf das Umfeld ist. Wenn Erwachsene ein hochbegabtes Kind sehen, versuchen sie häufig auszugleichen und den anderen zu vermitteln, sie seien ebenso begabt. Das ist verständlich. Aber so lernt das begabte Kind, dass es seiner eigenen Wahrnehmung nicht trauen darf: Einerseits sieht es, dass es mehr Fähigkeiten hat als die anderen, andererseits hört es, dass das nicht stimmt. Kein Wunder, dass man nach ein paar Jahren dieser Gehirnwäsche seine Fähigkeiten nicht mehr realistisch einschätzen kann.«

Da war etwas dran.

MEHR IST NICHT IMMER BESSER

Viele Leute denken, es sei toll, vielseitig begabt zu sein. Das ist es auch. Bis es ums Thema Geldverdienen geht.

Während des Studiums hat man Narrenfreiheit. Doch sie endet, sobald der Ernst des Lebens beginnt. Schon während der Promotion bekam ich hin und wieder zu hören, allmählich müsste ich mich jetzt doch mal entscheiden, was ich wolle. Also bat ich die Sängerin Jessica Cash auf einem ihrer Meisterkurse um Rat. Sie empfahl mir, mich nicht einzuschränken. Etwa gleichzeitig meinte Rolf Beck, mit dem ich damals im Chor der Bamberger Symphoniker arbeitete, zu mir: »Du machst zu viel.«

Das Schlimme war: Beide hatten recht.

Einerseits fühle ich mich amputiert, wenn ich nicht das tun kann, was ich liebe. Andererseits hat auch mein Tag nur vierundzwanzig Stunden. Die Jobs, in denen das große Geld winkt, vereinnahmen dich meistens bis in die Abendstunden. Und ich wollte mein Leben nicht verschieben bis zur Rente. Aber ich musste auch von irgendetwas leben. Die Anforderung, sich für einen Beruf zu entscheiden und damit Geld zu verdienen, stellt für viele Hochbegabte eine Herausforderung dar. Die zahlreichen unterschiedlichen Interessen unter einen Hut zu bringen ist in den meisten Berufen schwer, wenn nicht unmöglich. Nicht jedes Potential kann umgesetzt werden.

Mir meinen Lebensunterhalt allein mit Schreiben zu verdienen, schien mir recht gewagt. Wenn man Sherlock Holmes ist, kann man sich so eine Existenz leisten, dachte ich: mit einer reichen Familie im Rücken und als ewiger Single. Oder wenn man Schiller ist und dank des Geheimrats aus Weimar immer irgendwo einen Gönner findet, der einen durchfüttert. Aber nicht in meiner Situation. Also versuchte ich, endlich normal zu werden und ein Leben zu führen wie alle. Schließlich hatte ja auch Schiller als Professor gejobbt.

Ihr ahnt es schon. Das wird keine Erfolgsgeschichte.

Ich sitze vor einem Stapel Papier in meinem Büro an einer deutschen Universität. Gute fünfhundert Seiten Manuskript, die zu einem Kongressband zusammengestellt werden sollen. Internationale Teilnehmer, die seit geraumer Zeit auf ihre Publikation warten. Nun soll sie endlich erscheinen.

Mein Job ist es, die Artikel zu lektorieren. Das ist eine Arbeit, die ich eigentlich ganz gern mache. Erstens, weil man immer etwas dabei lernt, und zweitens, weil man helfen kann, gute Arbeiten noch besser zu machen. Jeder Autor braucht ein Feedback, und je besser es ist, desto besser kann man es umsetzen. Also mache ich mich an die Arbeit.

Es geht mir flott von der Hand. Ich lerne ein paar neue Dinge. Nach kurzer Zeit habe ich die Manuskripte durchgearbeitet. Und dann erlebe ich das:

Ich lege meinem Chef den Stapel auf den Tisch und strahle. »Fertig!«

»Super!«, erwidert er. »Das ging ja schnell. Wir schicken es den Autoren, und dann sollen sie die Kommentare einarbeiten. Geben wir ihnen eine Deadline, sagen wir in …« Er überlegt.

Ich schlage vor: »Zwei Wochen?«

»Nein, das ist zu knapp. Zwei Monate sind okay.«

Also schreibe ich den Autoren und bitte um Rückgabe der bearbeiteten Manuskripte in zwei Monaten. Ein paar erhalte ich tatsächlich zur Deadline. Die anderen mahne ich an. Als zwei Wochen nach der Deadline erst wenige weitere Manuskripte eingetrudelt sind, stapfe ich ins Büro des Chefs.

»Chef, leider habe ich noch immer nicht alle Manuskripte. Ich bin mit dem zweiten Lektoratsgang durch bei allen, die geliefert haben. Wenn wir den anvisierten Erscheinungstermin für das Buch halten wollen, brauche ich die restlichen Manuskripte. Ich würde vorschlagen, ich schreibe den Autoren, dass alle, die nicht bis nächste Woche abgeben, bei der Publikation nicht mehr berücksichtigt werden können.«

Er sieht mich an, als hätte ich vorgeschlagen, die Nachzügler nach Guantánamo zu schicken.

»Was? Nein, auf gar keinen Fall! Das können wir nicht machen. Ich schreibe ihnen selbst noch mal.«

Ich nicke und packe meine Papiere. Überlege, halte inne.

»Übrigens, unsere Problemautorin … Sie beschwert sich, dass ich ihr die Stellen gestrichen habe, für die sie keine Belege hat. Sie wissen schon, diese ganze Polemik, ich hatte Ihnen die Passagen gezeigt. In einer seriösen Publikation sollte so etwas nicht stehen. Ich kann ihr vorschlagen, ihren Artikel zurückzuziehen.«

»Nein, um Himmels willen. Das übernehme ich, ich kenne sie. Ich rede mit ihr.«

»Okay, wie Sie möchten. Dann mache ich alles andere fertig, so dass wir dann schnell zum Abschluss kommen. Was meinen Sie, bis wann bekommen wir die fehlenden Texte?«

Er überlegt. »Ich gebe den Leuten vier Wochen.«

Hm. Wenn ich bei meinen Verlagen so arbeiten würde – ewig nicht liefern, mich weigern, seriös zu arbeiten –, dann wäre ich meinen Vorschuss ganz schnell wieder los.

Ich seufze. »Okay.«

Ein halbes Jahr später haben wir endlich alle Artikel. Der von der Problemautorin macht mir immer noch Bauchschmerzen, eine ganze Menge von dem, was ich gestrichen hatte, steht wieder drin, und der Chef will nicht, dass ich es erneut streiche. Ich beschließe, stattdessen meinen Namen aus der Danksagung für die Redaktionsarbeit zu streichen. Dann mache ich mich an die Kommata und die Vorgaben: welche Art Überschrift welche Schriftart bekommt, wie viele Leerzeichen dürfen zwischen Fußnotenziffer und Fußnotentext stehen …

Dieses Kleinzeug macht leider keinen Spaß, aber mit Todesverachtung quäle ich mich durch Kommata, Längsstriche, diakritische Punkte und Leerzeichen. Endlich bin ich fertig. Nunmehr zum vierten Mal komme ich ins Büro des Chefs und lege den Stapel auf den Tisch.

»Fertig!«, japse ich.

Er blickt auf. »Sehr schön. Wir geben es noch einmal einer Hilfskraft zum Gegenlesen. Und die soll es noch einer Hilfskraft geben. Wenn alle durch sind, tragen Sie die Korrekturen in die Datei ein und schicken sie mir, okay?«

Jetzt fühle ich mich, als hätte er *mich* gerade nach Guantánamo verdonnert. »Hm«, grummle ich, sehe ihn an wie ein waidwundes Reh und schleiche aus dem Zimmer.

Ein weiteres Jahr später erscheint das Buch, eine halbe Ewigkeit nach dem anvisierten Erscheinungstermin. Und das ist nur der, von dem ich ausging. Wie oft er im Vorfeld schon verschoben wurde, kann ich nicht sagen.

Diese Art zu arbeiten ist nicht ungewöhnlich an der Universität. Kommerzielle Verlage haben für all jene Arbeiten eigene spezialisierte Leute. Wenn ich für einen Verlag arbeite, der mir Geld für meinen Text bezahlt, erwarten mich ein bis zwei Lektoratsgänge, und danach bekomme ich erst wieder die Druckfahnen zu Gesicht. Und das ist auch gut so.

Zu meiner Schande muss ich gestehen, dass auch ich inzwischen mit dieser universitären Arbeitsweise rechne und entsprechend knapp bis unpünktlich meine eigenen Arbeiten einreiche. Und selbst Sätze wie »Manuskripte, die nach der Deadline eingereicht werden, können leider nicht mehr berücksichtigt werden« sind keineswegs in Stein gemeißelt. Weil das natürlich jeder weiß, ist es eher die Ausnahme, dass jemand ein Manuskript pünktlich abliefert.

Das ist wunderbar für alle, die gern so arbeiten. Was es aber für jemanden bedeutet, dessen gesamtes Nervensystem auf Schnelligkeit und Effizienz gepolt ist, kann man sich vorstellen. Es ist, als ob du dich seit Wochen freust, mit ein paar Freunden mal wieder so richtig nett auszugehen. Kurz bevor es so weit ist, sagt der erste: Ach, weiß nicht … vielleicht doch lieber in zwei Wochen … Und das passt wieder dem anderen nicht, worauf sich der Dritte einmischt … Und so weiter, und am Ende trefft ihr euch erst ein Jahr später. Als es dann endlich klappt, hast du jede Lust verloren und gehst eigentlich nur noch mit, um es endlich hinter dich zu bringen, weil du längst neue Freunde gefunden hast.

KOLLISIONEN

Man muss nicht hochbegabt sein, um in Situationen zu kommen, in denen man das Gefühl hat, im falschen Film zu sein. In den Jahren an der Universität gab es immer Studierende, mit denen die Arbeit Spaß machte und die mich sehr bereicherten. Gleichzeitig war ich aber auch oft überrascht, wer so alles eine Universität besucht. In Göttingen zum Beispiel hatte ich einen Fall, in dem sich eine Studentin per Mail beschwerte, das ohnehin schon quälend niedrige Niveau sei ihr noch immer zu hoch. Das müsse ich bitte ändern, so ginge das nicht.

Sheldon Cooper in *The Big Bang Theory* hat es leichter. Der darf in so einem Fall etwas antworten wie: »Dann verlassen Sie die Uni und verkaufen Sie Bratwurst!« Und alle lachen. Aber so etwas macht man ja nicht. Also lächle ich niedlich vor mich hin, schreibe: »Kopf hoch, das wird schon.« Und denke mir das andere.

Zum Glück hatte ich eigentlich nie mit fundamentalistischen Studierenden zu tun, die, wie ich es von manchen Universitäten gehört habe, den Unterricht mit ideologischen Sprüchen massiv behindern. Arabische Weinlieder waren wohl nicht so ihr Ding … Außerdem ist das klassische Arabisch selbst für Muttersprachler eine harte Nuss. Da solche Leute meistens große Narzissten sind, meiden sie meist, was sie nicht können – und man kann ungestört arbeiten. Ein Freund, der Latinist ist, siebte auf diese Art immer schon zu Beginn jedes Semesters alles aus, was unmotiviert war: mit Sätzen wie »Was, Sie können kein Altfranzösisch? Lernen Sie es bis nächsten Mittwoch!« Diese Sorte Professoren war mir als Studentin immer am liebsten. Da weiß man, woran man ist.

Einstein wird – möglicherweise zu Unrecht – die Aussage zugeschrieben, zwei Dinge seien unendlich, das Universum und die menschliche Dummheit, aber beim Universum sei er sich noch nicht sicher. Ich denke, das Zitat hätte ihm auf jeden Fall gefallen. Es tröstet einen, wenn man wieder mal eine Kollision mit einem »anderen Stern« hatte. Und für euch packe ich mal die Schatzkiste aus:

Ich stelle einen neuen Roman vor. Die Frage kommt auf, ob Lepra dasselbe sei wie Aussatz. Ich fasse also die historischen und medizinischen Hintergründe kurz zusammen, wobei ich unter anderem darauf hinweise, dass mangels bakteriologischer Nachweismöglichkeiten im fraglichen Zeitraum natürlich auch andere Krankheiten als Aussatz fehldiagnostiziert wurden, dass aber das griechische Wort Lepra für gewöhnlich mit »Aussatz« übersetzt wird. Ich belege meine Aussage mit diversen Quellen und verweise auch auf ein Standardlexikon Altgriechisch–Deutsch.

Eine Teilnehmerin hält dagegen. Das hat sie anders gehört. Ich frage nach, wo denn. Die Antwort: »Das hat der Pfarrer gesagt.«

Na dann.

Ein Rezensent meines Romans *Die Königin der Seidenstraße*, der hauptsächlich im Bagdad des 9. Jahrhunderts spielt, schrieb, das Buch sei leider schlecht recherchiert. Ständig würde Alkohol getrunken, dabei sei der doch im Islam verboten.

Nun, zufällig bin ich promovierte Islamwissenschaftlerin, und sowohl die Zeit als auch das Milieu, in dem der Roman spielt, gehören zu meinen Forschungsschwerpunkten. Das Alkoholverbot im Islam – das im Übrigen keineswegs eindeutig aus dem Koran ableitbar, sondern primär ein Phänomen des islamischen Rechts ist – wurde insbesondere in der Frühzeit, die kulturell eigentlich noch zur Spätantike gehört, bestenfalls begrenzt eingehalten. Die meisten Abbasiden-Kalifen hielten regelmäßige Weingelage ab. Es existiert eine umfangreiche Weinpoesie über Jahrhunderte hinweg, und es gab sogar ein eigenes »Amt« des »Zechgenossen«. Zu all dem liegen Bibliotheken an Quellen und Fachliteratur vor. Aber was sind schon tausend Jahre weltweite Forschung gegen jemanden, der mal gehört hat, dass der Islam Alkohol verbietet?

Ich habe kein Problem damit, wenn andere Leute etwas nicht wissen. Ich bringe mich selbst gern in Situationen, in denen ich etwas nicht weiß. Aber ich finde es doch ein wenig befremdlich, wenn Leute, die es nicht wissen, denen, die es wissen, erklären wollen, wie es funktioniert. Ich stelle mich doch auch nicht hin und erkläre Horst Lichter, wie man ein Steak brät.

Okay, noch ein letzter Griff in die Schatzkiste:

Ich bin eingeladen, für eine politische Stiftung auf Studenteninitiative hin als Islamwissenschaftlerin aufzutreten. Schon im Vorgespräch merke ich: Ich bin wohl nicht ganz das, was ihr euch vorgestellt habt. Denn als ich auf Anfrage wahrheitsgemäß antworte, dass ich nicht religiös bin, ist man pikiert.

Nun bin ich aber mal da, und alle Seiten kommen stillschweigend zu der Übereinkunft, das Beste daraus zu machen. In der darauffolgenden Debatte treffe ich auf zahlreiche christliche Theologen und eine einzelne Vertreterin einer atheistischen Gemeinschaft, die wacker der breiten religiösen Phalanx trotzt. Und merke, dass die für mich vorgesehene Rolle offenbar nicht die der Wissenschaftlerin war, sondern dass man erwartet hat, eine »islamische« – was auch immer man sich darunter vorstellte – Position von mir zu hören. Offenbar war der Studentin, die mich eingeladen hat, der Unterschied zwischen einer Islamwissenschaftlerin und einer Muslima nicht klar.

Ich fange mit ein paar wissenschaftlichen Basics an. Grundwissen, das man im ersten Semester lernt. Als ich wissenschaftlich argumentiere und nicht religiös und schon gar nicht islamistisch, ist man entsetzt.

Der Moderator windet sich. »Okay, das ist jetzt Ihre, ähm … also eine wissenschaftliche Position. Ähm …«

Ich frage mich, was er sich erhofft hat. Die Juniorpartnerin von Usama bin Laden? Ich stehe einem Publikum mit sehr viel strammer Meinung gegenüber. Aber hat diese Meinung auch ein Fundament aus Wissen?

Einige Zeit später. Ich erhalte die Klausuren zur Vorlesung über die Islamische Religion zur Korrektur. Auch die der Studentin, die mich eingeladen hat, ist dabei. Und auf die Frage: »Was verwenden Derwische für ihre religiösen Praktiken?«, hat sie geantwortet: »Fliegende Teppiche.«

Lasciate ogni speranza, voi, ch'entrate – Ihr, die ihr eintretet, lasst alle Hoffnung fahren, sprach Dante. So extreme Erfahrungen macht man aber zum Glück selten.

ARISTOTELES-EXKURS: MÖGLICHKEIT IST NICHT GLEICH WIRKLICHKEIT

Tatsächlich sind viele Hochbegabte selbstständig. Sie tun sich einerseits schwer mit straffen Hierarchien, andererseits sorgt das unterschiedliche Tempo oft für Schwierigkeiten. Ein großer Teil der Gags in *The Big Bang Theory* dreht sich darum, dass Sheldon Cooper sich dieser Herausforderung stellt. Selbst die Zusammenarbeit mit seinen Nerd-Freunden scheitert meistens. Das heißt nicht, dass Hochbegabte nicht teamfähig wären – es kommt auf das Team an. Ist es bereit, jemanden zu integrieren, der anders ist, oder wünscht man sich größtmögliche Homogenität? Natürlich gibt es aber auch Hochbegabte, die einfach ungern mit anderen arbeiten und lieber für alles selbst verantwortlich zeichnen.

Den meisten Hochbegabten ist es sehr wichtig, dass sie sich mit ihrer Arbeit identifizieren können. Oft richtet sich ihre Berufswahl daher nicht nach dem zu erwartenden Einkommen, sondern danach, ob sie der Job interessiert. Sie sind also nicht unbedingt diejenigen, die Millionen herumschieben. Dass ich da keine Ausnahme bin, ist offensichtlich: Ich habe Islamwissenschaft, Philosophie und vergleichende Religionswissenschaft studiert. Als Studierende in Tübingen hatten wir sogar einen eigenen Witz darüber: Was sagt ein arbeitsloser Islamwissenschaftler zum arbeitslosen Religionswissenschaftler? – »Einmal Pommes mit Ketchup und Mayo.«

Toi toi toi, weder verkaufe ich Pommes, noch muss ich mich davon ernähren. Aber Fakt ist auch, dass Hochbegabung nicht unbedingt reich macht.

Begabung bedeutet eben nicht mehr und nicht weniger als ein Potential. Sie ist keine Garantie für Erfolg, nicht einmal eine Verpflichtung. Im Normalfall *will* sich Begabung auch entfalten. Ein großer Teil der Schwierigkeiten von Hochbegabten entsteht daraus, dass sie genau das eben nicht *können*, aus welchen Gründen auch immer. Aber wenn eine Person ihre Begabung nicht entfalten *will*, ist es ihr gutes Recht. Begabung gehört niemandem außer dem Begabten.

Keine Gesellschaft hat Anspruch darauf, dass Hochbegabte ihre Fähigkeiten in ihren Dienst stellen. Und wenn jemand lieber sein Geld mit Kellnern, Salsa-Unterricht oder als Tauchlehrer verdient, um alle paar Jahre in einem anderen Land leben zu können, als in einem Topunternehmen als IT-Entwickler zu arbeiten, sollte man das respektieren. Es ist eine sehr persönliche Entscheidung, ob ich etwas aus meiner Begabung mache, und wenn ja, was.

Als ganz besonders problematisch empfinde ich Definitionen wie die, hochbegabt sei eben, wer der Gesellschaft nützt. Definiert man Hochbegabung als »nützlich«, bedeutet das letztlich, dass nur jene hochbegabt sind, die etwas »leisten«. Das klingt nicht nur ein bisschen sozialdarwinistisch, sondern führt dazu, dass Hochbegabten gerade die Förderung verweigert wird, die sie so dringend benötigen. Genau nach diesem Prinzip verfuhr man in Deutschland ja viel zu lange: Wer hochbegabt ist, braucht keine Förderung, oder er ist eben nicht hochbegabt. Dabei benötigen besonders die sensiblen Hochbegabten – und das sind nicht selten die am höchsten Begabten – durchaus Förderung, eben weil sich ihre Sensibilität zwischen sie und ihre Begabung stellen kann.

Hochbegabte haben außerdem oft ein Problem, das zunächst nach Luxus klingt: Sie haben viele Möglichkeiten, weil sie in vielen Dingen ziemlich gut sind. Aber genau deswegen brauchen sie unter Umständen Hilfe bei der Entscheidung, womit sie ihr Geld verdienen wollen. Entsprechend findet man unter ihnen nicht nur Leistungsträger. Die Hochbegabten tummeln sich öfter unter Lehrbeauftragten, die schlecht bezahlten, inhaltlich brillanten Unterricht liefern, als unter Professoren; unter Musiklehrern, die lieber netten Kindern Geigenunterricht geben, als sich im Haifischbecken mit Möchtegernstars um eine feste Stelle in einem Orchester zu zanken; und eben häufig unter Selbstständigen. Das liegt besonders nahe: Stellt euch zum Beispiel Sherlock Holmes als fest angestellten Mitarbeiter in irgendeinem Großraumbüro vor! Natürlich sind wir nicht alle so extrem wie diese Kunstfigur, aber ihr wisst, was ich meine.

Als Hochbegabte in einem Anstellungsverhältnis hatte ich ständig das Handbremsen-Gefühl. Du bist nie ganz du selbst, weil du ständig den größten Teil deiner Persönlichkeit ausklammern musst, um niemanden vor den Kopf zu stoßen. Weil du nie so schnell arbeiten kannst, wie du es gern möchtest. Bremsen ist unglaublich anstrengend. Irgendwann laugt es dich aus. Dauernd trägst du eine Maske. Spielst den Leuten eine Rolle in einem Theaterstück, aber nie dich selbst.

Auffallend oft liest man, dass ein IQ um 120 die besten Erfolgsvoraussetzungen biete: Er liegt über dem Durchschnitt, aber nicht zu weit, so dass eine Anpassung problemlos möglich ist. Tatsächlich geht das Gerücht, dass die Hochbegabtenvereinigung Mensa – deren Mitglieder einen IQ von mindestens 130 nachweisen müssen – einem Nobelpreisträger die Mitgliedschaft angeboten habe. Als Antwort kam eine Kopie vom IQ-Test des Nobelpreisträgers. Er lag deutlich unter dem Grenzwert. Die Aussage war klar: Sorry, Leute, Nobelpreisträger sind zu blöd für euch.

Erfolg ist keine Frage von Begabung. Erfolg beruht darauf, Talente zum Vorteil einsetzen zu können. Und wenn du das nicht gelernt hast, ist es egal, wie viel Potential du hast. Dann droht wieder das Gespenst Underachievement.

Aristoteles nahm an, dass alles eine potentia besitzt, also eine Möglichkeit, und einen tatsächlichen Zustand. Alles strebe im Prinzip danach, die Möglichkeit in Wirklichkeit zu verwandeln. In unserem Fall Potential in performance. In der Realität ist das allerdings eine echte Lebensaufgabe.

CARRIES KOLLEGEN

Das »Arbeits-Abc« führt weitere Punkte auf, die dazu führen können, dass Hochbegabte im Beruf anecken: Dabei steht auf Seiten der Hochbegabten vor allem im Raum, dass sie andere durch ihre Schnelligkeit überfordern bzw. anderenfalls gelangweilt sind. Auf Seiten der Kollegen stehen vor allem Neid auf die Schnelligkeit und Kreativität der Hochbegabten und ein Gefühl der Einschüchterung, das ebenfalls zu Mobbing führen kann.

Über das Erste haben wir soeben gesprochen. Das Zweite ist

mir leider immer wieder begegnet. Mit dem Ende der Schulzeit lösen sich die Probleme eben nicht in Luft auf. Noch während ich dieses Kapitel schreibe, überlege ich, ob ich nicht zu viel gesagt habe. Ob es nicht intellektuell arrogant ist, ein paar Dinge als Beispiele anzuführen, die ich kann.

Graduiertenkolleg an der Universität. Ich bin gerade zur Sprecherin der Stipendiaten gewählt worden. Kurze Zeit später arbeite ich zum ersten Mal in dieser Funktion und präsentiere ein Skript. Am selben Abend ruft ein Kollege an: Er wolle nicht stören, nur sei mir da ein Fehler unterlaufen. Es ist acht Uhr abends. Ich bedanke mich für seinen Hinweis, verspreche, es am folgenden Tag zu überprüfen, aber jetzt hätte ich gerade Besuch.

Fünf Minuten später. Das Telefon klingelt.

»Ja, hier ist noch einmal Thomas. Hör mal, da ist noch etwas, das mir aufgefallen ist.«

»Thomas, hör zu, es ist nach acht Uhr abends und es gibt keinen Grund, das jetzt zu besprechen. Ich sagte dir schon, ich habe Besuch. Was immer es ist, sag es mir morgen.«

Weitere fünf Minuten später dasselbe Spiel. Insgesamt siebenmal innerhalb einer halben Stunde rief der Kollege an, jedes Mal angeblich, weil ihm wieder ein Fehler aufgefallen sei, den ich gemacht hätte. So lange, bis ich irgendwann einfach nicht mehr ans Telefon ging. Da waren sie wieder, die Kreuze auf den Zetteln im Fahrradparcours.

Die Situation blieb nicht die einzige. Damals war ich zu unerfahren. Ich kannte den Begriff Mobbing kaum, und ich wollte nicht zu meiner Doktormutter gehen, weil es eine gesellschaftliche Konvention ist, dass gute Mädchen nicht petzen. Irgendwann konfrontierte ich selbst den Mann mit seinem Verhalten.

Bei einem Kaffee gestand er, was der Grund dafür war: Er war schlichtweg neidisch. Alle beteiligten Professoren, ganz besonders unsere gemeinsame Doktormutter, hätten mich in den höchsten Tönen gelobt. Er selbst hatte sein Abitur auf dem zweiten Bildungsweg gemacht. Er gab zu, dass er Schadenfreude empfand, wenn ich in einer unangenehmen Situation steckte oder tatsächlich etwas verpatzte.

Der Kollege hatte, das war damals mein Eindruck, ein ehrlich schlechtes Gewissen. Er wusste ganz genau, wie schäbig sein Verhalten war, und es schien ihm leidzutun. Aber wirklich verändert hat er sein Verhalten auch danach nicht. Heute, nachdem ich sehr viel Erfahrung im Umgang mit Mobbern aller Art sammeln »durfte«, kann ich damit umgehen. Damals war ich recht naiv und glaubte, dass jemand, dem eine Sache leidtut, auch in Zukunft damit aufhören würde.

Dass derartige Mobbing-Geschichten nicht nur vorkommen, wenn die Frau hochbegabt ist und der Mann neidisch, sondern auch bei Frauen untereinander (und vermutlich ebenso unter Männern), das erfuhr ich noch häufiger in meinem Berufsleben.

SPRACH-SPIELE

Bore-out ist heute eine Modekrankheit geworden. Immer mehr Menschen arbeiten unter ihrem Potential, sind gezwungen, Jobs zu machen, in denen sie sich langweilen. Hochbegabte sind logischerweise besonders gefährdet. Bore-out – letztlich die natürliche Folge von Underachievement – bringt dich an deine Grenzen. Es ist eine Depression, aber aufgrund der Unterforderung kommt noch das Gefühl dazu, sich selbst fremd zu sein. Weil man eben tatsächlich nicht das sein kann, was man ist.

Ich bin inzwischen dankbar für mein Bore-out. Es war mein Weckruf, dass ich in einem Leben vor mich hin dämmerte, das nicht zu mir gehörte. Es zeigte mir, dass ich in einem Job allein unglücklich bin. Nur so habe ich den Mut gefunden, endlich zu dem zu stehen, was ich bin. Es wird ein langer und sicher auch oft schwerer Weg, alles zu nutzen, was da ist. Aber endlich sehe ich ihn vor mir.

Manchmal habe ich noch immer das Problem, dass ich nicht weiß, wie ich meine PS auf die Straße bekomme. Ich habe ständig Ideen. Mein Kopf schäumt über vor Dingen, die ich ins Unreine denke, oft ohne sie umsetzen zu können. Manchmal, weil ich niemanden kenne, der die nötigen praktischen Fähigkeiten hat. Manchmal, weil ich einfach die Sprache der Menschen, für die ich sie gedacht habe, noch immer nicht verstehe.

Bis heute fällt es mir schwer, mich an einen Sprachgebrauch anzupassen, den ich als infantil empfinde. Mittlerweile verwende ich viel mehr Vokabular aus der Jugend- und Umgangssprache als früher, ich habe es mir antrainiert. Auch mein Mann hat mich in dieser Hinsicht deutlich weiterentwickelt, mit tatkräftiger Unterstützung der Bundesliga. Heute lote ich die Grenzen der Sprache genussvoll aus. Aber dass das Spiel damit nicht immer gut ankommt, musste ich lernen.

Unterschiedliche Gruppen haben unterschiedliches Vokabular. Ein Hin- und Herzappen, sagen wir vom Akademikerkongress in die Jugendsprache oder umgekehrt, ist nicht vorgesehen. So hat jede Gruppe innerhalb derselben Sprache noch einmal ihre eigenen Codes oder, wenn wir uns dem Philosophen Richard Rorty anschließen wollen, sogar ihre eigenen Wahrheiten. Er bezeichnet das als Sprachspiele. Aber zwischen verschiedenen Sprachspielen ständig das Spielfeld zu wechseln verwirrt unter Umständen das Umfeld. Natürlich ist mir schon klar, dass ich in einem Vortrag den Dichter Abu Nuwas nicht »megageil« nennen sollte, weil das doch eher keine wissenschaftliche Kategorie ist (obwohl es ihm sicher gefallen hätte). Viel schwieriger ist es, die Ebenen nicht ineinanderfließen zu lassen. Zum Beispiel kann man denselben arabistischen Sachverhalt auf zwei Ebenen beschreiben:

Version A: Der Dichter beklagt unter Verwendung des typischen Atlal-Motivs den Wegzug der Geliebten und die generelle Vergänglichkeit, kondensiert im Begriff des *dahr*.

Version B: Da hält unser Dichter sein Kamel an, dass die Reifen quietschen und qualmen, und jammert: »Oh Shit, ich bin zu spät, meine angehimmelte Nawar ist abgereist!« Und dann fängt er an, die Spuren des verlassenen Beduinenlagers zu analysieren, und assoziiert ein paar vergangene heiße Nächte. Und kommt zu dem Schluss, dass die Zeit ein mieser Verräter ist, der alles, was schön ist, wegnimmt.

Beides ist okay, je nachdem, wo man sich aufhält. Was aber in den seltensten Fällen gut ankommt, ist Version C:

Der Dichter hält sein Kamel mit quietschenden Reifen an, schreit: »Oh, Shit!«, bejammert die typische Atlal-Szenerie und nennt *dahr* einen miesen Verräter.

Dass Sprachspiele nicht zum Spielen da sind, sondern vor allem soziale Zugehörigkeit signalisieren sollen, das muss einem ja auch erst mal jemand sagen. Dass das kollektive Unterbewusste nicht mit sozialer Polyglossie rechnet, war mir neu.

Möglicherweise ist das der Grund, warum mir Italienisch immer vertrauter war als Deutsch. Ich habe es nie gelernt, es kam sozusagen zu mir, wenn ich Opern hörte und später mit italienischen Freunden sprach. Vielleicht verbinde ich deshalb damit diese Leichtigkeit. Es ist wie ein bequemes, schönes Kleid, eines, in dem ich mich gut fühle, das nirgendwo zwickt oder drückt. Bei dem es auch nicht darauf ankommt, dass jedes Wort perfekt sitzt. Zu Hause ist auch nicht immer alles perfekt. Italienisch ist mein Zuhause, ist die Sprache meines Inneren.

Da habe ich nun um die zwanzig Sprachen und Dialekte gelernt, und um die schwerste von allen zu verstehen, wäre das gar nicht nötig gewesen. Es hat eine Ewigkeit gedauert, bis mir klar war, dass ich meine Muttersprache wie eine Fremdsprache verwenden muss. Aber jetzt fühle ich mich bereit, das zu erkunden, was mich all die Jahre von meinem Umfeld abgesondert hat.

DAS MULTIVERSUM IM KOPF

Ich sitze im Auto und fahre durch München. Wie alle anderen bediene ich mein Fahrzeug durch Bewegungsabläufe, die ich vor Jahren gelernt habe und die mir in Fleisch und Blut übergegangen sind. Aber wenn ich aus dem Fenster sehe, sehe ich nicht nur die Straße.

Ich passiere meine Agentur. Bildfetzen fegen an meinem inneren Auge vorbei, Szenen aus dem Buch, das ich gerade schreibe. Sie liegen wie durchsichtige Folien auf meiner Wahrnehmung, übereinander, und die Realität schimmert durch sie hindurch. Ich muss daran denken, die Honorarabteilung anzuschreiben. Notiert auf meinem imaginären Computer. Die Ampel schaltet auf Rot.

Ich mag Rot. Rot suggeriert Gefahr, aber auch Leidenschaft. Warum sind Blaulichter eigentlich blau und nicht rot? Okay, »Rotlicht« wäre dann zugegeben etwas doppeldeutig. Der Kuchen vorhin schmeckte rot. Selten so intensiv gespürt, jetzt noch, nach über einer Stunde habe ich den Geschmack im Mund. Einfach irre.

Ich schiebe eine der imaginären Folien weg. Eine neue taucht auf. Orange getönt: meine Kindheit in den Siebzigern. Manche Epochen haben Farben: die siebziger Jahre Orange, die fünfziger Grün. Ich erinnere mich an die Gerüche im Botanischen Garten in Karlsruhe, wo ich als kleines Kind oft war. Ich spüre den Duft der Frühlingsblumen dort, wo der 49. Breitengrad auf den Boden markiert ist, die Stiefmütterchen und Bellis. Es war ein verrücktes Gefühl, auf dem Breitengrad zu stehen, obwohl er nur eine gedachte Linie ist. Ich fühle das algenweiche Wasser im Japanischen Garten, sehe mich an der kleinen Brücke nicht weit entfernt Enten füttern. Ich spüre den stechenden Schmerz beim Auftreten, als ich mir mit fünf den Mittelfußknochen gebrochen habe. Ein langer Fußweg vom Spielplatz ins Krankenhaus. Die Mohnblumen auf dem Weg, als ich mit knapp sechs die Nasenpolypen entfernt bekam.

Ich sehe den Wagen, der gerade Vorfahrt hat, und gleichzeitig die Korkabsatz-Keilpumps der Krankenschwester damals, als ich klein war. Es fühlt sich an, wie an mehreren Bildschirmen gleichzeitig zu arbeiten und Bilder von einem auf den anderen zu ziehen.

Apropos: Ich muss den Artikel über arabische Weindichtung für Cambridge fertig schreiben. Mist, bin wieder mal spät dran. Aber egal, das Thema macht Spaß, und es fällt mir leicht. Ich sehe auf ein Gedicht und habe schnell Assoziationen. Zum Beispiel diese Wendung am Anfang, mit dem Aufbruch von der Moschee in die Weinschänke … Notiert.

Die Ampel wird grün. Grün ist beruhigend, sagt die Farbpsychologie. Welche Oper ist eigentlich grün? Gute Frage. Rossini ist gelb, oft jedenfalls, genau wie Mozarts g-Moll-Symphonie. Es gibt ein Bild von Kandinsky, das aussieht wie diese Symphonie. Verdi ist meistens Caravaggio-rotbraun. Komisch, höre ich keine grünen Opern? Ah, Moment: Rossinis *Guillaume Tell* geht in die Richtung! Na also.

Die Szene aus meinem Buch legt sich wieder auf meine Windschutzscheibe. Ich passiere das Paläontologische Institut in der Richard-Wagner-Straße, und lautlos knallt mir der *Tannhäuser* aus meinem Gehirn in die Ohren. In dem Institut haben sie einen Triceratops-Schädel. Kreidezeit. Ich mag ja unter den Erdzeitaltern auch das Devon, es ist so archaisch. Meditativ. Die Zeit, als die ersten Lebewesen aus dem Wasser kommen und das Land erobern. Neue Welten entdecken. Vor meinem inneren Auge entsteht eine Sumpflandschaft, ein Schelfmeer vielleicht, mit Farnen, Schachtelhalmen, Ursalamandern und großen, flügellosen Insekten.

Ich fahre auf den Königsplatz, und der Triceratops und die Farnlandschaft des Devon verblassen. Die Propyläen gewinnen Kontur, vermischt mit denen auf der Athener Akropolis. Wieder mehrere Bilder, die übereinanderliegen. Glyptothek. Antikensammlung. Während ich das Auto scharf in die Kurve lenke, ziehen die Jahrtausende an mir vorbei. Griechischunterricht. Sokrates, die berühmtesten Abgüsse in der Glyptothek. Der Schulausflug in die Antikensammlung, der Besuch der Etruskerausstellung, die Wärme der von der Sonne aufgeheizten Steine, wenn man im Sommer hier sitzt, der Geschmack des Tees, den ich beim letzten Besuch im Café der Glyptothek getrunken habe. Die griechischen Atomisten waren schon ziemlich weit, was die moderne Physik betrifft, wenn man bedenkt, welche Mittel sie hatten. Witzig, dass Physik und Philosophie so lange eines waren. Wenn ich es mir recht überlege, konnte ich immer mit den Naturphilosophen und den Dichterphilosophen am meisten anfangen. Ich liebe es, wie mir die Sonne ins Gesicht scheint. Habe ich eigentlich in meiner Szene an dieses Detail gedacht? Ich mag es, wenn die ersten Frühlingsblumen aus dem Boden kriechen. Da will jemand die Spur wechseln. Ich lasse ihn rein, Nettigkeit ist selten genug in dieser Stadt, und ich habe Zeit. Die Sonne weckt die Natur auf. Ich kann förmlich spüren, wie die Energie aus dem Boden in die Grünflächen schießt. Da sitzen Leute auf den Stufen. Angenehme Stimmung, bis auf die beiden da ganz links, die scheinen sich zu zoffen.

Ich passiere das NS-Dokumentationszentrum. Unangenehm, hier vorbeizufahren, beklemmend der bloße Anblick des Gebäudes, als könnte ich fühlen, worüber im Inneren berichtet wird. Schutzschilde aktivieren. Ich konzentriere mich auf den Kreisverkehr. Nicht mehr weit von der Staatsoper. Ich denke an den letzten Opernbesuch. Obwohl ich gar nichts höre, kann ich die Musik noch spüren. Auch wenn ich selbst auf der Bühne stehe und die Schallwellen auf mich prallen, von anderen Sängern, von

Orchester oder Klavier, spüre ich es körperlich. Okay, jetzt aber mal weg mit den Folien auf der Windschutzscheibe. Dahinten kommt die Tram. Danke, Hirn, fürs Mitdenken.

Laut dem Psychologen Wolfgang Schmidbauer gaben in Umfragen gut 90 Prozent der Befragten an, sich für überdurchschnittlich intelligent zu halten – tatsächlich sind es nur 13,6 Prozent einer Altersgruppe (IQ 115–129). Hochbegabt (IQ 130 und mehr) sind weitere etwa 2,3 Prozent.

Intelligenz ist also offenbar eine Eigenschaft, die so positiv besetzt ist, dass die meisten Leute gern mehr davon hätten als andere (nichts anderes bedeutet »über-durchschnittlich«). Das ist vermutlich der Grund, warum sie bisweilen nicht allzu nett reagieren, wenn sie begreifen, dass jemand anders intelligenter ist als sie.

Es war Oscar Wilde, der sagte, dass man sehr vorsichtig mit Wünschen sein solle. Denn es könne sein, dass sie in Erfüllung gingen. Wer sich also wünscht, hochbegabt zu sein, sollte weiterlesen – und dann entscheiden, ob er immer noch intelligenter sein will als 98 Prozent der anderen.

In dem Film *Lucy* von Luc Besson spielt Scarlett Johansson eine junge Frau, die durch eine Überdosis einer neuen Droge plötzlich märchenhafte Geisteskräfte erreicht. Der Film basiert auf dem sogenannten »Zehn-Prozent-Mythos«, der aus der Esoterik stammenden Annahme, dass der Mensch nur etwa 10 Prozent seiner Gehirnkapazität auch nutze. Lucy kommt im Laufe des Films auf 100 Prozent. Als sie bei 20 Prozent ist, zeigt sie alle Anzeichen einer hoch sensiblen Hochbegabten: Sie versteht wissenschaftliche Zusammenhänge, die ihr völlig fremd waren, ihre Erinnerung reicht bis in ihre früheste Kindheit zurück. Sie sieht und hört alles, spürt sogar das Wasser, das durch den Stamm eines Baums strömt. Eine Fülle von Details.

Okay, danach wird es ein bisschen wild: Lucy entwickelt die Fähigkeit, andere zu kontrollieren, ihre eigene Gestalt zu verändern, sich in Telefone, Fernseher und Radios einzuloggen und am Ende, ehe sich ihre Zellen einzeln auflösen, gar via Geisteskraft einen gigantischen leistungsstarken Computer zu erschaffen, der all ihr Wissen konserviert.

Das können wir Hochbegabten nicht.

Natürlich ist das ein Film, und in Filmen geht es selten wissenschaftlich sauber zu. Der Zehn-Prozent-Mythos ist natürlich Unsinn, unser Gehirn arbeitet weit mehr, als uns bewusst ist, es ist selbst an so einfachen Prozessen wie unserer Atmung beteiligt. Macht aber nichts, der Film zeigt in schönen Bildern das Multiversum, das im Kopf von Hochbegabten entsteht.

Das normale Leben in einem hochbegabten Kopf ist multidimensional. Um nicht zu übertreiben: Es ist nicht wie bei der Stringtheorie mit ihren zig Dimensionen. Aber die Beschreibung von vorhin kann es eigentlich nicht zufriedenstellend wiedergeben. Denn tatsächlich laufen die Dinge, die ich hier notgedrungen nacheinander aufzähle, simultan ab. Das bedeutet, während ein Teil meines Hirns mit dem Autofahren beschäftigt ist, macht ein anderer die Analyse des altarabischen Gedichts, ein dritter hört Musik, die nicht da ist, ein vierter erinnert sich an die Krankenschwester in meiner Kindheit. Gut, dass mich gerade niemand anspricht. Täte man es, könnte es gut passieren, dass ich zunächst einige Folien wegräumen muss, ehe ich antworte. Deswegen kann es schon mal sein, dass ich auf der Straße wirke, als hätte ich nicht alle Tassen im Schrank.

Man sagt von manchen historischen Personen, etwa Napoleon, dass sie mehrere Dinge gleichzeitig tun konnten. Ich denke, dass das sehr viel mehr Menschen konnten und können als nur Napoleon. Nur hielt es bei den meisten niemand für nötig, die Nachwelt davon zu informieren.

Ich habe gelernt, dass mich die meisten Menschen komisch ansehen, wenn ich mich mit ihnen unterhalte und nebenher einen wissenschaftlichen Artikel schreibe oder ein arabisches Gedicht in einer Anthologie suche. Sie denken dann, ich nehme sie nicht ernst, dabei tue ich das durchaus. Aber warum sollte ich deshalb die freiliegende Hirnkapazität verkommen lassen? Dennoch mache ich so etwas heute meistens nur am Telefon, wenn der Gesprächspartner nichts davon mitbekommt. Sicher, bei einigen Dingen muss oder will auch ich mich voll und ganz in eine Sache versenken. Aber gerade im Alltag spart es Zeit, mehrere Dinge parallel zu tun.

Der Unterschied zum normalen Denken wurde mir erst klar, als ich durch das Bore-out vorübergehend nicht zu diesem parallelen Denken in der Lage war. Plötzlich konnte ich, wenn ich zum Beispiel einen Einkaufszettel schrieb, nichts anderes mehr nebenher machen. Der Alltag kostete so viel mehr Zeit. Ich fühlte mich, als hätte ich statt fünf Fingern nur noch einen an jeder Hand.

Man kann die unterschiedlichen Denkvorgänge vielleicht mit dem Bild eines Überwachungsraums veranschaulichen: In der normalen Version hat ein Portier einen Bildschirm, auf dem er nacheinander die Bilder der Überwachungskameras ansehen kann. Will er zum Beispiel vom unteren Flur in das Stockwerk darüber wechseln, muss er umschalten und sich die Kamera oben anzeigen lassen. Mein Hirn ist eher eine CIA-Zentrale mit mehreren Bildschirmen. Alle laufen in einem Computer zusammen, der permanent die wichtigen Informationen von den unwichtigen trennt und parallel die wichtigen verarbeitet.

Als ich unter Bore-out litt, war meine Festplatte beschädigt. Und der Computer, der darauf angelegt ist, Informationen aus vielen Bildschirmen zu verarbeiten, war plötzlich völlig überlastet. Noch einmal anders ausgedrückt: Ein Programm zum Erstellen von 3-D-Filmen konnte plötzlich statt der verschiedenen Aufnahmen aus unterschiedlichen Perspektiven nur noch eine einzige verarbeiten, so wie eine gewöhnliche Handykamera.

Die Fähigkeit zum parallelen Denken scheint auf den ersten Blick sehr cool. Das ist sie auch – wenn das Umfeld genauso tickt.

Aber habt ihr schon mal einen 3-D-Film ohne 3-D-Brille angeschaut? Willkommen im Chaos.

VIELE PERSPEKTIVEN VERDERBEN DEN BREI

Es gibt Leute, die sind der Ansicht, Hochbegabte würden nicht anders denken als andere, nur schneller. Obwohl ich selbst zu den Schnellen gehöre – Umberto Ecos *Das Foucaultsche Pendel* habe ich an einem Abend gelesen, vier Karl-May-Romane an einem Tag waren in meiner Pubertät keine Seltenheit – muss ich da widersprechen. Viele Forschungsarbeiten beweisen das Gegenteil – ganz zu schweigen von den Betroffenen selbst und den Psychologen, die mit ihnen arbeiten und sie tagtäglich live vor sich sehen. Wir denken nämlich tatsächlich oft sehr kompliziert, sozusagen um fünf Ecken. Oder aus vielen Perspektiven. Das ist nur natürlich, denn was soll das Gehirn denn sonst mit der durch die Schnelligkeit gewonnenen Kapazität anfangen? Allerdings ist es nicht immer von Vorteil.

Zur Veranschaulichung eine Fragebogensituation, in der mir die simple Frage gestellt wurde: Wer hat mehr Lebenserfahrung? Möglichkeiten zum Ankreuzen: Antwort A: der Vater. Antwort B: der Sohn. Antwort C: Weiß nicht. Antwort D: Beide gleich.

Die meisten Menschen dürften hier Antwort A wählen. Was aber macht eine hochbegabte Person? Ich fragte mich zuerst: Lebenserfahrung – wie ist das gemeint?, das ist so allgemein, quantitativ oder qualitativ? Natürlich ist der Vater älter als der Sohn, und quantitativ bedeutet das natürlich auch mehr Lebenserfahrung. Aber was, wenn der Vater als Bauer ein relativ eintöniges, erfahrungsarmes Leben führt, während der Sohn als Topmanager um die Welt jettet? Dann ist der Vater zwar älter, aber mehr Erfahrungen unterschiedlicherer Art hat sicher der Sohn gemacht, er wird weltgewandter und in variierenden Kontexten sicherer auftreten. Oder was, wenn der Vater kurz vor der Geburt des Sohnes ins Koma fiel und bis heute nicht aufgewacht ist? Wenn der Sohn inzwischen älter ist, als der Vater damals war, dürfte der Sohn mehr Lebenserfahrung haben, auch wenn er rein nach Jahren gerechnet der Jüngere ist. Oder, eine Variante davon: Die Frage verrät uns ja nicht einmal, ob beide überhaupt noch leben. Was, wenn der Vater nur zwanzig Jahre alt wurde, der Sohn aber achtzig? Dann hat der Sohn mehr Lebenserfahrung. So wird in Nullkommanichts aus einer albernen Zweitklässler-Aufgabe eine philosophische Abhandlung, in der dann gewöhnlich auch noch Fragen gestellt werden, wie Lebenserfahrung überhaupt zu definieren ist und so weiter …

Nicht lachen. Ich schrieb: Unklar.

Ganz ähnlich erging es meiner Tochter. Im Matheunterricht bekamen die Kinder Bilder mit Fußspuren von Tieren gezeigt. Auf einem Bild war eine Fußspur mehr. Sie sollten nun sagen, welches Bild auf den Boden gefallen war. Natürlich wurde die Antwort erwartet: Das mit der einen Spur mehr.

Natascha hingegen stellte Überlegungen an. Die Spuren gehörten zu Rehen. Aber wer hängt denn Bilder im Wald auf?

Hätte die Frage gelautet: Welches Bild unterscheidet sich von den anderen?, wäre der Fall für sie völlig klar gewesen. Natürlich bemerkte sie die zusätzliche Spur. Aber da ihr die Situation zu absurd vorkam und nicht glaubwürdig ausgearbeitet war, antwortete sie nicht.

Wenn du Sherlock Holmes bist und Verbrechen aufklären sollst, ist diese Art zu denken hilfreich. Im Alltag stört sie eher, und bei Persönlichkeitstests erhält man meistens eine Summe von einander widersprechenden Eigenschaften bescheinigt. Leider arbeiten die wenigsten von uns als beratende Detektive. Sollten wir vielleicht.

Man sagt Hochbegabten auch nach, dass sie lieber schwere als leichte Aufgaben vor sich haben. Sagen wir so: Die Aufgabe sollte den Fähigkeiten angemessen sein. In Bereichen, in denen man normalbegabt ist, sind normale Aufgaben völlig angemessen. Ich reiße mich nicht darum, die Wurzel aus 56 169 im Kopf zu berechnen (wozu gibt es Taschenrechner?). In Bereichen, in denen man besondere Fähigkeiten hat, wird man allerdings zu schwereren tendieren.

Im Russischunterricht, den ich an der Schule nebenher besuchte, beschäftigten wir uns relativ lange mit einfachen Sätzen. Ich neige dazu, bei Fremdsprachen sehr schnell zu komplexen Texten überzugehen, weil es mir leichter fällt, die Grammatik anhand komplexer Texte zu erarbeiten als monatelang Übungen zu pauken, ehe ich den ersten »echten« Text zu sehen bekomme. Später, während des Studiums, hatte ich eine russlanddeutsche Mitbewohnerin. Und die war im Besitz einer Ausgabe von Dostojewskijs *Die Brüder Karamasow* – sowie von reichlich Geduld, denn sie las mit mir den ganzen Dialog zwischen Iwan und Aljoscha Karamasow auf Russisch. Ich musste ständig nach Vokabeln fragen, aber es machte einen irrsinnigen Spaß. Und hinterher hatte ich das Gefühl, viel mehr gelernt zu haben als je zuvor.

Hin und wieder liest man, dass viele Hochbegabte ein ausgeprägtes Bilderdenken haben. Nachdem ich im räumlich-bildlichen Denken überraschend gut abgeschnitten hatte, habe ich mir den Spaß gemacht, einen Test dazu auszuprobieren: Er wurde entwickelt von dem japanischen Psychologen Akiyoshi Kitaoka und soll angeblich zeigen, ob man eher die rechte oder die linke Gehirnhälfte nutzt. Sieht man die Tänzerin sich im Uhrzeigersinn drehen, ist es die rechte, sieht man sie gegen den Uhrzeigersinn, ist es die linke. Beziehungsweise, da die Sache mit den Gehirnhälften zunehmend hinterfragt wird: Liegt die Stärke eher im räumlich-bildlichen oder im sprachlich-analytischen Bereich? Leider funktioniert der Test bei mir – natürlich, wieder mal – nicht. Ich sehe die Tänzerin sich mal in die eine, dann in die andere Richtung drehen. Betrachte ich die Illusion länger, macht sie einen Sprung, um die Richtung zu wechseln. Meinem Mann und meiner Tochter geht es übrigens genauso. Vielleicht stellen ja sprachlich-analytisches und räumlich-bildhaftes Denken keine so großen Gegensätze dar, wie manche meinen.

Vermutlich hat Kitaoka die Figur für Menschen mit einer sehr dominanten Hirnhälfte entwickelt. Die Hirnforschung zeigt, dass Männer oft eine dominante Gehirnhälfte haben, während bei Frauen die Verbindungen zwischen beiden Hirnhälften besser ausgeprägt sind. Dabei wird aber ausdrücklich betont, dass das keine Aussage über »typisch männliches« oder »weibliches« Denken oder gar Intelligenz darstelle, sondern einfach nur zeige, dass ein Gehirn mit unterschiedlichen Methoden zum gleichen Ergebnis kommen könne. Ich darf hinzufügen, dass die Verbindung zwischen beiden Gehirnhälften im Übrigen auch bei allen sehr gut ist, die – etwa berufsbedingt – regelmäßig beide Körperhälften gleichermaßen benutzen. Wie bei meinem Mann, der jahrelang auf semiprofessionellem Niveau Geige gespielt hat.

Tatsächlich mag ich aussagestarke Grafiken, was für ein Bilderdenken spricht: weil sie mich mit einem Blick erfassen lassen, was selbst bei meiner Art zu lesen sonst länger dauern würde. Gleichzeitig aber nerven mich weniger aussagekräftige Grafiken entsetzlich. Nichts ist schlimmer, als in eine Grafik zu pressen, was man viel besser ausformulieren kann.

Ich sehe wenig Widerspruch zwischen sprachlich-analytischem und räumlich-bildhaftem Denken. Übrigens habe ich dabei prominente Unterstützung von verschiedenen Seiten. Im Marburger Hochbegabtenprojekt wurde zum Beispiel ein Zusammenhang zwischen sprachlicher Intelligenz und Kreativität (die im Prinzip mit divergentem Denken, aber gern auch mit dem räumlich-bildhaften Denken verbunden wird) festgestellt. Geradezu hastig versicherte man aber auch, das bedeute nicht, dass in Zukunft in IQ-Tests auch Kreativität getestet werden solle. Warum eigentlich nicht? Natürlich kann man über die Qualität von Kreativitätstests diskutieren – aber auch über die von IQ-Tests. In den Niederlanden wird Kreativität ganz natürlich als Aspekt von Hochbegabung betrachtet, und man hat, wie wir unten sehen werden, sehr gute Gründe dafür. Alle Hochbegabten, die ich kenne, denken multiperspektivisch, kreativ und abstrakt. Aber natürlich kann das schon mal zu Kollisionen im Alltag führen – oder eben bei einem Persönlichkeitstest.

Tatsächlich erfindet mein Sprachzentrum oft Dinge, die mir dann andere Hirnareale so lebhaft als Bild vor Augen führen, dass ich sie beinahe sehen kann.

Manchmal sehe ich verschiedene Möglichkeiten gleichzeitig fast real vor mir. Bevor ich einen Comic zeichne zum Beispiel, aber auch im Alltag: etwa die Tram, die sich nähert, während ich mit meinem Auto über die Kreuzung fahre. Natürlich fahre ich weiter. Aber parallel sehe ich, was passieren würde, wenn ich das nicht täte. Crash, Unfall, Krankenhaus. Ich kann es fast bildhaft sehen. Sozusagen ein Mini-Multiversum im eigenen Kopf.

Hin und wieder bin ich in Versuchung, eine solche Alternative auszuprobieren, nur so aus Neugierde. Dann aber schaltet sich natürlich die Kommandozentrale in meinem Hirn ein und sagt: »Sag mal, spinnst du? Nur um zu sehen, ob es tatsächlich passieren würde oder es noch mehr Möglichkeiten gibt?! Hast du vergessen, dass du danach nicht zurückspulen kannst? Du hast sie doch nicht alle! Fuß aufs Gas, und mach die verdammte Kreuzung frei!«

WENN DER HORIZONT ZU NAHE RÜCKT

Es hat sehr lange gedauert, bis mir klar wurde, dass nicht alle Menschen die Welt so sehen wie ich. Eins meiner liebsten Bücher ist *Das Foucaultsche Pendel* von Umberto Eco. Ich könnte mich kaputtlachen über seine subtilen Anspielungen und seine brillanten Querverweise. Eine Stelle, die ich besonders mag, ist die, wo beschrieben wird, wie man in fünf Assoziationsschritten von

Würstchen zu Platon kommt: Würstchen – Schwein – Pinsel – Idee – Platon. Der Schritt vom Pinsel aus Schweineborsten zur Idee ist natürlich die eigentliche mentale Leistung. An einer anderen Stelle erklärt Eco die kabbalistischen Sephirot anhand eines Automotors. Ich war als Studentin von diesem Buch so fasziniert, dass ich damit experimentierte, im selben Stil zu assoziieren und Metaphern zu bilden. Das hatte ungeahnte Spätfolgen:

Kongress in Finnland. Es ist ein äußerst würdevoller Abend, mit Eröffnungsvortrag, Ansprache des Präsidenten meines europaweiten Orientalistenverbands und schließlich ein Empfang – die Sorte, wo man Fachdebatten zu Themen wie der Bedeutungsverschiebung des Wortes *hamd* führt und ansonsten ein wenig steif mit einem unberührten Sektglas in der Hand wissenschaftlichen Smalltalk pflegt. Aber da, hurra, ein bekanntes Gesicht: meine Urdu-Dozentin aus meiner Studentenzeit in Tübingen. Eine sympathische Person, mit der man immer Pferde stehlen konnte. Mittlerweile hat sie ihre eigene Professur. Wir kommen ins Gespräch. Jemand stößt dazu, und sie stellt mich vor:

»Und diese Lady hier hat mir als Studentin den gnostischen Kosmogoniemythos anhand einer Espressomaschine erklärt!«

NEIN!

Stimmt schon, habe ich. Das ist durchaus logisch, wenn man Eco im Kopf hat. Die Professorin meinte das übrigens als Kompliment – sie ist nämlich auch eine von der verspielten Sorte. Aber wie vorauszusehen, kam das Erklären gnostischer Mythen mit profanen Espressomaschinen auf einem wissenschaftlichen Fachkongress nicht so gut an. Der würdige Herr, dem ich solchermaßen vorgestellt wurde, blickte sich denn auch etwas irritiert um und ergriff schleunigst die Flucht.

Manchmal mache ich solche Sachen. Ich weiß, es ist der wissenschaftlichen Reputation nicht förderlich, aber ich kann nichts dagegen tun. Bei so viel Gewichtigkeit muss ich das Ganze immer mal ein bisschen aufbrechen und spielen, sonst bekomme ich intellektuelle Platzangst. Wenn der Horizont zu nahe rückt, breche ich aus ins Multiversum. Aber es kann natürlich sein, dass mir solche Sachen dann Jahre später auf einem Kongress um die Ohren fliegen.

NERD ODER NICHT NERD – DAS IST HIER DIE FRAGE

Die allgemeine Vorstellung von Hochbegabten liest man immer wieder in Illustrierten. Neben dem Stereotyp, dass sie angeblich emotional ein wenig verkrüppelt und labil sind und zum Asperger-Syndrom tendierten, gibt es natürlich noch mehr. Zur allgemeinen Erheiterung fasse ich mal die geläufigsten zusammen:

Sie mögen Alkohol und Katzen. – Katzen? Ja, ich mag sie. Aber ich mag auch sehr viele andere Tiere. Außerdem ist die Katze neben dem Hund das häufigste Haustier. Fast die Hälfte der rund 30 Millionen Haustiere in Deutschland sind Katzen. Während Hochbegabte nur gute 2 Prozent der Bevölkerung stellen.

Alkohol? Dann müsste es in Frankreich oder Bayern deutlich mehr Hochbegabte geben als, sagen wir, im Iran, was natürlich Unsinn ist. (Wobei man nicht unterschätzen sollte, dass ein hoher Prozentsatz der iranischen Bevölkerung heimlich Hochprozentiges brennt. Und die Tatsache, dass so wenige von ihnen dabei erwischt werden, spricht natürlich wieder für die Intelligenzthese.) Bestimmt schätzen viele Hochbegabte auch mal einen guten Wein oder einen Cocktailabend. Aber wer nicht?

Sie haben wenig Freunde. – Okay, erwischt. Aber liegt das an uns oder daran, dass womöglich nicht wenige Mitmenschen unsere bloße Existenz als Frechheit betrachten? Dürfte also variieren, je nachdem wie die Gesellschaft mit Hochbegabten umgeht.

Sie sind Erstgeborene. – Meine Güte, wie viele Erstgeborene gibt es? Etwas mehr als die 2 Prozent Hochbegabten, oder? Zufallstreffer.

Sie mögen Trash. – Jein. Trash ist Definitionssache. Ist ein süffiger Genreroman Trash und eine langweilige Aneinanderreihung von Banalitäten hohe Literatur? Gut gemachtes, ehrliches Genre ist mir lieber als pseudointellektueller Mist, dem die Dummheit aus allen Poren trieft. Sagen wir mal so: Gut gemachtes Genre lieber als schlechte Literatur. Aber gute Literatur lieber als alles andere.

Sie sind kurzsichtig. – 25 Prozent der Deutschen sind kurzsichtig, Tendenz steigend. Wenn das alles wäre!

Und natürlich: Sie sind Nerds. – Nö. »Nerd« ist Definitionssache und hängt von kulturell bedingten Gruppenidealen ab. Wieso ist jemand, der auf Schiller, IT oder Quantenphysik steht, ein Nerd und jemand, der auf Robert Downey Jr. oder Kim Kardashian steht, keiner? Mit meinen Interessen wäre ich im frühen 9. Jahrhundert in Bagdad absolut angesagt gewesen. Heute und hier nennt man mich vermutlich Nerd. Die Definition von »Nerd« sagt mehr über die Kultur des Umfelds aus als über die so Titulierten.

Also vergrabe ich meine Nase in der wissenschaftlichen Literatur und stelle fest: Nicht immer ist sie sehr viel hilfreicher als die Klischeekiste. Die einzigen Definitionen, bei denen sich eine Hochbegabung mit wissenschaftlichen Methoden nachweisen lässt, sind diejenigen, die sie an Intelligenz knüpfen. Aber in der deutschsprachigen Literatur existieren dazu diverse, einander oft widersprechende Modelle – als hätte man noch immer große Schwierigkeiten mit Hochbegabung und würde sie bloß mit der Kneifzange anfassen. Den Kompass für meinen Tauchgang ins Unbekannte finde ich endlich in den Niederlanden: das sogenannte Delphi-Modell nach der von Kooijman-van Thiel herausgegebenen Publikation *Hoogbegafd*.

Das Delphi-Modell definiert Hochbegabung umfassend und orientiert sich an der Lebenswirklichkeit. Neben Intelligenz und der Fähigkeit, komplex und schnell zu denken, werden auch die Manifestationen dieser Intelligenz im Charakter beschrieben: Neugierde, Begeisterungsfähigkeit und Autonomie. Im Wesen zeigt sich die Begabung als hohe Sensibilität und Gefühlsreichtum, intensives Leben sowie Kreativität und schöpferisches Herangehen.

WAS MESSEN EIGENTLICH IQ-TESTS?

»Schön und gut«, hatte mein wissenschaftliches Ich schon damals, als ich noch über den Test nachdachte, gesagt. »Das übliche Mittel der Diagnose bleibt also vorerst der IQ-Test. Wenn du Klarheit willst, musst du da durch.«

»Wird mir wohl nicht erspart bleiben«, seufzte ich. Ich hatte schreckliche Angst davor. »Natürlich gibt es auch außergewöhnliche Begabungen in Bereichen, die ein IQ-Test überhaupt nicht erfasst, zum Beispiel im musikalischen oder im sportlichen Bereich. Doch können sie zum momentanen Zeitpunkt erst erkannt werden, wenn sie sich auch in performance manifestieren: wenn also die Person Leistungen erbringt, die ihrer Begabung entsprechen.«

Mein wissenschaftliches Ich grinste breit. »Schlechte Nachrichten für die Fans von Tenor-Witzen, die in Musikerkreisen ja das Äquivalent zum Blondinenwitz sind: Bisweilen sind künstlerische und intellektuelle Hochbegabung auch miteinander verbunden.«

»Nett von dir, dass du mich aufheitern willst.« Fast empfand ich so etwas wie warme Zuneigung für mein wissenschaftliches Ich. Es schien ihm unheimlich zu sein, denn schnell war es wieder ganz das alte:

»Vor dem Hintergrund der neuen Entwicklungen in der Hirnforschung könnte man IQ-Tests in naher Zukunft durch andere, maschinelle Verfahren ersetzen, meinst du nicht? Schon jetzt kann man zum Beispiel sichtbar machen, dass hochintelligente Gehirne weniger Areale aktivieren müssen, um dasselbe Ergebnis zu erhalten wie ein normales. Das könnte äußere Faktoren wie zum Beispiel deine alberne, irrationale Panik noch besser ausschließen und noch zuverlässigere Diagnosen ermöglichen.« Es grinste frech. »Wäre nur unschön für all diejenigen, die im Moment ihr Geld mit IQ-Tests verdienen.«

Ich zerknüllte nervös die Kopien meines Anmeldebogens. »Dann schafft man eben statt neuer IQ-Tests das neue Gerät an. Aber du hast recht: Ein wissenschaftlicher IQ-Test wird im Moment normalerweise von einer darauf spezialisierten psychologischen Praxis oder einer anerkannten Beratungsstelle durchgeführt. Er misst die geistigen Fähigkeiten in verschiedenen Bereichen wie sprachlogisches, formallogisches (logisch-analytisches), räumlich-bildliches Denken, Verarbeitungsgeschwindigkeit des Gehirns, Konzentration und Kurzzeitgedächtnis sowie – je nach Test – auch in ein paar geläufigen Kulturtechniken wie zum Beispiel Kopfrechnen und Allgemeinwissen. Die Aufgaben müssen innerhalb einer festgelegten Zeitspanne erledigt werden. Je nach Test kann die Gewichtung der einzelnen Bereiche variieren bzw. ihre Anzahl schwanken. Der Gesamt-IQ wird als Durchschnitt der Ergebnisse in den Teilbereichen im Vergleich mit der Altersgruppe errechnet. – Oh, verdammter Mist. Ich kann das nicht!«

Mein wissenschaftliches Ich lachte schallend. »Ach, hör auf. Wissenschaftliche IQ-Tests sind standardisiert, geschlechtsneutral und weitgehend statusunabhängig. Nur für den Sprachteil benötigt man natürlich gute Kenntnisse in der jeweiligen Landessprache. Akademiker sind bei diagnostizierten Hochbegabungen übrigens keineswegs überproportional vertreten, was mich nicht wundert. Hochbegabung betrifft nicht das Wissen einer Person, sondern die Art, wie sie es sich aneignet. Es geht um die Leistungsfähigkeit des Gehirns. Genau das ist ja der Unterschied zwischen Schulnoten und IQ-Test.«

»Na vielen Dank. Als Akademikerin beruhigt mich das ja außerordentlich.«

Als ich den Test dann doch endlich abgelegt und mich wieder halbwegs beruhigt hatte, konnte ich endlich alles noch einmal Revue passieren lassen. Das nächste Gespräch mit meinem wissenschaftlichen Ich zum Thema fiel entsprechend entspannter aus. Auch wenn es sofort anfing, die Schwächen der Testverfahren zu analysieren.

»Ein Problem der gängigen Tests ist, dass wichtige Bestandteile des Delphi-Modells wie kreatives und autonomes Herangehen an Probleme damit nicht erfasst werden können«, quengelte es. »Auch das große Detailwissen Hochbegabter – bei gleichzeitiger Ignoranz allem ›Uninteressanten‹, ›Langweiligen‹ gegenüber – kann damit nicht abgebildet werden. Fast alle Fragen funktionieren nach dem Multiple-Choice-System. Aber gerade Hochbegabte haben mit diesem System oft Schwierigkeiten, weil sie meist komplexer denken, als es die Antworten zulassen.«

Man musste dem kleinen Miststück ja zugestehen, dass es bisweilen recht hatte.

»Ja, darüber haben wir schon gesprochen. Allerdings haben die Tests noch mehr Schwachpunkte: Sie definieren Intelligenz vor allem mathematisch-naturwissenschaftlich. Sprachlich Hochbegabten stellt sich das Problem, dass die Sprachteile mancher Tests eine Hochbegabung kaum zu erfassen imstande sind. Wenn der Begabungsschwerpunkt nun ausgerechnet hier liegt, kann die Hochbegabung verborgen bleiben. Es wäre also gut möglich gewesen, dass mein Großvater, der über vierzig Sprachen beherrschte, aber keinen Nagel in die Wand schlagen konnte, von einem normalen IQ-Test keine Hochbegabung bescheinigt bekommen hätte.«

Mein wissenschaftliches Ich grinste. »Das Praktische war nicht so sein Ding, stimmt's? Wobei nicht wenige Professoren der Geisteswissenschaften diese Attitüde genüsslich kultivieren, wie wir ja beide wissen. – In der Tat wurden die wenigsten IQ-Tests auch tatsächlich zur Diagnose von Hochbegabung entwickelt, sondern sind am Durchschnitt ausgerichtet. Daher sind zahlreiche Tests nach Aussage ihrer Autoren zur Intelligenzmessung oberhalb eines IQ von 130 nicht geeignet. Fachleute wie A. Jacob raten vor allem von Grund-IQ-Tests, Gruppendiagnostik und Tests ohne Sprachteil (wie der CFT-Reihe oder dem Raven-Matrizentest) als alleinige Verfahren zur Hochbegabungsdiagnostik ab.«

»Keine gute Nachricht für die Mensa-Mitglieder, die ihr Ergebnis im Mensa-Gruppentest erhalten haben.«

»Es liegt doch auf der Hand, warum, das müsstest sogar du sehen: Nonverbale Tests benachteiligen logischerweise sprachlich Begabte. Die CFT-Reihe ist darüber hinaus vor allem für IQs unterhalb von 120 geeignet. Bei Begabteren drohen gravierende Messfehler, das Ergebnis kann also deutlich zu niedrig ausfallen, wovor U. Kippmann bereits 2011 warnte. Immerhin, für Kinder und Jugendliche gibt es inzwischen Tests speziell zur Messung hoher IQs. Vor allem bei Erwachsenen hingegen kann es noch immer leicht vorkommen, dass eine Hochbegabung durch einen ungeeigneten Test unsichtbar bleibt.«

»Oh, du hast recherchiert. Stimmt. Zu niedrige Messungen sind außerdem möglich, wenn Aufregung, Müdigkeit oder Konzentrationsprobleme das Ergebnis beeinflussen. Gewöhnlich fällt ein für die Hochbegabungsdiagnostik geeigneter Test aber nicht zu hoch aus. Die Tests geben Toleranzspannen von mehreren Punkten plus/minus an. Das bedeutet, dass gerade im Übergangsbereich um 130 Punkte Fehldiagnosen möglich sind – wer deutlich darüberliegt, kann allerdings mit einiger Sicherheit von einer Hochbegabung ausgehen.«

»Uh. Ist es das Impostor-Syndrom, wenn ich jetzt sage: Glück gehabt?«

Ich warf eine Papierkugel nach ihm. »Nein. Einfach nur blöd.«

ERKENNE DICH SELBST

STREIFZUG DURCH DAS DELPHI-MODELL VON KOOIJMAN-VAN THIEL

Das Orakel von Delphi liegt in einer magischen Landschaft. Oberhalb erhebt sich der doppelte Gipfel des Parnassos, Inbegriff der zwei Seelen, die in der Brust wohnen. Von der rituellen Waschung an der Kastalischen Quelle ging es steil bergauf in den heiligen Bezirk, vorbei an den Schatzhäusern mit Opfergaben. Auf einem davon stand das berühmte »Erkenne dich selbst«, möglicherweise mit dem Nachsatz »dass du sterblich bist«. Oberhalb, mit dem weiten Blick über den heiligen Bezirk, thront der Tempel der Pythia, der Apollopriesterin, wuchtig, ausladend. Erbaut über einer Spalte, aus der giftige Dämpfe aus dem Inneren der Erde drangen. Dämpfe, welche der Priesterin die Gabe der Weissagung verliehen, wie man hier glaubte. Das Irrationale neben dem Rationalen, die Stimme der Götter neben denen der Menschen: Nicht weit davon die Ruinen des Theaters, Schauplatz früherer Dichterwettkämpfe: ein einsamer Vorposten der Kultur, mitten in der Wildnis, die klaren Linien des kreisförmigen Baus inmitten des Naturhaften. Ein kühler Hauch weht von den Gipfeln und bewegt die flirrende Luft. Pinien klammern sich in die Felsen, und es riecht nach Thymian. Jeden Fußbreit Boden nutzen die Tempel. Zum Meer hin, das in der Ferne zu erkennen ist, fallen die Berge steil ab. Die silbrigen Blätter zahlloser Olivenbäume flimmern in der Hitze.

Dionysos und Apollon wurden hier im Wechsel verehrt: Ordnung und Chaos – Friedrich Nietzsche, in vieler Hinsicht ein Klischee-Hochbegabter, hat auf diesem Doppelaspekt seine *Geburt der Tragödie* aufgebaut. Irgendwie passend, dass das niederländische Modell zur Beschreibung von Hochbegabung den Namen dieses Ortes trägt. Besser könnte man es nicht auf den Punkt bringen: diese Zerrissenheit zwischen den Reichen des Apollon und des Dionysos, diesen ständigen Streit zwischen eiskalter Analyse und brodelnden Emotionen.

SCHNELLIGKEIT IM DENKEN

Ich war Studentin und verliebt.

Mein Angebeteter sitzt mir gegenüber im Café, die Sonne scheint, und überall in großen Kübeln in dem historischen Innenhof duften die Sommerblumen. Er erzählt etwas, und ich hänge an seinen Lippen. Sieht er nicht aus wie … wie hieß der Schauspieler doch gleich? Aber, herrje, warum spricht er nur so langsam? So umständlich und bedächtig? Warum sucht er so lange nach den richtigen Worten, warum zieht er sie, wenn er sie gefunden hat, so entsetzlich in die Länge? Er ist doch so großartig, wie kann das sein? Ich will nicht unhöflich sein. Aber allmählich werde ich doch etwas kribbelig und rutsche auf meinem Stuhl herum. Erst lebhaft, dann ungeduldig.

Irgendwann halte ich es nicht mehr aus: Ich falle ihm ins Wort und vollende seinen Gedanken. Wir müssen doch die Zeit nutzen, sie ist ohnehin viel zu kurz und es gibt noch so viel zu sagen!

Er hält inne. Sieht mich etwas irritiert an und schweigt einen Moment. Dann setzt er an der Stelle ein, wo ich ihn unterbrochen habe, und vollendet den Satz.

Natürlich wurde nichts aus der Beziehung. Und das war nicht meine Entscheidung, wie unschwer zu erraten ist. Im Nachhinein betrachtet war sie selbstverständlich richtig, und ich bin ihm heute sehr dankbar dafür. Wir passten einfach nicht zusammen. Eine Beziehung, in welcher der Motor stottert, kann nicht gutgehen.

Schnelligkeit im Denken ist typisch für Hochbegabte. Das macht die Kommunikation bisweilen schwierig. Wenn es langsam geht, wird es langweilig. Geht es richtig langsam, ist es geradezu Folter. Ich brauchte eine ganze Weile, um zu begreifen, dass die meisten Menschen mich nicht ärgern wollen. Dass es auch nicht so ist, dass sie kein Interesse an mir oder der Sache haben, sondern dass es schlicht ihre Art zu denken ist. Umgekehrt begreife ich erst jetzt, dass meine Ungeduld bei ihnen logischerweise als Arroganz ankam. Wie es hochbegabten Frauen dem Psychologen Wolfgang Schmidbauer zufolge öfter passiert, hatte auch ich meinen Schwarm intellektuell überschätzt. Ups. Wieder ein Fettnäpfchen.

Nicht nur auf dem Paarungsmarkt ist Schnelligkeit ein Selektionsnachteil. Wenn man nach einer halben Stunde an dem Punkt ist, an dem alle anderen erst morgen Abend ankommen werden, hat man ein Problem. Nicht weil man nicht teamfähig wäre – mit einem Team, das ein ähnliches Tempo hat, hätte man kein Problem. Nur, woher das nehmen?

Griechisch-Leistungskurs in der Schule. Wir lesen einen platonschen Dialog, und Sokrates' Gegner, ein Sophist, verteidigt das Recht des Stärkeren. Irgendwann kommt das Argument, dass – vereinfacht gesagt – die Schwachen den Stärkeren widernatürlich durch Gesetze den Machtverzicht aufoktroyieren.

Ich melde mich. »Ja, aber wenn das so ist, dann sind doch jetzt die Schwachen die Starken. Und dann ist doch alles wieder genauso, wie er es haben will. Also, warum beschwert sich der Idiot eigentlich?«

Mein Lehrer sieht mich an. Sein Philosophenbart rutscht nach unten, die Augen hinter der Brille verdrehen sich beängstigend. In seinem verzerrten Gesicht steht geschrieben: Spoiler-Alarm! Spielverderberin! Aber er reißt sich zusammen und sagt: »Ja. So in etwa wollte Sokrates auch kontern. Ein paar Seiten weiter.«

Im Zusammensein mit einem hochbegabten Menschen schrillt ständig der Spoiler-Alarm. Das Überspringen von Arbeitsschritten ist ganz typisch. Wer groß gewachsen ist, tut sich auch schwer, kleinere Schritte zu machen, damit die anderen mitkommen. Ich bemühe mich, aber wenn es doch mal passiert: Es ist nicht böse gemeint, ehrlich.

In meiner Schulzeit zum Beispiel hatte eine Freundin eine Mutter von der ganz langsamen Sorte. Für sie bedeutete es einen veritablen logistischen Aufwand, ein Pausenbrot zu schmieren oder zu einem Ausflug aufzubrechen. Da stießen nun zwei Temperamente aufeinander. Bei gemeinsamen Unternehmungen drehte ich fast durch, es war wohl für uns beide kein richtiger Spaß. Vermutlich war ich ihr ebenfalls ein bisschen unheimlich und sie fragte sich, warum ihre Tochter sich ausgerechnet mit Carrie hatte anfreunden müssen. Jedenfalls bot sie meiner Schwester irgendwann das Du an. Mir dagegen nie.

Wenn ich geglaubt hatte, an der Uni wäre das anders – weit gefehlt. Eine Zeitlang fungierte ich als Vertreterin des akademischen Mittelbaus im Vorstand des Göttinger Seminars. Damals wurde mir allerspätestens klar, dass ich für Politik nicht gemacht bin. Die Vorstandssitzungen waren der Horror. Stundenlang wurde über Themen debattiert, die man problemlos in zwanzig Minuten hätte abhandeln können. Also beamte ich mich weg. Malte Pferde auf mein Notizblatt oder hing einfach irgendwelchen Gedanken nach. Oft überlegte ich einfach nur, welches Paar Schuhe ich kaufen oder was ich am Wochenende unternehmen wollte. Stehen Renovierungsarbeiten an? Könnte ich mit meiner Tochter in ein Museum gehen? Sie interessiert sich gerade für Dinosaurier, und das letzte Mal, dass ich mit ihr in der Paläontologischen Sammlung der Uni war, ist schon eine Weile her. Wenn wir das machen, könnte ich in der Querstraße parken und auch gleich noch das geologische Institut mit abklappern. Sie liebt gerade Vulkane, und dort gibt es ein kleines Diorama. Andererseits könnte ich auch gleich mit ihr ins Museum »Mensch und Natur« in Nymphenburg fahren, das museumspädagogisch natürlich auf viel besserem Stand ist. Wenn das Wetter mitspielt, kann ich danach noch mit ihr in den Schlosspark oder zur Reptilienausstellung …

Im Laufe meines Mansplaining-Zen hatte ich die Maske des interessiert lauschenden Gesichts perfektioniert. Es genügte völlig, zwischendurch eine Minute hinzuhören, einen Kommentar abzugeben und mich dann wieder für eine halbe Stunde der Alltagsplanung zu widmen. Und ich habe den Verdacht, dass ich nicht die Einzige war, die das tat.

Am Ende dieser mehrstündigen Sitzungen fühlte ich mich trotzdem völlig gerädert. Was kostete es bloß für eine verdammte Kraft, ständig die Handbremse festzuhalten!

So paradox es klingt: Schnelligkeit führt zu Faulheit. Ich bin ziemlich faul, und das liegt daran, dass es oft klüger ist, nicht zu zeigen, dass man schneller ist. Man hat dann entweder den Ruf als Streber weg, oder man bekommt mehr Arbeit aufgebrummt, sozusagen als Strafe – schlimmstenfalls beides. Das habe ich ganz tief verinnerlicht. Während meine Mutter dachte, ich mache Hausaufgaben, hatte ich ein Buch unterm Tisch und las Abenteuerromane. Nicht selten sogar während der Schulstunden.

Einmal lief es allerdings so richtig schief mit dem Theater: In der ersten Arabisch-Klausur meines Studiums hatte ich brav meine Grammatik- und Übersetzungsaufgaben abgeschlossen. Ich sah mich um. Noch viel Zeit. Alle schienen sehr beschäftigt. Vermutlich war ich wieder mal zu lässig über die Aufgaben hinweggegangen? Also korrigierte ich alles noch einmal durch. Wieder noch nichts. Ich wollte nicht als Erste abgeben, also sah ich aus dem Fenster. Das wurde natürlich schnell langweilig, und so nahm ich mein Schmierblatt, schrieb den italienischen Text der Arie »Nessun dorma« aus Puccinis *Turandot* darauf – ihr wisst schon, das ist die, die ständig in der Werbung von Tenören geheult wird, meist hört man nur das spektakuläre »vincerò« am Schluss – und fing an, ihn ins Arabische zu übersetzen. Unter Berücksichtigung der Singbarkeit natürlich im passenden Versmaß, sonst hätte es ja keinen Sinn ergeben. Die Zeit war dann endlich um, und ich wollte mein Papier zusammenknüllen und verschwinden lassen, da hieß es: »Schmierblätter mit abgeben!«

Mein Gesicht nahm die Farbe einer Infrarotlampe an. So etwas passiert dir ständig, wenn du zu schnell bist. Schnelligkeit ist jedoch alles andere als ein Vorteil, wenn es darum geht, die Sympathie von Menschen zu gewinnen, die nicht so schnell sind. Und das sind 98 von 100, wenn wir nur die Definition der Hochbegabung als IQ von 130 zugrunde legen. Bei höheren IQs sind es entsprechend weit mehr. Da hatte ich einschlägige Erfahrungen. In diesem Fall hatte ich Glück. Meine Professorin in Bamberg war auch von der schnellen Sorte.

Der besagte Ex-Freund, dem mein Lesetempo zu schnell war, blieb nicht der Einzige. Auch beruflich empfinden andere mein Tempo oft als ungemütlich. Es passiert mir noch immer, dass ich zu wenig Zeit einplane, weil ich vergesse, das unterschiedliche Tempo zu berücksichtigen. Und in Teambesprechungen war ich oft der Super-GAU. Es dauerte ziemlich lange, bis mir überhaupt klar war, dass Teambesprechungen nicht nur dazu dienen, eine Angelegenheit zügig auf den Weg zu bringen, sondern auch zur Stärkung sozialer Kontakte. Leider bekomme ich das nicht zusammen. Soziale Kontakte gehören für mich ins Café, und die Arbeit in die Teambesprechung. Also modifizierte ich mein Verhalten und beamte mich weg, wenn es langsam wurde, oder ich zelebrierte meine Faulheit. Schlimmstenfalls gab es die Momente, in denen ich zum lästigen Besserwisser wurde. Es geht einfach an die Nerven, wenn du dein Raumschiff auf eine bestimmte Startgeschwindigkeit bringen willst, und vor dir fährt ein Mittelspur-Schleicher (der seinerseits natürlich auch nicht wissen kann, dass du ein Raumschiff fährst und es eilig hast).

Im Redaktionsteam des Metzler Lexikons Religion, für das ich als Studentin arbeitete, ging man damit produktiv um und gab mir anspruchsvollere Aufgaben. Das war für alle Beteiligten eine gute Lösung. Auch mein ehemaliger Chef in Göttingen gehörte zum Glück zu denen, die sich freuen, dass man, wenn es sein muss, an einem Vormittag eine englischsprachige Dissertation lesen und das Gutachten dazu schreiben kann. Und natürlich mein Mann. Aber sehr oft kam ich mit meiner Schnelligkeit gar nicht gut an, obwohl ich viel Zeit und Mühe aufgewendet habe, mich zurückzulehnen und einfach faul zu sein. Ich mache das nicht aus Gemeinheit. Ich gebe mir wirklich Mühe, aber manchmal geht es einfach nicht langsamer. Seid mir nicht böse. Ich kann es nicht besser.

Tatsächlich denken intelligente Menschen schneller. Ihr Gehirn muss sich dazu weniger anstrengen, weniger Areale aktivieren.

Nun wird hin und wieder eingewandt, das sei ein sehr europäisches Verständnis von Intelligenz. In Afrika etwa würde hingegen nicht Schnelligkeit, sondern Langsamkeit als Zeichen von Klugheit interpretiert. Da sollte man aber klar definieren: Langsamkeit im Handeln, etwa weil man erst nachdenkt, bevor man etwas tut, bedeutet nicht Langsamkeit im Denken. Die Langsamkeit, von der wir hier sprechen, ist keine Langsamkeit des Gehirns, sondern vielmehr eine bessere Impulskontrolle. Und das wiederum passt ganz ausgezeichnet zur allgemeinen Definition von Intelligenz. Ich halte nichts davon, Intelligenz kulturabhängig zu definieren. Das schafft unnötige Unterschiede und befördert letzten Endes rassistische Unterscheidungen wie zum Beispiel die Frage, ob die

»europäische« oder »afrikanische« Intelligenz besser sei. Intelligenz ist eine biologische Eigenschaft, die allen Menschen gemeinsam und im Übrigen auch bei Tieren zu finden ist.

Tatsächlich kann gerade schnelles Denken bisweilen zur Langsamkeit im Handeln führen. Wenn nämlich tausend Abwägungen blitzschnell stattfinden und dich lähmen, während normale Menschen einfach ihrem ersten Impuls folgen. Oder wenn hohe Sensibilität von einem zu großen Angebot überfordert ist, weil zu viele Reize auf dich einstürmen, die verarbeitet werden müssen. Da sehr sensible Menschen mehr Reize wahrnehmen, müssen sie diese erst sortieren und sind damit mitunter, auch wenn ihr Denken noch so schnell geht, länger beschäftigt als andere, die langsamer denken.

Ich bin gewöhnlich von der schnellen Sorte, aber manchmal passiert mir das auch. Kürzlich in einem großen deutschen Bahnhof: Italienische Hersteller boten auf großen Ständen Spezialitäten an. Bei sizilianischen Süßigkeiten werde ich schwach. Mandel-, Rosenwasser- und Pistazienduft verführte meine Nase, zuckerbestäubte Wunderwerke fesselten die Augen und faszinierten das ästhetische Empfinden. Meine Kollegin war längst am Verspeisen der ersten Köstlichkeiten, als ich immer noch überlegte. Mandeln oder Orangen? Klassisch oder mit Pinienkernen? Oder doch Schokolade?

»He«, meint der Verkäufer schließlich scherzhaft. »Es sind nur Süßigkeiten. Du willst doch nicht heiraten!«

Ich grinse ihn an. »Beim Heiraten ging es schneller.«

Ich fürchte, das stimmt.

Ich kneife die Augen zu und raffe mich auf. »Okay – Klassisch und Orange bitte.«

Er packt mir die Süßigkeiten in die Tüte, reicht sie herüber und grinst mich an. »In Zukunft lieber beim Heiraten nachdenken.«

Und ich: »Nö, das ist viel leichter.«

Ist doch auch so. Es liegen bei einem Heiratsantrag ja gewöhnlich nicht zwanzig gleich attraktive Männer auf einer Theke, und schon gar nicht zwanzig, zu denen man eine gleichermaßen tiefe Beziehung hat!

AUTONOMIE

Warnung: Das folgende Kapitel kann Spuren eigenständigen Denkens enthalten. Warnung Nr. 2: Der vorhergehende Satz kann Spuren von Sarkasmus enthalten.

Ich stehe am Klavier im Gesangsunterricht. Der Lehrer will, dass ich Brahms' »Deutsche Volkslieder« singe. Ich habe mich wirklich redlich bemüht, aber es geht nicht. Die Texte sind einfach unmöglich.

Ich bin nicht naiv. Natürlich weiß ich, dass Texte zeitgebunden sind, und wenn man alle Musiktexte der letzten fünfhundert Jahre, die irgendwie mit Stereotypen arbeiten, wegwerfen würde, bliebe nicht mehr viel übrig, und mit der *Zauberflöte* müsste man anfangen. In den meisten Fällen kann man damit verantwortungsvoll umgehen. Aber die »Deutschen Volkslieder« sind auch sprachlich wirklich gewöhnungsbedürftig. Und dieses Biedermeier-Frauenbild! Klar, ein Profi sollte über so etwas stehen, doch ich soll sie ja singen, um etwas zu lernen.

Ich versuche also erneut mein Glück. Und wieder bleibt mir die Stimme weg, weil ich mich wegen des Textes nicht auf die Technik konzentrieren kann. Es ist, als ob dir einer beim Singen ständig mit einer Nadel in die Amygdala pikst. Ich versuche es drei-, viermal, dann werfe ich die Noten hin und heule auf: »Ich kann diese Feinsliebchen-mein-mach-die-Küche-rein-Literatur nicht singen!!!«

Der Lehrer runzelt die Stirn. Kratzt sich am Kopf. Aber dann wühlt er in seinen Noten und fördert als Alternative »Vier Lieder für Arbeitermütter« von Brecht und Eisler zutage. Wo ich doch so ein Flintenweib bin. Und obwohl ich nie ein Fan von Brecht werde, weil ich das Gefühl habe, dass er einen fast immer manipulieren will – mit denen geht es sehr viel besser!

Apropos manipulieren. Dass ich auf so etwas nicht gerade gut reagiere, habe ich ja schon ganz zu Anfang dieses Buches gesagt. Ich kann ziemlich eklig werden, wenn man es versucht. Das geht bei mir nach hinten los, denn ich werde darüber hinaus auch misstrauisch und nehme die Person, die es versucht hat, nicht mehr ernst. Wer mich zu etwas bringen will, sollte das sehr gut begründen können, und zwar auf Augenhöhe. Und er muss damit rechnen, dass ich überprüfe, ob sein Anspruch gerechtfertigt ist. Gegebenenfalls experimentell:

Im Rahmen einer Veranstaltung begegnete ich mehrmals einer Frau, die alle Leute statt einer Begrüßung erst einmal bat, ihre Handys auszuschalten. Sie sei elektrosensibel. Nun gibt es Leute, die wirklich sehr empfindlich auf so etwas reagieren. Das verstehe ich gut, und ich würde niemandem von vornherein das Gegenteil unterstellen. Aber bei ihr hatte ich nach einiger Zeit doch so meine Zweifel. Also beschloss ich, sie dieses Mal einem Experiment zum Thema Autosuggestion zu unterziehen. Ich lächelte sie also verständnisvoll an und sagte: »Meines ist auch so gut wie immer aus.«

Selbstverständlich war es keineswegs ausgeschaltet. Es lag in meiner Handtasche, neben dem gleichfalls laufenden Laptop. Das konnte sie aber nicht sehen. Und ganz offensichtlich auch nicht spüren, denn nachdem alle anderen brav ihre Handys ausgeschaltet hatten, ging es ihr anderthalb Stunden lang prächtig. Experiment erfolgreich: Placebo wirkt. Eine echte Elektrosensibilität ist unwahrscheinlich.

Ich habe ganz und gar kein Problem damit, andere Leute zu respektieren. Aber ich entscheide, wann und bei wem ich das tue – und kein Amt und keine Position. Es gibt keine Respektspersonen. Respekt muss man sich verdienen, egal ob man der Hausmeister oder Universitätspräsidentin ist. Dass so eine Haltung im Schulsystem, in einem konservativen Elternhaus, im Job und selbst bei so manchem Arztbesuch mitunter zu Schwierigkeiten führen kann, liegt aber auch auf der Hand.

Im Deutschunterricht war ich berüchtigt, weil ich keinen Hehl daraus machte, wenn ich einen Text schlecht fand, egal wie angesehen der Autor war. Leider sah der Lehrplan nicht vor, die Gegenvorschläge einer Sechzehnjährigen zu berücksichtigen. Am besten kam ich mit Lehrern zurecht, die keinen reproduktiven Lernstil pflegten, sondern bei denen es darauf ankam, Zusammenhänge zu begreifen. Leider dominiert im deutschen Schulsystem der Erstere.

In dem Buch *Die Unendliche Geschichte* von Michael Ende stört sich der Protagonist Bastian daran, dass man in vielen Büchern »zu etwas gekriegt« werden solle: dass also viele Bücher ihre Leser erziehen wollen. Mich stört das auch. Übrigens auch bei Michael Ende. Bei dem hat man nämlich auch oft das Gefühl, dass er einen zu etwas kriegen will.

Etwas anstrengend war ich wohl schon, um es mal wohlwollend auszudrücken. Auch vor bitterböser Polemik und Provokation schreckte ich nicht zurück, wenn mir etwas auf den Geist ging: Meinem konservativen Vater und später so manchem Macho erklärte ich, dass das Y-Chromosom de facto ein defektives X-Chromosom und Männer damit genau genommen eine Art Erbkrankheit seien. Aus meiner Sicht sah es einfach so aus: Jemand versucht mir weiszumachen, dass ich von Geschlechts wegen eine untergeordnete Position einzunehmen habe, und ich zahle ihm mit gleicher Münze heim. Aber wenn man ein Kind ist und sich nicht wehren kann, bekommt man mit solchen Sprüchen ganz schnell die Diagnose »oppositionelle Störung« aufgedrückt. Nach dem Magazin *Labyrinth* der DGHK ist das übrigens eine der häufigsten Fehldiagnosen bei hochbegabten Kindern.

AUTORITÄT UND AUTONOMIE

Wo verläuft die Grenze zwischen Aufsässigkeit und Selbstbestimmtheit? Das hängt oft sehr vom Umfeld ab. Die achtziger und frühen neunziger Jahre waren eine ziemlich gute Zeit für selbstbestimmte Kinder, doch selbst damals war Autonomie nicht immer sozial verträglich. Sie bedeutet, dass man meist nicht besonders autoritätsgläubig ist. Wenn mein Gegenüber Schwachsinn redet, ist es mir völlig egal, ob er mein Lehrer oder Professor ist, der Klempner oder meinetwegen die Bundeskanzlerin. Wenn er beim nächsten Mal etwas Kluges sagt, umso besser. Wir haben alle mal gute und mal schlechte Tage. Natürlich hört nicht jeder gern, dass er Schwachsinn redet, weshalb die Autonomie Hochbegabter auch gern als Erfolgshindernis angeführt wird. Na gut. Wäre Autonomie erfolgsförderlich, gäbe es ja keine Hofschranzen.

Selbst mit meinem Navi liefere ich mir ab und zu Auseinandersetzungen. Auf subtile Weise genieße ich das Gefühl der Autonomie, wenn es mir einhämmert: »Wenn möglich bitte wenden – wenn möglich bitte wenden – wenn möglich … urgks!« Und ich gieße mir ohne mit der Wimper zu zucken Milch in meinen Earl Grey, wenn mir danach ist.

Ich halte nichts von blindem Autoritätsglauben. Schließlich können auch Fachautoritäten mal danebenliegen. Ich würde für niemanden in Anspruch nehmen, immer richtigzuliegen, auch nicht für mich selbst. Allerdings muss ich zugeben, dass nicht jeder Fall so offensichtlich ist wie dieser:

Eine Psychologin, die mit ihrer Privatpraxis auf hoch sensible und hochbegabte Kinder spezialisiert ist, erzählte mir allen Ernstes, es gebe Dinge, die sensible Kinder sähen, mit denen sie nicht fertigwürde, weil sie möglicherweise übernatürlichen Ursprungs seien! Damals verstand ich, dass eine Kassenzulassung auch ein Gütesiegel sein kann. Und ich benötigte einiges an Zen, um das nicht auch ihr gegenüber zum Ausdruck zu bringen.

Bekanntlich beruhen Geistererscheinungen vor allem auf Autosuggestion. Hoch sensible Kinder haben eine rege Phantasie, und es braucht einige Zeit, bis sie gelernt haben, diese und die Realität auseinanderzuhalten. Ich weiß das aus eigener Erfahrung, ich war auch so ein Kind. Was passiert, wenn ein Kind an eine Therapeutin wie diese gerät, die ihm womöglich einredet, dass es Gespenster tatsächlich gäbe, kann man sich vorstellen. Nicht umsonst spricht man aus wissenschaftlicher Perspektive bei Exorzisten nicht von Teufels*aus*treibern, sondern von Teufels*ein*treibern: Weil sie den Glauben der Patienten, besessen zu sein, mit ihrem Hokuspokus behandeln, glaubt der Patient erst recht, dass es Geister und Dämonen gibt. Nach einer anfänglichen kurzen Besserungsphase verschlimmern sich die Symptome. Nein danke. *I don't want to believe. I want to know.*

In der Schule kann genau diese Haltung echte Probleme mit sich bringen. Der am weitesten verbreitete Lernstil ist der reproduktive, und ausgerechnet mit dem können Hochbegabte am allerwenigsten anfangen.

Reitunterricht. Mein Pferd ist neu im Schulbetrieb, es ist bisher Dressur gelaufen und reagiert völlig anders als ein Schulpferd. Das irritiert.

»Was mache ich falsch?«, frage ich.

»Den rechten Zügel kürzer«, erwidert die Lehrerin.

»Okay, warum? Was ist das Problem?«

»Den rechten Zügel kürzer! Das Pferd gerade stellen.«

Hm. Ich versuche es. Aber es klappt nicht.

»Was genau mache ich denn falsch? Ich höre, dass ich den Zügel kürzer nehmen soll, aber es klappt noch immer nicht. Ich würde gern verstehen, wie ich das ändern kann.«

Sie sieht mich überrascht an, als würde sie so eine Forderung zum ersten Mal hören. »Beim Reiten muss man manchmal einfach machen, was man gesagt bekommt«, erwidert sie.

Das ist nun wirklich keine Antwort, mit der ich etwas anfangen kann. Selbst wenn das meine Art wäre, ich wüsste gar nicht, wie ich es anstellen soll. Weil ich, wenn ich nicht verstehe, was der Zweck der Sache ist, immer etwas falsch mache.

Ergebnis: Sie wird sauer, weil sie denkt, ich akzeptiere ihre Autorität nicht. Ich werde sauer, weil sie mir nicht sagt, wie ich es richtig machen kann.

So kommen wir nicht weiter. Ich halte das Pferd an und setze mich gerade hin. »Sie sagten vorhin in anderem Zusammenhang, wegen der Dressurausbildung reagiert er auf kleinste Gewichtsverlagerungen.« Jetzt, da ich wieder genau mittig sitze, ist der Zügel kein Problem mehr. Und ich begreife: Das Pferd hat einen ungewohnten Gang, so dass ich bisweilen einfach nicht gerade sitze, weil ich mein Gleichgewicht korrigieren muss. Es ist einfach kein Schulpferd, und ich bin seit zwanzig Jahren nicht geritten. Warum zum Teufel hat sie mir nicht gesagt, dass ich in der Hüfte einknicke und sich dadurch mein Gewicht anders verteilt und die rechte Schulter nach vorn rutscht? Ich habe mich die ganze Zeit auf den Zügel konzentriert, dabei ist der nur das Symptom.

»Jetzt verstehe ich!«, rufe ich. »Es ist meine Körperachse!«

Warum sagt sie mir das denn nicht?

Weil sie es nicht kann. Sie hatte noch nie mit Hochbegabten zu tun und weiß nicht, dass wir bedeutungsorientiert lernen. Dass wir Zusammenhänge begreifen müssen, um selbst einfache Dinge tun zu können. Weil ich mich normal verständlich machen kann und auch keine äußerliche Auffälligkeit an mir habe, denkt sie, ich ticke wie sie. Dabei leben wir auf verschiedenen Planeten. Das muss man erst mal kommunizieren.

Und dies ist nur der Reitunterricht. Reitlehrer kann man notfalls wechseln, wenn man absolut nicht mit ihnen zurechtkommt. Aber stellt euch dieselbe Situation in der Schule vor, und ihr wisst, warum Hochbegabtenklassen bitter nötig sind.

Darüber hinaus geht Autonomie zusätzlich mit einer Abneigung gegen Schubladendenken einher. Diese Abneigung wird einem bisweilen als Arroganz ausgelegt. Mir ist zwar bis heute nicht klar, wieso es arrogant sein soll, nicht in eine Schublade gesteckt werden zu wollen. Aber da es mir schon oft vorgeworfen wurde, gibt es wohl Leute, die das so sehen.

Tübingen. Mit meinem damaligen Freund unterhalte ich mich über philosophische und weltanschauliche Themen. Irgendwann fragt er irritiert: »Moment, was bist du jetzt, Atheistin oder Agnostikerin?«

Ich erwidere: »Weder noch, ich bin AgnEstikerin.« In anderen Worten: Ich bin ich, und ich will in keine Schublade.

Er darauf, wütend aufspringend: »Du bist unerträglich arrogant!« (Das war der, dem ich zu intelligent war.)

Wer autonom ist, passt nicht in Schubladen. Ich mag es zum Beispiel nicht, wenn jemand glaubt, nur weil ich mich aktiv dafür einsetze, dass Menschenrechte auch für Frauen gelten, wäre ich einer Art Religion beigetreten, mit Verhaltensregeln und Glaubensgrundsätzen. Ich sehe nicht ein, warum ich als Feministin keine High Heels tragen sollte. Darf ein Mann sich nicht auch schön machen, ohne gleich unterstellt zu bekommen, er mache sich zum Sexobjekt für Frauen?

Genauso wenig mag ich es, wenn Leute glauben, nur weil ich mich für eine Familie entschieden habe, müsste ich mich jetzt nur noch für Thermomix und Co. interessieren. Weil ich selbst völlig areligiös bin, sollte ich kein Verdi-Requiem singen. Oder dass dieses Buch ein Memoir ist und deshalb keine Themen zum Debattieren enthalten sollte.

Vermutlich bin ich deshalb noch immer nicht wirklich vereinstauglich. Es fällt mir schwer, mich in die Strukturen einer Gruppe einzufügen oder gar mich ihnen unterzuordnen. Nicht, dass wir uns missverstehen: Ich gehöre nicht zu den Leuten, die durch die Straßen rennen mit einem Schild »Dagegen!«, egal, worum es geht. Ich brauche Gründe, sowohl für Zustimmung als auch für Ablehnung. Wenn ich eine Position für falsch halte, ändere ich meine Meinung nicht, nur weil meine Freunde oder mein Mann diese Position vertreten. Und wenn ich sie umgekehrt für richtig halte, ist es mir auch egal, ob ein Ekel mir zustimmt. Zwei mal zwei ist vier, egal wer das sonst noch denkt (zumindest so lange, bis es jemand plausibel widerlegt). Umso wichtiger ist es dann doch, dass gute Positionen auch von Leuten vertreten werden, die keine Ekel sind!

Dass das nicht jeder so sieht, das konnte ich schon bei Schiller lesen: Als im *Don Carlos* der Humanist Marquis von Posa dem König vorhält, dass er Andersgläubige abschlachtet, erwidert der reflexartig: »Ihr seid ein Protestant!« Er kommt nicht einmal auf den Gedanken, dass man auch als Katholik etwas gegen Massenmord haben könnte. Wer nicht alles toll findet, was vom katholischen König angeordnet wird, gehört automatisch zu »denen«. Auch das ist eine Form von Gruppenidentität, mit der man mich jagen kann.

Mein Vater sagte einmal zu mir: »Wenn du dich anpasst, wird die Familie dich beschützen. Wenn nicht, bist du allein.« Allerdings hatte ich mit dem Alleinsein da schon so viel Erfahrung, dass ich längst keine Angst mehr davor hatte.

»FREIDENKER« IST NICHT ÜBERALL EIN KOMPLIMENT

Vor ein paar Jahren bewarb ich mich auf eine Juniorprofessur Islamwissenschaft, die von der islamischen Theologie ausgeschrieben worden war. Ich begann meinen Vortrag vor der Kommission aus Dekan, verschiedenen Geisteswissenschaftlern sowie christlichen und islamischen Theologen mit den Worten: »Ich dachte mir, dass ich Ihnen meine schrecklichsten Seiten gleich zu Anfang zeige. Ich spreche nämlich über den muslimischen Ketzer Ibn ar-Rewandi aus dem 9. Jahrhundert.«

Eine mir bekannte islamische Theologin, die als externe Gutachterin anwesend war, lachte schallend auf. Der Dekan grinste breit. Durch die Reihen der restlichen Anwesenden bebte Entsetzen.

Natürlich bekam ich die Stelle nicht.

Natürlich war das wieder eine meiner Provokationen. Eine gezielte, um genau zu sein, denn wer eine qualifizierte Kandidatin wegen mangelnder Religiosität ablehnt, für den möchte ich auch nicht arbeiten. Ich sollte hinzufügen, dass ich im Vorfeld gefragt hatte, ob man gläubig sein müsse, um sich auf die Stelle zu bewerben. Die Antwort lautete Nein.

Die Autonomie Hochbegabter dürfte ein Grund sein, warum Religion und Intelligenz keine tiefe Liebesgeschichte haben. Ich bin sehr religiös geprägt aufgewachsen. Aber jeder Mensch mit normaler Allgemeinbildung sieht die Widersprüche zwischen Religion und dieser Allgemeinbildung, auch wenn die Vertreter dieser Religionen seit Jahrtausenden viel Mühe darauf verwenden, sie aufzulösen. Ich weiß, dass es intelligente Theologen, generell intelligente Gläubige gibt. Ich respektiere das und nehme an, sie haben ihre Gründe. Doch tendenziell würde ich davon ausgehen, dass sich unter hochintelligenten Menschen weniger Gläubige befinden als unter durchschnittlich intelligenten.

»Die Wissenschaft bestätigt das«, bemerkte mein wissenschaftliches Ich. »Eine Metastudie von Dutton und Van der Linden fasst es zusammen: Religion sei ein evolvierter Instinkt, also vor allem in Stresssituationen zu beobachten, wenn Menschen instinktiv handeln. Intelligenz hingegen ermögliche durch eine stärker ausgeprägte Impulskontrolle alternative Handlungsmuster und mache damit Religion zur Stressbewältigung überflüssig. Die

Autoren weisen darauf hin, dass schon im antiken Griechenland und Rom gegolten habe, Religion sei für Narren, Weise hingegen tendierten zum Skeptizismus. Als Islamwissenschaftlerin darf ich hinzufügen, was vermutlich heute kaum jemand hier weiß: Auch in islamischen Ländern bis weit ins Hochmittelalter (und immer wieder auch noch danach) waren viele dieser Ansicht: Religion sei fürs gemeine Volk, die Intellektuellen tendierten zur Philosophie.«

»Ja, vielen Dank für deine Ausführungen. Ich weiß das. Glaubst du, mein Doktortitel wurde nur dir verliehen?«

Mein wissenschaftliches Ich lächelte nachsichtig. »Dutton und Van der Linden bestätigen damit über achtzig Jahre Forschung.«

»Das werden einige nicht gerne hören.«

»Seit wann bringt Wissenschaft die Ergebnisse hervor, die die Leute gerne hören möchten? Die über 35 Jahre angelegte berühmte Terman-Studie zu Hochbegabung ergab tatsächlich, dass die rund 1500 teilnehmenden Hochbegabten sich im Verhältnis zu Normalbegabten drastisch häufiger als nicht religiös bezeichneten. Und das, obwohl sie gleichzeitig zu rund 60 Prozent religiös bis streng religiös erzogen worden waren. Als Gründe werden einerseits die generell autonome und nonkonformistische Haltung Hochintelligenter angenommen, andererseits ihre Fähigkeit zum analytischen Denken, die es ihnen erschwert, über die offensichtlichen Differenzen zwischen Glaubensinhalten und Allgemeinbildung hinwegzusehen und die Existenz eines Gottes anzunehmen, der trotz umfangreicher Versuche über tausende Jahre hinweg noch nie bewiesen werden konnte. Zuckerman und Kollegen nehmen zudem an, dass Religion – an die nachweislich verstärkt zum Beispiel in Situationen des Kontrollverlusts oder der Krise geglaubt wird – für intelligente Menschen auch einfach weniger bedeutsam ist: Dank ihrer Intelligenz haben sie stärker das Gefühl, durch eigene Fähigkeiten Ziele erreichen und Krisen bewältigen zu können. Intelligente können sich dank ihrer besseren Impulskontrolle selbst kontrollieren. Bei religiösen Menschen übernehme die Religion sozusagen extern diese Funktion.«

»Also wer schlau ist, kann seine antisoziale Wut tendenziell selbst kontrollieren – während der Dumme sich eher aus Angst vor der Hölle zurückhält, alles kurz und klein zu schlagen?«

»In etwa. Außerdem stärke Intelligenz das Selbstwertgefühl – bei weniger Intelligenten könne auch Religiosität dazu eingesetzt werden, das Selbstwertgefühl zu steigern, insbesondere dann, wenn das soziale Umfeld bereits religiös geprägt ist. Schließlich sei Einsamkeit ein Faktor, der Religiosität verstärken könne, und intelligente Menschen hätten zwar kleinere Freundeskreise, aber auffallend stabilere und glücklichere Beziehungen und signifikant geringere Scheidungsraten – ergo weniger Bedarf.«

»Hm. Du nervst zwar manchmal, aber meine Beziehung zu dir ist eigentlich auch ganz okay.«

Mein wissenschaftliches Ich schien sich tatsächlich zu freuen. Es wurde rot und hielt eine Weile den Mund.

Das Leben hat mich gelehrt, mein Autonomiestreben in mancher Hinsicht zu domestizieren. Ich bin heute sicher diplomatischer als früher in meinen Formulierungen. Aber es gibt ein paar Bereiche, in denen ich es niemals domestizieren werde.

Autonomie bedeutet nicht Regellosigkeit, sondern dass man sich seine Regeln selbst setzt. In der Philosophie gab es immer wieder Strömungen, die mit Begriffen wie Verantwortung, Mündigkeit und Freiheit arbeiteten. Persönlich denke ich, dass ein erwachsener, eigenverantwortlicher Mensch externen Halt nicht braucht. Und Werte? Ich bin vergleichende Religionswissenschaftlerin, und alles, was ich weiß, führt mich zu der Ansicht, dass Werte, von denen alle Menschen, ungeachtet ihrer Überzeugungen, ihrer Herkunft und vor allem ihres Geschlechts, etwas haben, gewöhnlich am ehesten als säkulare aus der Vernunft entstehen. Ibn ar-Rewandi, über den ich vor Jahren meinen ersten

Roman schrieb, sagte: »Vom Standpunkt der Vernunft aus ist es tadelnswert, jemanden, der einem nichts Böses getan hat, zu verletzen und einem anderen nicht das zu wünschen, was man für sich selber will.« D'accord.

GANZ ODER GAR NICHT

Begabung ist nicht kontrollierbar. Sie ist kritisch und glaubt nicht an Autorität. Ein Grund, warum Hochbegabte von Diktatoren meist nicht gern gesehen sind (es sei denn, es sind jene gewissenlosen Exemplare, die diese Diktatoren unterstützen, um sich selbst Vorteile zu verschaffen). Und vermutlich auch der Grund, warum ausgerechnet so viele Humanisten über Religionsgrenzen hinweg als Ketzer gelten – ob das nun Giovanni Pico della Mirandola ist oder Ibn ar-Rewandi. Deshalb finde ich es auch nicht spießig oder nerdy, altgriechische Philosophie zu mögen, wo es doch genau solche Leute waren, welche Renaissance und Humanismus erfanden, und mit ihnen die Menschenrechte. Denken ist immer unberechenbar, denn es gibt kein richtiges oder falsches Denken, nur autonomes oder fremdbestimmtes. Ich finde das nicht nerdy.

Jedes Land möchte gern geniale Erfinder haben, die die Welt weiterbringen und wegweisende Entdeckungen machen. Jeder will einen Hochbegabten im Labor, aber niemand will, dass diese Hochbegabten auch außerhalb ihres Labors weiterhin klug sind. Sobald sie ihren Arbeitsplatz verlassen, sollen sie bitte schön durchschnittlich sein. Aber das geht nicht! Man bekommt uns nur ganz oder gar nicht, und wer hochbegabt ist, der wird eben auch unbequeme Fragen stellen, Vorgehensweisen kritisieren und sich nicht mit Abnicken zufriedengeben.

Autonome Menschen tun das nicht, um andere zu ärgern. Sie brauchen diese Autonomie wie die Luft zum Atmen, und sie werden krank, wenn sie ihnen genommen wird. Was es für hochintelligente Menschen bedeuten muss, in Saudi-Arabien oder dem Iran leben zu müssen, wo eine Religionspolizei noch den letzten Atemzug regelt und alles verboten ist, was auch nur ansatzweise Spaß macht, kann sich kaum jemand vorstellen, der es nicht gesehen hat. Das ist auch für durchschnittlich Begabte schon unerträglich, aber für Hochbegabte, für die Denken so existentiell wichtig ist, natürlich noch viel mehr. Als ich Rana Ahmads Erfahrungsbericht *Frauen dürfen hier nicht träumen* las, ging mir das unglaublich nahe. Obwohl ich ganz genau und seit langem weiß, wie die Zustände dort sind. Aber ich habe Jahre meines Lebens mit dieser Kultur verbracht. Natürlich wünsche ich den Menschen dort ein freies, selbstbestimmtes Leben, und es tut mir weh zu sehen, dass es so oft nicht der Fall ist. Und wie sehr so viele von ihnen darunter leiden. Sie haben etwas Besseres verdient.

Mein eigenes Korsett, in das ich in meiner Kindheit gepresst wurde, war weit weniger eng, und selbst ich hatte schon das Gefühl, dass mir die Luft zum Atmen abgeschnürt wurde. Selbst ich habe, als ich das erste Mal Giordano Bruno las, diese Erregung gespürt: ein Buch in der Hand zu halten, das noch vor wenigen Jahrzehnten auf dem Index verbotener Bücher stand. Es war ein Gefühl, als ob ein taubes Körperteil endlich wieder durchblutet wird, als ob du nach langer Zeit eingesperrt in einer Zelle endlich wieder das Prickeln des Lebens spürst. Und das, obwohl sich um den Index der katholischen Kirche schon bei seiner Abschaffung im Zweiten Vatikanischen Konzil ja nun wirklich niemand mehr scherte. Obwohl ich es nicht einmal ansatzweise erlebt habe, kann ich sehr gut nachfühlen, was für eine brutale Form von Gewalt es ist, diesen grundlegenden Lebensatem abzuschnüren.

STATESPLAINING. WENN DER STAAT DIR DIE WELT ERKLÄRT

Deshalb bin ich auch allergisch gegen den Begriff »Nudging«. Die Erfinder bekamen dafür den sogenannten Wirtschaftsnobelpreis. Nudging bedeutet, die Leute in eine gewünschte Meinungsrichtung zu »stupsen« (to nudge). Aus der Werbung kennen wir das Prinzip schon lange. Ich leiste da intellektuellen Widerstand. Wenn es sein muss, bin ich imstande, mir Informationen aus Büchern samt Seitenzahl über Jahre hinweg zu merken. Aber bei Werbung erinnere ich mich zwar an den Spot, vergesse aber aus Prinzip das Produkt, für das er wirbt. Ich mache das gar nicht bewusst, es interessiert mich einfach nicht, deshalb wird es sofort gelöscht. Gezielte Amnesie.

Ganz übel finde ich, wenn Staat oder gar Presse mit solchen Mitteln arbeiten. Der Philosoph Dominik Düber kritisierte, Nudging sei nichts als Manipulation. Wirtschaftswissenschaftler wie Hanno Beck sprechen von der »Glücksdiktatur« und stellen berechtigte Fragen wie: Warum gehen die Erfinder des Begriffs eigentlich davon aus, dass der Mensch irrational sei? Und was bringt sie zu der Ansicht, der Staat sei rationaler und wisse besser, was für ihn gut ist?

Ich frage mich das auch. Die Lenker von Staaten sind schließlich auch Menschen. Wenn Menschen aber angeblich so irrational sind, warum sollten ausgerechnet diese Staatslenker rationaler sein? Dass sie mir sagen sollten, was für mich gut ist, finde ich nicht nur angesichts der Tatsache, dass mein IQ den der meisten Menschen – einschließlich Staatslenker – bei weitem übertrifft, äußerst anmaßend. Das fände ich auch dann, wenn mein IQ bei 75 läge. Schon Schiller stellte die Frage, wie man Achtung vor Menschen haben soll, wenn man sie nicht denken lässt …

Warum sollte ich es lächerlich finden, wenn mir Männer die Welt erklären wollen, dasselbe aber dem Staat durchgehen lassen? Freiheit hängt unmittelbar mit Menschenwürde zusammen. In dem Moment, wo einer erzieht und der andere erzogen wird, dünkt sich einer dem anderen überlegen, gibt es Menschen erster und zweiter Klasse. Wäre es anders, würde sich keiner berufen fühlen, den anderen zu erziehen. Nein, wer mich von etwas überzeugen will, benötigt Argumente, keine Manipulationstechniken. Ich brauche niemanden, der mir die Welt erklärt, weder Mansplainer noch Statesplainer.

Wir hatten in der deutschen Geschichte ja ein besonders dramatisches Beispiel für einen, der fand, er allein wüsste, was das Beste für die Welt ist. Heute wird schon in der Schule gelehrt, welche entsetzlichen Folgen das hatte. Der entscheidende Unterschied zwischen Diktatur und Demokratie ist doch genau der, dass die Demokratie ihren Bürgern zutraut, selbst zu wissen, was für sie gut ist.

Kürzlich las ich sogar in einem im Grunde seriösen Medium die Frage, ob die Leser Presse-Nudging akzeptabel fänden. Aber wie soll eine »stupsende« Presse frei sein? Beruht die Pressefreiheit nicht auf dem Gedanken, dass es ein Menschenrecht ist, Zugang zu ungefilterter, parteiloser Information zu haben?

Nein, Hochbegabung und Nudging ist ein Widerspruch in sich. Intelligenz lässt sich ungern bevormunden. Sie wandert notfalls dorthin ab, wo sie frei ist. Wie gesagt: Man kriegt uns nur ganz oder gar nicht. Wer sich stupsen lässt wie ein Hering vom Schwarm, muss sich nicht wundern, wenn er sich eines Tages in der Dose wiederfindet. Ich will kein intellektueller Dosenhering sein.

Und ich will nicht gestupst werden. Völlig egal, ob ich ohnehin schon in diese Richtung denke oder nicht. Stupsen geht ganz schnell in Schubsen über, und Schubsen in Stoßen, und Stoßen in Schlagen. Ich betrachte das als intellektuelle Körperverletzung.

Für den Staat gilt genau wie für alle anderen: Zusammenleben erfordert Regeln, das ist in Ordnung. Aber wenn du mich überzeugen willst, wenn du willst, dass ich dich ernst nehme, dann hör auf, mich zu schubsen, und bring gefälligst Argumente. So wie man das unter Erwachsenen, die sich gegenseitig respektieren, tut.

KREATIVITÄT

Bedecke deinen Himmel, Zeus,
Mit Wolkendunst!
Und übe, dem Knaben gleich,
Der Disteln köpft,
An Eichen dich und Bergeshöhn;
Mußt mir meine Erde
Doch lassen stehn,
Und meine Hütte, die du nicht gebaut,
Und meinen Herd,
Um dessen Gluth
Du mich beneidest.
(…)
Hier sitz' ich, forme Menschen
Nach meinem Bilde,
Ein Geschlecht, das mir gleich sey,
Zu leiden, zu weinen,
Zu genießen und zu freuen sich,
Und dein nicht zu achten,
Wie ich!

Aus: Johann Wolfgang von Goethe,
»Prometheus«

Diese markigen Worte trauen viele Goethe gar nicht mehr zu – viel zu oft sieht man in ihm nur den leicht übergewichtigen Geheimrat. Dabei hat er hier eine Figur geschaffen, die wie ein echter Hochbegabter Autonomie und Kreativität verbindet. Aus der Sicht von Zeus hatte Prometheus wahrscheinlich auch eine oppositionelle Störung. Netterweise sah Goethe das anders und machte ihn zum Helden dieses phantastischen Gedichts über die Schöpfung des Menschen als nonkonformistischer Protest.

Autonomie hat nämlich noch eine Schwester, die sich auf den ersten Blick umgänglicher gibt. Aber in Wahrheit ist die Familienähnlichkeit unübersehbar. Ich spreche von Kreativität.

Als Kind durfte ich keine Comics lesen. Meine Mutter war der Ansicht, sie seien nicht gut für meine Entwicklung. Die logische Folge war, dass ich selbst welche zu zeichnen begann.

Als Studentin in Tübingen und später als Mitarbeiterin an der Universität Göttingen zeichnete ich Comics über die jeweiligen Institute. In Tübingen kursierten sie unter den Tischen, besonders eines, dessen Titel ein Buch des von mir sehr geschätzten Tübinger Professors, meines Lehrers Heinz Halm, zitierte. Jahre später, als ich Heinz Halm und seiner Frau auf einem Kongress wiederbegegnete, gestand ich ihnen das. Beide lachten schallend, und er meinte, nun würde er fast anfangen, an Karma zu glauben – denn er hätte seinerzeit als Student ebenfalls seine Professoren gezeichnet! Nach dieser Eröffnung habe ich meine eigenen Studierenden jedenfalls ganz genau im Auge behalten!

Heinz Halm hatte natürlich als Comic-Held nichts von mir zu befürchten. Andere schon.

Kreativität hängt für mich unmittelbar mit Autonomie zusammen. Deshalb finde ich es noch nicht kreativ, wenn jemand nach Anleitung bastelt, ein Buch schreibt oder ein Bild malt. Kreativ ist es für mich erst, wenn es auch originell ist, also keine Nachahmung erfolgreicher Vorbilder. Das heißt nicht, dass ich Genreliteratur nicht als kreativ empfinden würde. Es gibt durchaus kreative Genreliteratur, aber sie muss authentisch sein.

Wer zum Beispiel nach der Lektüre dieses Buches plötzlich sein Herz für – natürlich ganz zufällig – genau die Literatur, Musik oder Hobbys entdeckt, die ich hier darstelle, der ist nicht kreativ, sondern, mit Verlaub, einfach bloß ein langweiliges Abziehbild. Kreativ seid ihr, wenn ihr nach der Lektüre dieses Buches (oder noch besser: ohne es) eure eigenen Hobbys und Interessen findet. Wenn ihr nach der Lektüre eines Romans eigene Geschichten erfindet und nicht Kopien von der, die ihr gerade gelesen habt.

Kreativität tut dasselbe wie Autonomie: Sie hält sich nicht unbedingt an bestehende Regeln, sondern schafft gegebenenfalls eigene. Mit Folgen, die nach Lektüre des Autonomie-Kapitels bereits absehbar sein dürften.

Eines meiner ersten Semester in Philosophie. So viele Hausarbeiten auf einmal zu schreiben! Warum müssen die eigentlich alle nach demselben Prinzip funktionieren? Ist doch irgendwie langweilig.

Eine Woche später. Anruf aus dem Sekretariat. »Ja, der Professor möchte Sie sprechen, würden Sie in seine Sprechstunde kommen? Es geht um Ihre Hausarbeit.«

Natürlich komme ich gern.

»Ja, hm, also«, beginnt der sichtlich irritierte Professor das Gespräch. »Also, Sie haben Ihre Hausarbeit in Dialogform abgeliefert.«

»Ja. Genau wie Platon. Und Giordano Bruno. Der Dialog eignet sich ausgezeichnet zur Diskussion philosophischer Themen, nicht wahr?«

Er kratzt sich seinen Schnurrbart. »Ja, schon … das ist auch alles sehr schön … die Sache ist nur die … wie soll ich so etwas denn bewerten?«

Man muss meinem damaligen Professor zugutehalten, dass er zwar ratlos, aber auch sehr freundlich mit dieser komischen Studentin umging, die auf sämtliche Regeln zur Erstellung einer Hausarbeit zu pfeifen schien. Damals gab es zum Glück noch kein elektronisches System, sonst hätte ich die Arbeit wahrscheinlich neu schreiben müssen oder nicht bestanden.

Wie ich auf so eine verrückte Idee gekommen war? Ich würde jetzt gern sagen: Keine Ahnung, es kam so über mich. Das hätte kreativ geklungen, anarchisch. Hätte das Stereotyp vom Genie evoziert, das so sexy ist, dass die Muse es aus heiterem Himmel einfach knutschen muss. Leider habe ich aber recherchiert:

Kreativität ist nach aktuellen Studien sehr viel weniger durch Lernen, Üben oder Kreativitätstechniken beeinflussbar als angenommen. Vielmehr scheint sie nur sehr bedingt trainierbar zu sein. Offenbar geht sie ebenfalls mit Aktivität im frontalen Kortex einher und hat somit mehr mit gewöhnlichen Denkprozessen zu tun, als es vermutlich manchem lieb ist. (Konkret handelt es sich um eine Zunahme der Alphaaktivität – messbar per EEG – im frontalen Kortex, für alle, die es genauer wissen wollen.) Da hatte Einstein also gar nicht so unrecht, wenn er meinte, Kreativität sei Intelligenz, die Spaß hat! Einen Unterschied gibt es dennoch: Intelligenz und Kreativität aktivieren zwar beide Areale im frontalen Kortex, allerdings nicht dieselben. Da aber gleichzeitig noch immer diskutiert wird, wo Intelligenz im Hirn überhaupt zu lokalisieren ist, gibt es weiterhin jede Menge Diskussionsstoff.

Eine Zeitlang war mein Vater im Persönlichkeitstest-Fieber. Damals glaubte man in großen Firmen alle Mitarbeiterprobleme lösen zu können, wenn man die Mitarbeiter in Schubladen kategorisieren und dann die passenden Typen zusammenbringen würde. Bei der Frage, was das Handeln bestimme, erhielt die gesamte Familie die Diagnose: *Gefühle*. Außer mir. Bei mir war es *Intuition*. Alle waren empört. Intuition? Das konnte nicht sein. Meine Rolle war schließlich der weibliche Gehirnroboter, nicht die Kreative. Wieso war nicht *Verstand* herausgekommen? Ich denke, was wir Intuition nennen, ist in Wahrheit durchaus ein kognitiver Prozess. Nur eben einer, der so schnell abläuft, dass er gewöhnlich unbewusst bleibt.

Im Rahmen des Marburger Hochbegabtenprojekts konnte in der Tat bei Kindern und Jugendlichen ein Zusammenhang von Hochbegabung und Kreativität festgestellt werden. Die Niederländer hat das wohl nicht überrascht, im Delphi-Modell wird Kreativität ganz selbstverständlich als Merkmal von Hochbegabung aufgeführt. Es liegt nahe: Intelligente Menschen müssen weniger Hirnareale aktivieren, ihr Hirn arbeitet effizienter. So haben sie quasi mehr Kapazität für Ideen frei. Alexander Onysko stellte außerdem einen konkreten Zusammenhang zwischen sprachlicher Intelligenz, genauer: Mehrsprachigkeit und Kreativität fest. Der Soziolinguist sieht ihn darin begründet, dass Mehrsprachigkeit divergentes Denken, eine Voraussetzung der Kreativität, fördere. Angesichts der Anzahl meiner Sprachen werde ich den Teufel tun, dem zu widersprechen!

Kreativität hat also weit weniger mit impulsivem Verhalten zu tun als mit Denkprozessen. Sie gehört nicht ins Mittelhirn und schon gar nicht ins limbische System, sondern in den Frontalkortex. Scheinbar »spontane« Eingebungen sind häufig das Ergebnis langer geistiger Auseinandersetzungen mit dem Thema. Das räumt auf mit romantischen Klischees vom geistig unbedarften Genie, das wie ein Kleinkind spontanen Impulsen folgt.

Kreativität meint nicht nur die Produktion eines Kunstwerks, sondern auch originelle Lösungswege, abweichendes Denken, das neue Wege aufzeigt. Und tatsächlich sagt man Hochbegabten nach, dass sie fähig sind, um die Ecke zu denken, und zwar auch dann, wenn es eher von Nachteil für sie ist. Hier sieht man den Zusammenhang mit der Autonomie gut – denn diese hilft natürlich genau dabei.

Deshalb habe ich es immer geschätzt, wenn mir Studierende ungewöhnliche Ansätze präsentierten. Als eine Studentin ihre Bachelor-Arbeit über Homosexualität im arabischen Mittelalter schreiben wollte, hätte ich natürlich sagen können: Die Texte sind zu schwer für Bachelor-Niveau, ich gebe Ihnen ein anderes

Thema und wir machen es uns beide leichter. Aber viel spannender war es, ihr bei den Texten, die tatsächlich schwierig waren, Unterstützung anzubieten und danach eine wirklich interessante Abschlussarbeit auf dem Tisch zu haben.

Eine Weile arbeitete ich als Sängerin mit einer Pianistin zusammen, die chronisch zu wenig übte. Zugleich aber war sie hochmusikalisch und spielte ausgezeichnet vom Blatt. Die Begleitung klang jedes Mal ein wenig anders – sie spielte damit, improvisierte, so wie man es im Barock getan hatte, ehe die ausführenden Musiker zur demütigen Magd des Komponisten-Genies wurden, wie es in der spätromantischen Arie der *Adriana Lecouvreur* heißt. Wer das Stück nicht kannte, wäre aber nie darauf gekommen, dass die Begleitung nur zum Teil von dem Komponisten stammte, dessen Name auf den Noten stand. Die Zusammenarbeit war so immer ein bisschen anarchisch, aber auch sehr schön – obwohl man so etwas natürlich nicht mit jedem Stück in jedem Kontext und mit jeder Besetzung anstellen kann. Sicher nichts für die *Symphonie der Tausend* von Gustav Mahler!

Kreativität kann aber auch für die Allgemeinheit nützlich eingesetzt werden, zum Beispiel zur Entwicklung intelligenter Umgangsformen mit Katastrophenszenarien. Ich frage mich zum Beispiel, warum Wissenschaftler, die an so etwas arbeiten, nicht viel stärker auf Menschen in kreativen Berufen zurückgreifen. Sie könnten effizient dabei helfen, entsprechende Strategien zu entwickeln. Vorausgesetzt natürlich, sie verfügen über einige Intelligenz und die Bereitschaft, sich in eine möglicherweise neue Wissenschaft einzuarbeiten. Wenn Einstein sagte, Kreativität sei Intelligenz, die Spaß hat, meinte er im Grunde genau das: Intelligenz, die nicht auf ein bestimmtes Ziel hin gerichtet ist, nicht zielorientiert in den üblichen Kategorien denkt, sondern abweichend; die neue Wege beschreitet, jenseits ausgetretener Pfade.

Schließlich ist Kreativität eine wunderbare Resilienzstrategie. Dazu muss man nicht immer gleich ein Buch schreiben, einen

Film drehen oder auf einer Bühne stehen. Ich arbeite in einem künstlerischen Beruf, und ich verewige viel in Comics. Aber es geht auch ganz wunderbar im Alltag.

Ich lebe in der Nähe von München, und da braucht man ein dickes Fell. Besonders beim Autofahren sollte man nicht allzu schöngeistig sein. Obwohl ich gebürtige Münchnerin bin, ist das Maß an Unhöflichkeit auch für mich noch irritierend. Schließlich habe ich in London gelebt, wo die Leute dir schon aus zwanzig Metern Entfernung die Tür aufhalten und der normale Münchner Umgangston gelinde gesagt als etwas pöbelhaft wahrgenommen würde. Schon vor hundert Jahren sangen Volkskünstler über die Münchner Straßenbahn: »Die Menschen, die im Wagen drin, die schaun gar grantig, niemand lacht – da drin, im Wagen der Linie 8.« Irgendjemand hupt, gestikuliert oder beschimpft dich immer, egal, wie und wo du fährst – entweder, weil ihn sein Chef gerade zusammengestutzt hat oder seine Frau mit dem Yogalehrer schläft oder weil er oder sie schlichtweg aufgrund einer narzisstischen Persönlichkeitsstörung glaubt, dass die Benutzung einer Straße durch andere Personen nicht vorgesehen ist. Da hilft es, sich lustige Szenen vorzustellen und das Kopfkino einzuschalten.

Kürzlich an einer Ampel hatte ich wieder so einen.

Er fährt neben mich an die rote Ampel, hupt urplötzlich und beginnt wild zu gestikulieren. Da ich längst an der Ampel stehe, ist mir beim besten Willen nicht klar, warum. Zuerst sehe ich ihn fragend an, lege den Kopf schief und beobachte interessiert. Doch als er daraufhin noch wütender wird und einige böse Gesten dabei sind, ist schon klar: wieder einer von der Fraktion Alternative Tatsachenwahrnehmung. Vielleicht habe ich ihn vorhin überholt, und das hat ihm nicht behagt? Ich gestikuliere also zurück und stelle unter Beweis, dass ich die mir gezeigten Gesten ebenfalls beherrsche. Im Anfahren setze ich eine noch bösere drauf. Manchmal muss ich auch das letzte Wort haben.

Leider war es Winter, und ich konnte mich nicht überwinden, die Scheibe herunterzulassen, um ihm zu sagen, was ich von ihm hielt. Trotzdem fühlt man sich nach so einem Zusammenstoß nicht gut. Ich fragte mich, ob ich vielleicht doch etwas Grauenvolles getan hatte, das sein Verhalten rechtfertigte. Da mir beim besten Willen nichts einfiel und ich keine Lust auf trübe Gedanken hatte, schaltete mein Vorderhirn den Kreativitätsmotor an. Und der BMW-Rambo wurde unversehens zur komischen Nebenrolle in einer Filmkomödie, die sich in meinem Kopf abspielte:

Prolo Rüpel lenkt seinen Wagen neben den der Heldin, Agnetha Cool, hupt, gestikuliert und schimpft. Miss Cool beobachtet ihn. Dann zuckt sie die Achseln, holt ein Pappschild hervor und hält es an die Scheibe. Aufschrift: »Falls Sie sich verfahren haben:«

Prolo Rüpel stutzt. Miss Cool nimmt das Schild herunter und stellt ein zweites ins Fenster: »Zu Ihrem geistigen Niveau geht's ungefähr 300 km steil bergab!«

Jetzt wird Prolo Rüpel richtig sauer. Er steigt aus, kommt an Agnetha Cools Wagen, pocht aufs Dach und beugt sich drohend ans Fenster. Die, völlig unbeeindruckt, stellt ein drittes Schild vor seiner Nase auf: »Nein, ich helfe Ihnen nicht suchen.«

In diesem Moment schaltet die Ampel auf Grün. Agnetha Cool lächelt verbindlich und fährt los. Prolo Rüpel steht jetzt mitten auf der Straße, und sein fahrerloses Auto hält den Verkehr auf. Weswegen hinter ihm tausend andere sofort zu hupen beginnen und böse, sehr böse Gesten machen.

Es ist allgemein bekannt, dass Künstler, aber auch künstlerisch interessierte Menschen und sogar Wissenschaftler oft Erfahrungen kreativ sublimieren. Ich tue das auch. Um etwas loszuwerden, muss man ja auch nicht immer künstlerische Ansprüche stellen. Hauptsache, man ärgert sich nicht mehr.

Ich sitze im Zug. Eine ältere Frau ist sauer, dass ich meinen Sitz reserviert habe und sie mir Platz machen musste. Jetzt stichelt sie vom Nachbarsessel aus die ganze Zeit herum: Mein Laptop sei zu laut, ich säße einen Zentimeter zu weit in ihre Richtung und so weiter. Die anderen Mitreisenden sind genauso genervt, denn natürlich werden auch sie nicht verschont. Ehe ich laut werde, fange ich an zu tippen. Ein finsteres Lächeln legt sich auf meine Lippen.

»Schreiben Sie jetzt einen Krimi?«, fragt meine nervende Sitznachbarin. »Mit mir als Mordopfer?«

Nein, Schätzchen. Mit Mordopfern sollte der Leser Mitleid haben können. Sonst will doch niemand, dass der Mörder gefasst wird.

Ich schreibe einen Spionagethriller. Jane Bond ist es gelungen, einen Zentimeter auf das Territorium von Mrs Goldfinger vorzudringen. Sie lächelt stahlhart. Jetzt hat sie alles, was sie braucht.

Jane Bond zieht sich zurück. Mrs Goldfinger ist neugierig geworden. Sie rückt näher. Sie ahnt nicht, dass Bond den Beginn ihres eigenen Territoriums mit einer Lichtschranke gesichert und das Gelände vermint hat. Neugierig beugt sich Goldfinger nach vorn und fragt, was Bond da tippt und warum sie so dabei grinst. Dabei durchbricht sie mit ihrem goldenen Finger die Lichtschranke. Bumm! Happy Halloween!

Die Mitreisenden beobachten, wie ich schreibe und mich zu amüsieren scheine. Als Goldfinger, pardon: meine Sitznachbarin kurz aus dem Abteil geht, schieben sie mir ihre E-Mail-Adressen herüber und fragen: »Können wir den Text bekommen, wenn er fertig ist?«

So etwas sind natürlich nur Spiele. Kreativ bedeutet wie gesagt nicht, eins zu eins abzubilden. Das finde ich langweilig – als würde einem nichts einfallen und man wäre darauf angewiesen, Reales abzupausen, weil man nichts im Kopf erschaffen kann.

In Kreativitätstests geht es meist genau darum: nicht abbilden, sondern aus dem Vorhandenen etwas Eigenes machen. Wie bei Autonomie.

»He!« Ich rüttelte mein wissenschaftliches Ich an der Schulter. »Willst du nicht auch etwas dazu sagen?«

Es schüttelte den Kopf. Presste die Kopfhörer fester an die Ohren und vollführte einen wilden Tanz zu Mendelssohns *Walpurgisnacht.*

NEUGIERDE UND BEGEISTERUNGSFÄHIGKEIT

Neugierde und Begeisterungsfähigkeit, die vom Delphi-Modell ebenfalls als Charakteristika von Hochbegabung aufgeführt werden, hängen für mich ganz eng mit diesen Eigenschaften zusammen. Und wenn man noch nicht gelernt hat, sie auf ein sozial verträgliches Maß zurechtzustutzen, gibt es natürlich auch hier eine ganze Menge Fettnäpfchen, in die man treten kann.

Gymnasium. Unsere Deutschlehrerin hat sich als Opern-Fan geoutet. Hurra! Ich habe nicht viele Menschen, mit denen ich diese Leidenschaft teilen kann. Und jetzt lädt sie sogar die ganze Klasse zu sich nach Hause ein!

Ihr Mann ist auch ein Opern-Fan, mehr noch als sie. Und ehe der Ärmste weiß, wie ihm geschieht, ist er in den Fängen einer spätpubertären Göre, die noch die letzte Note aus Arie XY in Oper XY mit ihm diskutieren will.

Ich kann mich nicht bremsen. Es ist zu schön, endlich mal jemanden vor mir zu haben, der weiß, wovon ich spreche, wenn ich spreche, wovon ich am liebsten spreche. Ich lege los, komme von einer Arie zur nächsten, von der Musik zur Dramenvorlage von Schiller. Und immer weiter …

Es ist spät. Das Essen steht auf dem Tisch. Ich merke es nicht einmal. Der eine oder andere, dem der Magen knurrt, denkt sicher schon darüber nach, was er mir über den Kopf kippen kann, damit ich endlich den Mund halte. Neben mir sitzt eine Freundin. Und sie bringt in saftigem bayerischem Dialekt auf den Punkt, was alle längst denken:

»Hör jetzt auf zu schillern, sonst schaller ich dir eine!«

Das war übrigens eine wirklich gute Freundin, auch wenn ihre Ausdrucksweise hier einen eher herben Charme hatte. Denn sie sagte es mir wenigstens, wenn ich nervte. Die meisten anderen hauten mir, zumindest im übertragenen Sinn, gleich eine rein, und ich wusste nicht, warum. Wir verstanden uns schon.

Ein guter Teil meiner Unerträglichkeit in jener Zeit lag sicher daran, dass ich schlichtweg nicht wusste, dass nicht alle Menschen sich so sehr für etwas begeistern können. Ich dachte, es ginge allen so, nur dass sie vielleicht statt Schiller ein anderes Thema hätten. Dass es viele Menschen gibt, die durchs Leben gehen, ohne etwas derart verrückt zu lieben, konnte ich mir nicht vorstellen. Fragen wie »Und was machst du später mit einem Islamwissenschafts-Studium?« empfand ich als naiv und weltfremd. Es dauerte eine ganze Weile, bis mir klar war, dass in den Augen der meisten Menschen *ich* diejenige war, die naiv und weltfremd war. Ich machte mir keine Gedanken, wenn ich Leuten Löcher in den Bauch fragte, weil ich dachte, sie könnten ja jederzeit dasselbe mit mir tun.

Wer viele Interessen hat, fragt viel. Manchmal vergrabe ich mich auch in eine Sache. Dann höre und sehe ich rechts und links davon nichts mehr und lasse erst wieder davon ab, wenn ich satt bin und Lust auf etwas Neues bekomme. In meinen Interessen betreibe ich sozusagen auch serielle Monogamie, nicht nur Promiskuität. Allerdings hoffe ich, dass ich inzwischen ein Gespür dafür entwickelt habe, wann ich anderen Leuten damit auf die

Nerven gehe. Nicht zuletzt dank Menschen wie der Freundin, die mir »eine schallern« wollte.

Curiosity killed the cat, sagt man – Neugierde kostete die Katze das Leben. Offenbar hat Neugierde noch immer einen zumindest ambivalenten Ruf.

Eines Tages sagte ich zu meinem Griechisch-Lehrer, der uns ins Münchner Lyrik-Kabinett mitnahm, es sei so schön, immer Neues auszuprobieren. Ich sei sehr neugierig. Er fand das bedenklich. Schließlich stecke in dem Wort »Neugierde« das Wort »Gier«.

Ich musste eine Weile überlegen. Familiär bedingt dachte ich zunächst an einen moralischen Defekt. Ich nehme an, so war es auch gemeint. Aber dann wurde die autonome Revoluzzerin in mir gekitzelt und sagte sich: Jetzt erst recht! Gier war schließlich nicht per se etwas Schlechtes. Klar, wer seine Gier nicht kontrollieren kann und andere schädigt, um sie zu befriedigen, ist ein asoziales Ekel. Aber Gier an sich ist doch kein Problem. Man muss sie nur gezielt einsetzen beziehungsweise wissen, in welchen Situationen man sich ihr überlassen kann und in welchen nicht. Aber Impulskontrolle war ja nun wirklich nicht mein Problem.

Es dauerte eine ganze Weile, bis ich einen Namen für diesen Charakterzug hatte, der etwas freundlicher war. Einen Namen für die Gier nach Neuem …

RITT AUF DEM DRACHEN, ODER: AUF DER JAGD NACH DEM THRILL

Ein glühend heißer Septembertag geht zu Ende. Schwer atmend liegt die algerische Wüste unter der gleißenden Sonne, die sich nach und nach rot färbt. Das fahle Gelb der endlosen Dünen im Grand Erg Oriental wird langsam zu einem intensiven Ocker, dann Gold und schließlich Rot. Noch ist der Himmel stahlblau, doch in weniger als einer Stunde wird die Nacht wie ein Tuch auf den Sand fallen. Sie wird alles in undurchdringliche Schwärze hüllen, an deren Wölbung die Sterne wie funkelnde Diamanten an der Decke einer Höhle hängen. Nirgends sonst auf der Welt ist der Himmel so klar.

Ich bin 22 und sitze ganz oben auf einer der Dünen. Hier in Ostalgerien türmen sie sich 150 Meter hoch auf. Der Weg durch den tiefen Sand hinauf war anstrengend. Immer wieder rutschte der Boden unter mir ab, und ich kämpfte um mein Gleichgewicht. Von hier oben ist es ein atemberaubendes Schauspiel. Die endlosen Hügel reihen sich Düne an Düne wie Wellenberge im Ozean. Ein rotgoldener Ozean, der sich ins Unendliche erstreckt. Die Wüste scheint zu atmen, sich auf mich zuzubewegen. Ich drohe mich zu verlieren in dieser Weite, von ihr verschlungen zu werden, ich, diese winzige, unbedeutende Oase der Zeitlichkeit in dieser ewigen Unendlichkeit. Meine Füße liegen im noch warmen Sand, der sich an meine Haut schmiegt. Bald wird er abkühlen wie im Tod.

Etwas bewegt sich und kitzelt mich. Überrascht ziehe ich die nackten Füße an. Knapp unterhalb davon gräbt sich etwas aus dem Boden ans Licht. Mir bleibt der Atem stehen, als ich begreife, was es ist.

Eine Schlange wühlt ihren fahlen Körper aus dem Sand. Einen halben Meter lang, gedrungen, grob geschuppt. Wie in Zeitlupe nehmen meine Augen die kleinen Hörnchen über den Augen wahr. Die Fleckenzeichnung in Braun. Eine Hornviper.

Hämotoxisch, jagt es durch meinen Kopf. Ein Gift, das die Sauerstoffversorgung der Zellen über das Blut zerstört. Starke Schmerzen vermutlich, und hier, Hunderte Kilometer vom nächsten Krankenhaus entfernt und ohne Antiserum, tödlich.

Mein Körper macht instinktiv einen Satz zurück. Ich raffe meine Schuhe auf. Die Viper hat mich ebenfalls bemerkt, mit seitlich sich windenden Bewegungen flieht sie die Düne hinab. Nicht schneller als ein flotter Schritt, Schlangen kommen kaum auf mehr als vier, vielleicht sechs Stundenkilometer. Angst, als mir klar wird, was gerade hätte passieren können. Gleichzeitig flutet ein absurdes Hochgefühl mein Bewusstsein.

Den ganzen Abend bin ich wie auf Drogen. Ich habe eine Hornviper gesehen! Wahnsinn! Diese Zeichnung, ganz deutlich zu erkennen, und so nah, fast Auge in Auge! Und dann an diesem ungewöhnlichen Ort! Normalerweise klettern Vipern nicht auf Dünen, dort gibt es nichts zu jagen. Sie muss noch ein wenig schlaftrunken gewesen sein, sonst wäre sie nicht so langsam gewesen. Einfach unglaublich, was für ein Jammer, dass ich kein Foto gemacht habe!

Wir schlagen unsere Zelte unterhalb der Dünen auf. Als ich meines am nächsten Morgen abbaue, bewegt sich etwas unter dem Sand – genau an der Stelle, wo mein Schlafsack lag. Ich traue meinen Augen nicht. Vipern meiden Menschen. Hornvipern spüren ihre Anwesenheit mit dem Grubenorgan, das ihnen verrät, dass wir viel zu groß sind, um uns zu jagen. Vorsichtig ziehe ich das Zelt zur Seite. Da liegt sie. Richtet sich auf, sieht mich an mit ihren starren, geschlitzten Pupillen. Und erzeugt dieses typische zischende Geräusch. Noch etwas starr von der Kälte der Nacht. Reptilien sind wechselwarm, jagt es mir durch den Kopf. Ihre Körpertemperatur passt sich der Umgebung an. Bis sie so richtig fit ist, werde ich ein paar Minuten haben.

Ich halte etwas mehr Abstand, als ich ihre Reichweite beim Zustoßen einschätze, mache Foto über Foto. Mein Herz pocht vor Freude, unglaublich! Auf der ganzen Reise bisher habe ich noch keine Schlange gesehen, nicht einmal ein albernes Natternhemd, eine abgestreifte Haut. So lange habe ich vergeblich gehofft, und jetzt habe ich sogar mit einer gekuschelt! Vermutlich hat sie sich unter mir eingerichtet, um die Nachtkälte zu lindern. Als sie anfängt, nach der Schaufel zu beißen, mit der wir sie festhalten, lassen wir sie los. Ich bin high. Kann an nichts anderes denken als an dieses irre Erlebnis. Rede wie ein Wasserfall, bin nicht zu bremsen. Ich könnte tanzen, aber mein Atem geht tief und ruhig. Ich bin ganz in mir. Glücklich.

Wenn ich das so erzähle, halten mich manche Leute für verrückt. Vor meiner Abfahrt lag mir meine Mutter ein halbes Jahr lang jeden Abend in den Ohren, ich würde diese Reise nach Algerien nicht überleben (damals zogen gerade die Mordkommandos der GIA, der Gironde Islamique Armée, durch das Land, allerdings beschränkten sie sich damals auf algerische Intellektuelle – und auf Schulmädchen, die kein Kopftuch tragen wollten). Irgendwann erwiderte ich genervt: »Na prima, dann muss ich wenigstens nicht in Freising an Langweile sterben!«

Ja, das klingt jetzt nicht nach Sheldon Cooper. Korrekt. Willkommen bei den etwas anderen Hochbegabten.

Es war einer der Abende in meiner tristen Göttinger Zeit, und im Fernsehen lief eine Szene aus der BBC-Serie *Sherlock*: Sherlock Holmes flegelt auf einem Sessel in seinem Wohnzimmer in der Baker Street. Seine unmotiviert herabhängende Hand hält einen Revolver. Und in Abständen hebt er sie, um auf die Wand zu schießen. Peng! Gähnen. Peng! Watson kommt nach Hause. Er hält sich die Ohren zu und ruft fassungslos: »Was zur Hölle tun Sie da?« Sherlock: »Bin gelangweilt!« Und bevor Watson protestieren kann, springt er auf, schießt wieder und wieder Löcher in die Wand, während er brüllt: »Gelangweilt!! Gelangweilt!!!«

Bis zu diesem Moment hatte ich reglos auf den Fernseher geschaut. Jetzt setzte ich mich auf und starrte mit aufgerissenen Augen auf den Bildschirm. Lachte schallend los. Da tickte jemand wie ich! Genau das hatte ich schon so oft gedacht, hätte mich aber nie getraut, es zu sagen. Es war ein unglaubliches Gefühl der Befreiung. Danke, Sherlock! Du hast mir den Abend gerettet und an meiner Stelle getan, was ich so oft so gerne auch täte.

Langeweile ist eine Folter. Bohrende, leere Langsamkeit, die dir Milliliter für Milliliter die Lebenskraft aussaugt. Den Atem lähmt, dir das Blut aus den Adern zieht und dich nach und nach von innen heraus vergiftet.

Stellen wir uns einmal vor, Sherlock sei kein Mann, sondern eine Frau. Vielleicht ist er mit Dr. Watson verheiratet, und sie leben nicht in der pulsierenden Baker Street, sondern auf dem Land. Was würde passieren, wenn, von diesen äußeren Umständen abgesehen, der Charakter derselbe bliebe?

Es würde ein Mord geschehen. Übrigens ist diese Geschichte mehrfach erzählt worden. Sherlock bringt darin zwar niemanden um, weil im 19. Jahrhundert Frauen keine Krimi-Mörderinnen waren. Dafür geht »er« fremd und stirbt am Ende: Ich spreche von Emma Bovary und Effi Briest.

Es gibt Menschen, die gehen sich freiwillig langweilen, machen Urlaub am Strand oder im Kloster. Andere können stundenlang auf einem Kissen sitzen und an gar nichts denken. Für mich ein Alptraum!

Ein Pferd wird krank und kann sogar sterben, wenn es nicht jeden Tag bewegt wird. Laufen ist seine Natur. Eine Katze wird neurotisch, wenn sie nicht jagen darf. Jagen ist ihre Natur. Mein Gehirn muss auch bewegt werden. Es muss jagen. Es braucht ständig Anregungen, sonst verkümmert es.

Arthur Conan Doyle hat mit Sherlock Holmes den Prototyp dieser Art Hochbegabter gezeichnet: Holmes benötigt ständig neue Fälle. Ist er an einem dran, ist er hellwach, enthusiastisch und von messerscharfem Verstand. Aber zwischen seinen Fällen ergreift ihn eine Art Depression, er verkriecht sich im Schlafrock im verdunkelten Zimmer, ernährt sich von Tabak, Alkohol und Drogen, lässt alles schleifen. Er wirkt, als hätte er zwei Persönlichkeiten.

Ich verstehe Sherlock Holmes sehr gut. Dank meiner Impulskontrolle bin ich zwar weder drogensüchtig noch Raucherin oder alkoholkrank. Doch auch mein Gehirn will arbeiten, schreit danach, zu lernen und aktiv zu sein. Es ist ein Rennpferd, das keine zehn Minuten ruhig stehen kann und selten alle vier Hufe gleichzeitig auf dem Boden hat. Tausendmal lieber arbeite ich mich in eine vollkommen neue Wissenschaft ein oder lerne eine neue Sprache, als zwei Tage am Stück Party zu machen oder gar zu entspannen. Das Schlimmste ist Routine.

Tage, wie sie für die meisten Menschen normal und angenehm sind, sind für mich der blanke Horror. Dann legt sich ein dunkler Nebel auf mein Gehirn, dämpft mich und verengt den Radius um mich, zieht ihn enger und enger wie ein Gefängnis. Unterdrückte Emotionen jagen durch mein Nervensystem und lähmen es – wie beim Tetanus, bei dem die Lähmung ebenfalls durch einen Starrkrampf, also durch ein Zuviel an Bewegung, verursacht wird. Mein Bewusstsein wird dumpfer, irrealer. Ich funktioniere, ohne wirklich wahrzunehmen. Ich sehe die Bilder, die vor mir ablaufen, aber ich verbinde weniger und weniger damit. Mein ganzes Bewusstsein ist darauf konzentriert, nicht zu schreien, herumzutoben oder eben in die Wand zu schießen. Die zivilisierte Fassade aufrechtzuerhalten.

Tatsächlich habe ich die Gefühle von Langweile und Aggression lange Zeit nicht miteinander in Verbindung gebracht. Als Kind war mir sehr oft langweilig. Meine Mutter meinte dann, sie selbst hätte immer etwas mit sich anzufangen gewusst, und ich solle mir Mühe geben, das auch zu tun. Ich nahm Langeweile entsprechend als charakterliches Defizit wahr und nicht als Symptom der Unterforderung. Also bemühte ich mich, ein gutes Kind zu sein, das etwas mit sich anzufangen weiß. Natürlich funktionierte das nicht. Das Ergebnis war Türenknallen früher oder später. Niemand wusste, dass das schon die Version mit aktivierter Impulskontrolle war – ohne diese hätte ich in die Wand geschossen. Das Geräusch und die Wucht der zuschlagenden Tür nahm wenigstens etwas von der Spannung, die mich zu zerreißen drohte. Man schenkte mir Wutzettel: Zettel, die ich zusammenknüllen und werfen sollte. Aber die Zettel waren ja nur Papier, sie machten kein Geräusch und wogen so gut wie nichts. Manchmal, wenn niemand hinsah, schlug ich mich sogar selbst. Das war noch immer besser, als die Anspannung zu ertragen, die aus der Langweile kam.

In der Zeit in Göttingen, als das alles wieder hochkam, hatte ich Angst, eine Borderline-Persönlichkeitsstörung zu entwickeln. Ich ließ es sogar überprüfen, mit negativem Ergebnis. Erst die Diagnose der Hochbegabung machte mir klar, dass ich völlig normale Symptome der Unterforderung zeigte. Sie manifestierten sich nur auf etwas auffällige Weise. Auf dieser Basis konnte mein wissenschaftliches Ich endlich den Namen für das finden, was an mir anders war.

»Sensation Seeking bezeichnet ein Persönlichkeitsmerkmal, das intensive Erfahrungen (*sensations:* Eindrücke, Empfindungen) sucht, und zwar auch dann, wenn es riskant ist. Der Begriff geht auf Marvin Zuckerman (1964) zurück. Er geht davon aus, dass alle Menschen ihr optimales Erregungsniveau regulieren, indem sie je nach Bedarf Reize meiden oder aufsuchen. Einige nehmen an, dass eine schlechte Weiterleitung des Dopamin-Signals, begründet in einer bestimmten Form des Gens für den Dopamin-4-(oder auch D-2-)Rezeptor, Sensation Seeking begünstigt. Tatsächlich wird das Phänomen zu ca. 70 Prozent vererbt. Männer sind signifikant häufiger betroffen als Frauen – da sich die Unterschiede aber mit zunehmender Gleichberechtigung verringern, scheint das eher soziale als biologische Gründe zu haben.

Annette von Droste-Hülshoffs Gedicht ›Am Turme‹ illustriert sehr lebhaft, dass nicht jede Frau, die sich brav und still gibt, das auch in Wirklichkeit ist: Das dichterische Ich steht oben auf dem Turm ihres Schlosses, lässt den Wind in ihrem gelösten Haar wühlen und stellt sich drei aufregende Szenarien vor, die ihrem Bedürfnis nach Abenteuer entgegenkämen, in ihrer Welt aber Männern vorbehalten sind. Das Gedicht endet:

Wär' ich ein Jäger auf freier Flur,
Ein Stück nur von einem Soldaten,
Wär' ich ein Mann doch mindestens nur,
So würde der Himmel mir raten;
Nun muß ich sitzen so fein und klar,
Gleich einem artigen Kinde,
Und darf nur heimlich lösen mein Haar
Und lassen es flattern im Winde!«

»Klugscheißer«, sagte ich zu meinem wissenschaftlichen Ich. »Ich kenne das Gedicht. Es ist eines meiner Lieblingsgedichte. Aber was willst du mir damit sagen?«

»Ach, stell dich nicht schon wieder dumm«, erwiderte mein wissenschaftliches Ich. »Unterdrückte Abenteuerlust, aber auch unterdrückte Sinnlichkeit sprechen zwei charakteristische Bereiche des Sensation Seeking an. Psychologen unterscheiden vier Typen. Thrill oder Adventure Seeker suchen das Abenteuer, machen Extremsport oder Ähnliches. Beispiele? Indiana Jones in der fiktiven Welt oder Reinhold Messner in der realen. Experience Seeker machen Reisen, oder sie chillen mit Musik oder Drogen. Sagen wir: John Lennon, oder die Hippies, die mit ihren VW-Bussen zu den Mohnfeldern Afghanistans fuhren. Dann gibt es die Disinhibition Seeker: Partylöwen, die ungeschützten Sex mit allem haben, was nicht bei drei auf den Bäumen ist. Berühmtes Beispiel: Giacomo Casanova. Wenn du mich fragst, ist das der langweiligste Typ, man muss dazu ja nicht mal aus dem Haus gehen. Und schließlich gibt es die mit Boredom Susceptibility: Sie haben eine allgemeine Abneigung gegenüber Routine – wie in diesen Filmen, wo alte Leute aus dem Pflegeheim ausbrechen und noch einmal leben wollen. In ähnlichem Zusammenhang findet man übrigens auch die Bezeichnung Novelty Seeking: Das Bedürfnis nach Neuem, nach Abwechslung.«

»Aha«, sagte ich, weil mir nichts Besseres einfiel. Aber auf einmal erinnerte ich mich …

»Schatz«, sagte mein Mann, als unsere Tochter vier Wochen alt war, »lass den Haushalt, setz dich hin und arbeite wieder. Sonst geht hier eine Bombe hoch.«

Ich hatte Ringe unter den Augen, meine Haut war aschfahl, und ich sah aus wie ein Vampir im Morgengrauen. Vermutlich trug ich einen schlabbrigen Schlafanzug, Pantoffeln und eine Strickjacke. Und das war nicht das Schlimmste. Ja, ich war übermüdet. Ja, ich war nicht sehr schön angezogen. Aber vor allem war ich kurz davor, die Wände zu zerschießen oder schreiend den Kopf gegen die Wand zu schlagen. War das Sensation Seeking?

»Bingo«, erwiderte mein wissenschaftliches Ich. Es musterte mich misstrauisch und fügte mit schiefgelegtem Kopf hinzu: »Traditionell wird Sensation Seeking mit einem erhöhten Risiko für Drogenmissbrauch und antisoziales Verhalten assoziiert. Fährst du vielleicht manchmal zu schnell?«

»He, Moment, mach mal einen Punkt!«, unterbrach ich. Hatte mich dieses Luder gerade einen Verkehrsrowdy genannt? Ich fahre völlig normal. Vielleicht ein bisschen sportlich, aber nicht mehr. »Antisoziales Verhalten kann viele Gründe haben. Den Autobahndränglern geht es um Macht, nicht um Sensation Seeking. Und nicht jeder, der kifft, macht das wegen intensiver Erfahrungen, sondern meistens nur, weil es die Kumpels auch tun.«

»Meinetwegen.« Mein wissenschaftliches Ich schien jetzt etwas genervt. »Aber du hast mich ja nicht ausreden lassen. Norbury und Husain betonen in einer aktuellen Studie nämlich, dass sich Sensation Seeking durchaus auch positiv manifestieren kann. Es kommt häufig bei Feuerwehrleuten, Fachleuten für Sprengstoffentschärfung, Rettungs- und Polizeikräften vor. Sensation Seeking an sich stellt also nur eine Disposition dar, die man auf soziale oder antisoziale, auf gesunde und weniger gesunde Weise ausleben kann.«

Ich bewältigte den Impuls, meinem wissenschaftlichen Ich eine reinzuhauen. »Okay, das leuchtet mir ein. Das ist vermutlich gemeint, wenn von Sherlock immer wieder gesagt wird, er hätte auch Verbrecher statt Detektiv werden können. Aber ist das nicht ein bisschen ungerecht, jedem Abenteurer, Polizisten und Lebensretter zu unterstellen, er sei ein potentieller Junkie, und es wäre ihm letztlich egal, ob er Verbrecher jagt oder kokst?«

Mein wissenschaftliches Ich schien keine solchen Skrupel zu hegen. »Wirklich interessant ist doch das: Sensation Seeking kann sogar helfen, in besonders schwierigen Situationen klarzukommen. Das Interesse an Herausforderungen federt den Stress ab. Tatsächlich produzieren Sensation Seeker zum Beispiel beim Fallschirmspringen weniger von dem Stresshormon Cortisol. Auch bei ehemaligen Kriegsgefangenen zeigte sich, dass die Sensation Seeker unter ihnen seltener und weniger unter posttraumatischen Belastungsstörungen litten. Möglicherweise ist das Sensation Seeking also eine Resilienzstrategie, die das Ausschütten von Stresshormonen reduziert. Wie es sich äußert, hängt nach Ansicht von Norbury und Husain auch von anderen Umständen ab: Lässt das Umfeld ein produktives Ausleben zu? Reichen die kognitiven Möglichkeiten für eine anständige Impulskontrolle? Laut Mujica-Parodi und anderen spielt nämlich vor allem die Zusammenarbeit zwischen kognitivem und Lustzentrum eine Rolle. Hier zeigt sich ein klarer Unterschied zwischen unvorsichtiger Risikofreude und Mut, der die Gefahr erkennt, sich davon aber nicht einschüchtern lässt. Anhand von Untersuchungen an Mensch und Tier wurde festgestellt, dass die Bedrohungswahrnehmung durch einen Kreislauf zwischen Amygdala und präfrontalen Regionen reguliert wird, und zwar durch ein komplexes System von verhaltenshemmenden und verhaltensaktivierenden Komponenten.«

»Okay, okay, langsam!«

»Warum das denn, kiffst du neuerdings? Dem Sensation Seeking der unvorsichtigen Variante scheint ein kognitives Defizit zugrunde zu liegen, Bedrohungen zu erkennen. Die ›Mutigen‹ hingegen erkannten die Gefahr und setzten sich kontrolliertem

Risiko aus. Beide Typen schütteten im Experiment beim Fallschirmspringen weniger Cortisol aus, waren also stressresistenter.«

Da war etwas dran. Wenn ich mich gestresst fühle, tue ich manchmal Dinge, die bei anderen eher Stress erzeugen. Wenn ich etwas Verrücktes tue, fühle mich dabei lebendiger als im Sessel. Es ist ein Gefühl von Freiheit, von Kraft, die mich durchströmt. Als ob das, was ich an körperlicher Energie aufwende, als psychische Energie wieder in mich fließen würde.

Und da gab es noch diese Geschichte, damals, als ich nachts in einer abgelegenen Gasse von einem Betrunkenen verfolgt wurde. Der arme Teufel wusste allerdings nicht, dass ich gerade vom Schwertkampftraining kam. Weil man mit einem Mittelalterschwert vermutlich keinen Anspruch auf Beförderung im öffentlichen Nahverkehr hat, trug ich es unter dem Mantel wie weiland der *Highlander*. In der menschenleeren dunklen Gasse war das aber natürlich nicht zu sehen. Bis zur Hauptstraße waren es mehrere Hundert Meter, und der Betrunkene mit seinen aggressiv-anmachenden Sprüchen kam immer näher. Ich verlor die Nerven. In meinem Fall heißt das: Ich drehte mich um, zog das Schwert aus dem Mantel und ging auf ihn zu, wobei ich es drei-, viermal in der Luft schwang, dass es im fahlen Schimmer aufblitzte. Fauchte ihn an: »Okay, Arschloch, wenn du Ärger willst, kannst du Ärger haben!« Ich wartete einen Moment, während der Mann mich fassungslos anstarrte und sich vermutlich fragte, was in dem Schnaps gewesen war, den er getrunken hatte. Da er sich nicht bewegte, steckte ich das Schwert wieder ein und setzte meinen Weg fort. Kaum war ich um die Ecke, lachte ich mich schlapp.

Trotzdem fand ich es schon ein starkes Stück, was mein wissenschaftliches Ich da behauptete. »Soll das heißen, es ist nur die Impulskontrolle im präfrontalen Kortex, die den Helden vom leichtsinnigen Idioten, den Intellektuellen vom Alkoholiker trennt?«

»In etwa. Darüber hinaus«, fuhr mein wissenschaftliches Ich selbstzufrieden fort, »besteht ein nachgewiesener Zusammenhang zwischen Sensation Seeking und IQ: Kinder, die im Alter von drei Jahren ein ausgeprägtes Sensation Seeking zeigen, haben später deutlich höhere IQ-Werte. Norbury und Husain nahmen als Grund für das Sensation Seeking eine geringere Dichte von Dopamin-D2-Rezeptoren im Striatum an.«

Jetzt wurde ich nachdenklich. Auch meine hochbegabte Tochter Natascha hatte schon früh eine ausgeprägte Angstlust gezeigt. »Dopamin, eines der ›Glückshormone‹, ist ein Neurotransmitter, eine Vorstufe des Adrenalins. Es wird im Mittelhirn hergestellt und ist zuständig für die Motorik, das Belohnungszentrum im Gehirn, die kognitiven Fähigkeiten – und reguliert die Produktion von Prolaktin: das Hormon, das während der Schwangerschaft die Brust wachsen lässt.«

»Ja. Aber dass du mir jetzt keine Schlüsse von der Größe einer weiblichen Brust auf ihr Sensation Seeking und von dort auf den IQ ziehst!«

»Okay, es reicht. Ich hole mir ein Glas Wein.«

»Uh! Dopaminsüchtig?«

»Halt die Klappe!!«

Sensation Seeker sind also ambivalente Gesellen, irgendetwas zwischen Rowdy und Drachentöter. Aber wieso eigentlich den armen Drachen töten, wenn man genauso gut einen Sattel drauflegen und sich mit ihm in die Lüfte erheben kann? Was mich betrifft, ich bin keineswegs streitsüchtig, mit Drachen und Menschen lege ich mich nur an, wenn es nötig ist. Streit ist meistens ein Machtkampf: langweilig. Machtgierige Menschen sind langweilig, genauso wie die selbstverliebten Typen ohne Innenwelt, die auf Abenteuer machen, aber in Wirklichkeit nur etwas zum Angeben suchen. Das hat nichts mit Sensation Seeking zu tun. Sensation Seekern ist es egal, ob jemand mitbekommt, wie sie den

Mount Everest besteigen, durch den Canyon robben oder von einer Siebzig-Meter-Klippe springen. Sie suchen nicht die Anerkennung der anderen, sondern das kribbelnde Gefühl in diesem unglaublichen Moment der Schwerelosigkeit. Wenn sie damit an die Öffentlichkeit gehen, dann vor allem, um sich diese meist sehr teuren Expeditionen zu finanzieren, und nicht, weil sie gern im Rampenlicht stehen (wobei es natürlich auch solche gibt, die beides mögen – auch das Rampenlicht ist ja ein Thrill).

Alexander Huber, Extremkletterer, hat zum Beispiel eine Antwort zu diesem Thema, die an Deutlichkeit nichts zu wünschen übriglässt: »Also den Schmarrn mit dem Marktwert, den können wir jetzt mal vergessen. Ich mache die Sachen für mich, weil ich sie geil finde, und nicht für irgendwen sonst. Was ich da tue, ist meine Passion. Punkt.«

Völlig richtig. Langweile ist pure Folter. Deshalb habe ich urplötzlich angefangen, mich für Quantenmechanik zu begeistern, entdecke gerade die Neurobiologie neu, und vielleicht lerne ich morgen endlich Chinesisch. Und aus demselben Grund liebe ich das Gefühl im Flugzeug, wenn die Maschinen Vollgas geben, unter mir tausende PS aufheulen und mich die Kraft beim Abheben in den Sitz drückt. Weil es einfach, um es mit den Worten von Herrn Huber zu sagen, geil ist. In abgeschwächter Form kennen wir das Phänomen des Sensation Seeking alle. Wir Menschen sind nicht für eintönige Bürojobs gemacht. München ist voll von Versicherungsangestellten, die am Wochenende zum Klettern, Bergsteigen oder Snowboarden gehen. Genauso funktioniert das Sensation Seeking, nur dass uns schon sehr viel schneller langweilig wird als den meisten anderen. Stellt euch vor, ihr müsstet Wäscheklammern nach Farben sortieren. Minute für Minute, Stunde für Stunde, Tag für Tag, Monat für Monat. Nach ein paar Stunden würdet ihr leicht ungeduldig und matschig im Kopf sein, nach einem Tag gerädert, nach zwei Tagen nur noch auf Krawall gepolt. So fühlt sich ein Leben, das für andere normal ist, für einen Sensation Seeker an.

HOCHBEGABUNG UND SENSATION SEEKING

Hochbegabung und Sensation Seeking scheint zunächst ein Widerspruch zu sein: Beim Sensation Seeking ist Nachdenken nicht unbedingt sinnvoll, aber Hochbegabung führt nun leider genau dazu. Das Verhältnis der beiden ist also nicht gerade spannungsfrei und führt zu Situationen wie dieser: Euer hochbegabtes Sensation-Seeker-Kind hockt heulend auf dem Ast eines riesigen Baums, weil es zwar voller Begeisterung hochgeklettert ist, aber jetzt nicht weiß, ob es noch höher (aufregend) oder lieber wieder hinunter zu Mama (vernünftig) will. Es ist etwa so, als ob dich ein Teil von dir auf die Klippe zuschubst und der andere »Halt!« schreit.

Physiologisch gesehen ist es die Amygdala, der Mandelkern im Hirn (der auch tatsächlich aussieht wie eine Mandel), die für Gefahrenmeldungen zuständig ist, und der präfrontale Kortex im Frontalhirnlappen, der die Impulskontrolle regelt und so gewissermaßen den körpereigenen Controller gibt. Vereinfacht gesagt: Die Amygdala vibriert vor Schreck, das Mittelhirn mit der Substantia Nigra, welche das Dopamin produziert, schreit: Jippie! Körpereigene Drogen für alle!, aber der präfrontale Kortex schiebt den Riegel vor: Nichts da, du Hippie, zu gefährlich! Da der Letztere bei Hochbegabten gut funktioniert und sich – was keineswegs immer von Vorteil ist – kaum abschalten lässt, ist er selbst in Situationen noch kommandobereit, wenn andere Sensation Seeker längst nur noch nach ihrer Dopamin-Dosis sabbern.

Manchmal beneide ich die Sensation Seeker, die nicht hochbegabt sind. Die preschen einfach drauflos und haben nie vierundzwanzig mögliche Ausgänge der Situation simultan auf dem inneren Bildschirm. Ihr präfrontaler Kortex lässt das Mittelhirn machen und hält ein Nickerchen. Meiner schläft nie.

SENSATION SEEKING UND SENSIBILITÄT

Andrea Brackmann hat in ihrem Buch *Jenseits der Norm* einige klassische Sensation Seeker beschrieben. Sie ordnet sie ebenfalls den hoch Sensiblen zu. Das klingt zunächst überraschend, denn Sensation Seeking wirkt auf den ersten Blick gerade *nicht* besonders sensibel. Mit Sensibilität verbindet man eher Introvertiertheit, und es stimmt, dass viele Hochbegabte eher introvertiert sind. Manche haben aber auch noch eine zweite, ganz andere Seite, die mit ihrem introvertierten Selbst streitet. Mein gern benutztes Beispiel Sherlock Holmes oder die Geschichte von meinem nächtlichen Schwertkampf erwecken vielleicht den Eindruck, Abenteuerlust und Risikofreude seien eine coole Sache. Aber es kann natürlich auch sehr viel weniger cool ablaufen. Schicken wir den Sherlock-Typus doch mal in den Alltag:

Es war ein Samstag im Supermarkt. Einkaufen ist – erraten: langweilig. Der Markt war zum Platzen voll. Überall aus allen Lautsprechern schallte Musik, nervtötende, repetitive Musik, diese immer gleichen, austauschbaren Stimmen, die mit immer denselben hörbaren Absätzen den künstlichen Eindruck von Leidenschaft erwecken. Die Rhythmen, ein Minimum schneller als ein normaler Puls, beschleunigten meinen Herzschlag und erzeugten ein flaues Gefühl. Überall Menschen, laute Stimmen, die sich über nichtssagende Dinge unterhielten. Zu allem Überfluss hatte man draußen auf dem Parkplatz noch einen Grillhähnchenstand und Bierbänke aufgestellt und beschallte mit lauter Volksfestmusik. Meine Lippen wurden zu dünnen Strichen. Meine Brauen zogen sich zusammen, meine Schultern verkrampften sich, die Muskeln wurden zu harten, schmerzenden Strängen. Mein Aggressionspegel erreichte gemeingefährliche Höhen. Um ihn zu kontrollieren, brauchte ich meine ganze Konzentration. Meine Wahrnehmung verengte sich mehr und mehr – vom Supermarkt auf das vor mir stehende Regal, vom Regal auf das eine Brett vor meinen Augen, von diesem auf eine Dose. Zog sich mehr und mehr in mich zurück, so dass ich Mühe hatte, überhaupt zu finden, was ich kaufen wollte. Klassische hoch Sensible bekommen in Situationen wie dieser einen Panikanfall. Ich auch – aber er läuft ein wenig anders ab.

Irgendwie schaffte ich es zur Kasse und nach draußen. Beide Hände auf die Ohren gepresst, hetzte ich über den Parkplatz zum Auto, wobei ich alle meine Einkäufe zwar säuberlich einlud, dabei aber ein Gesicht aufgesetzt hatte, das aussagte: Ein falsches Wort jetzt, und ich pulverisiere alles im Umkreis von fünfhundert Metern. Als ich endlich daheim war, verzog ich mich zitternd und mit wild schlagendem Herzen in mein Arbeitszimmer und machte die Tür hinter mir zu. Ich brauchte Stunden, um wieder auf Normaltemperatur zu kommen.

Was war passiert? Ich hatte seit Monaten nichts Aufregendes mehr gemacht. Im Normalfall stören mich viele Menschen gar nicht, ich habe durchaus gesellige Momente. Aber Langweile ist für mich ein Stressfaktor, vielleicht der schlimmste von allen. Kommen weitere hinzu – schlechte Musik, viele Leute, anspruchslose Themen –, wird mein Organismus mit Adrenalin geflutet, und ich rutsche gefährlich ins Flight-or-Fight-Stadium. In meinem Fall ist das häufig der Fight. Wird das Adrenalin nicht abgebaut, durch Sport, irgendeinen Thrill oder Ähnliches, schlägt es in Aggression um und ich muss leider sagen, dass ich dann unerträglich werde. Schlimmstenfalls explodiere ich aus völlig nichtigem Anlass, und wer sich nicht schnell genug verdrückt, kriegt alles ab. Möglicherweise dank der Hochbegabung, vielleicht auch schlicht aufgrund meiner starken Impulskontrolle, bin ich zum Glück meistens imstande, die Aggression auf einem zumindest äußerlich verträglichen Niveau zu halten. Doch das sind die Situationen, in denen ich mir insgeheim einen Revolver wünsche, um daheim im Keller Löcher in die Wand zu schießen.

Damals war ich völlig irritiert und dachte, ich bin ein Monster. Dass so etwas bei Hochbegabten gar nicht so selten ist, erfuhr ich erst später. Wenn ich heute in eine solche Situation komme, frage ich mich nicht mehr, was mit mir nicht stimmt, sondern weiß: Es ist wieder mal Zeit für den Ritt auf dem Drachen.

Man könnte annehmen, dass man in dieser Situation Reize eher meiden sollte. Immerhin sieht es ja so aus, als wäre der Reizfilter komplett ausgefallen. Das Gegenteil ist jedoch der Fall. Der Reizfilter funktioniert besser, sobald ich nicht mehr permanent beschäftigt bin, mit dem Stress der Langweile klarzukommen.

Tatsächlich produzieren gelangweilte Menschen mehr Cortisol, haben erhöhten Puls und Blutdruck. Langweile kann Aggressionen, Angst und Suchterkrankungen begünstigen, das ist mittlerweile nachgewiesen. Offenbar besteht auch ein Zusammenhang zwischen Langweile und Kreativität. Gewöhnlich wird er so gedeutet, dass Langweile kreativ mache. Ich persönlich denke, dass umgekehrt kreativen Menschen bei eintönigen Tätigkeiten schneller langweilig wird.

Dieser Persönlichkeitszug kann zu Missverständnissen führen. Andrea Brackmann führt zwei Besonderheiten auf, die häufig im Kontext mit Hochbegabung und hoher Sensibilität auftreten und mit denen Hochbegabung bisweilen verwechselt wird: die Borderline-Persönlichkeitsstörung und das Autismus-Spektrum. Beide Störungen haben zunächst einmal nichts mit Intelligenz zu tun, doch fällt auf, dass bei beiden ein relativ hoher Prozentsatz Hochbegabter vertreten ist. Brackmann vertritt daher die These, dass beide mit hoher Sensibilität zusammenhängen, die wiederum oft (aber nicht immer) mit Hochbegabung verknüpft ist. Hohe Sensibilität (im Sinne von E. Arons »Hochsensibilität«) betrifft etwa 20 Prozent der Bevölkerung, Hochbegabung nur rund 2 Prozent. Beiden aber gemeinsam sei eine besonders ausgeprägte Leitfähigkeit des Nervensystems. Autismus sei möglicherweise eine extreme Form von hoher Sensibilität. Die scheinbar gefühlsarme, in sich zurückgezogene Art rühre in Wahrheit von einem permanent überreizten Nervensystem her, weil Reize nicht gefiltert werden könnten. (Dazu passt, dass der Autist Birger Sellin tatsächlich schreibt, er habe nicht weniger Gefühle als andere, sondern mehr.) Borderline wiederum sei eine besonders bei Hochbegabten auftretende Form, Traumata mit Hilfe von Intelligenz besser verarbeiten zu können (also eine Resilienzstrategie, wie oben fürs Sensation Seeking beschrieben). Allerdings sind nicht alle Autisten und nicht alle Borderliner hochbegabt. Es handele sich also um eine Form hoher Sensibilität, die oft, aber nicht immer gemeinsam mit Hochbegabung auftrete. Hoch sensible Hochbegabte unterscheiden sich also von den »klassischen« durch oft ungewöhnliche Verhaltensweisen, welche die Diagnose der Hochbegabung erschweren.

Kein Wunder, dass hochbegabte Sensation Seeker manchmal für Borderliner gehalten werden. Was diese Menschen durchmachen, denen fälschlich eine Persönlichkeitsstörung attestiert wird und die womöglich Wochen in langweilige Krankenhäuser gepfercht werden, während der wahre Grund für ihr Leiden unentdeckt bleibt, ist wohl kaum vorstellbar. Vermutlich war ein guter Teil der »Hysterikerinnen« um Freud nichts weiter als gelangweilte hochbegabte Sensation Seeker.

Sehen wir uns noch einmal den zugehörigen Neurotransmitter an: Ein Dopamin-Mangel liegt zum Beispiel bei der Parkinson'schen Erkrankung vor, ein zu hoher Dopamin-Spiegel (etwa aufgrund von Kokain oder Amphetaminen oder, wie viele meinen, auch bei Schizophrenie) kann Psychosen auslösen. Es wird diskutiert, ob AD(H)S mit einem zu niedrigen Dopamin-Niveau zusammenhängt. Tatsächlich wird der Neurotransmitter bei AD(H)S keineswegs zu schlecht weitergeleitet, sondern zu schnell abgebaut. Nicht Langsamkeit ist das Problem – sondern Schnelligkeit. Das könnte auch eine Erklärung für Sensation Seeking bei Hochbegabten darstellen.

Es gibt tatsächlich mehrere Theorien, die im Sensation Seeking eine Form der Hochsensibilität sehen. Die eher zurückgezogenen Hochsensiblen, die also, welche von zu vielen Reizen eher sensibel werden, stünden den extravertierten gegenüber, die im Gegenteil Thrills suchen. Also auf der einen Seite Sheldon Cooper, der nach einem Wohnungseinbruch gleich in eine andere, weniger kriminelle Stadt ziehen will, weil er den Gedanken nicht erträgt, dass ein solches Einbrechen in seine Privatsphäre und sein mühsam durch allerlei Regeln geordnetes Dasein sich womöglich wiederholen könnte. Auf der anderen Seite Sherlock, der sich über Verbrechen freut, weil sie seinen Verstand herausfordern und gegen die Langweile helfen: »Vier Selbstmorde in Folge, und jetzt eine Nachricht – oh, es ist Weihnachten!«

Mit der Einteilung in extra- und introvertiert wäre ich vorsichtig, denn ich meine, dass hochbegabte Sensation Seeker extravertierte und introvertierte Seiten haben. Auch dem Konzept der Hochsensibilität stehe ich vorsichtig gegenüber, weil es bisher kaum erforscht ist. Deshalb schreibe ich meist »hoch sensibel« statt »hochsensibel«. Dennoch: Ich denke, die erste Version – sozusagen die Sheldon-Variante – kann leicht mit Autismus verwechselt werden, die zweite – nennen wir sie die Sherlock-Variante – mit der Borderline-Persönlichkeitsstörung (oder auch ADHS). Sheldons konstruieren allerlei Regeln in ihrem Alltag, die ihnen helfen, mit der Fülle von Reizen, die auf sie einstürmen, besser fertigzuwerden. Sie werden verrückt, wenn ein Buch schief steht oder sich zu viele Menschen in ihrem Zimmer aufhalten. (Ich spreche dann, in Anlehnung an die Biologie, scherzhaft von »Dichtestress«: bei manchen Tierarten kann es, wenn dieser Zustand der »Überbevölkerung« andauert, zur Unfruchtbarkeit führen, sozusagen als natürliche Geburtenkontrolle.) Sherlocks hingegen hassen Regeln, sondern brauchen ständig neue Reize, an denen sie sich abreagieren können, weil der größte Stressfaktor für sie die Langeweile ist.

Ich gehöre eindeutig zur letzteren Sorte. Und weil man mir beigebracht hat, dass gute Mädchen nicht in die Wände ballern, wenn ihnen langweilig ist, mache ich mir eben mit dem Schreiben historischer Romane Luft. Ein Genre, das gemeinhin als wenig anspruchsvoll, wohl aber voll von Sex und Gewalt gilt – also nicht gerade klassische Hochbegabtenlektüre. Ich kann im selben Satz anspruchsvolles philosophisches oder wissenschaftliches Fachvokabular und Kraftausdrücke verwenden. Ich lote die Grenzen der Sprache aus, und das bedeutet eben: Gossensprache neben Schiller. Schwertkampfszenen schreibe ich besonders gern, und oft gehe ich sie selbst mit meinen eigenen Waffen vorher durch. Was meine Romane betrifft – ein typisches Hochbegabtenmerkmal haben sie übrigens doch: Sie sind vollgestopft mit verborgenen Anspielungen auf diverse mittelalterliche Werke und Motive. Bis ich allerdings begriff, dass nicht jeder das auch merkt, weil das meiste davon nicht unbedingt zum Allgemeinwissen gehört, verging einige Zeit.

Der Grund, warum zum Beispiel bei Figuren wie Sheldon Cooper diese Vorliebe für Superhelden anzutreffen ist, liegt auch darin, dass diese Geschichten oft nicht nur ein – wenn auch sehr zartes – wissenschaftliches Fundament haben, sondern eben auch das Sensation Seeking bedienen und eine Möglichkeit zur Identifikation bieten: *Der unglaubliche Hulk* wird durch einen Laborunfall erzeugt und macht aus einem schüchternen, hochintelligenten Wissenschaftler ein großes grünes Monster, das sich nicht gerade durch intellektuelle Reflexion auszeichnet (da hat sich wohl auch mal jemand gewünscht, groß, stark und dumm zu sein, und konnte das sogar zu Geld machen). *Ironman* ist ein genialer Erfinder mit vielen Zügen eines Hochbegabten, der mit einem selbstgebauten Anzug in der Luft Düsenjäger entert etc. In der Tat mögen viele Hochbegabte das Spiel mit intellektuellen Inhalten fast genauso wie diese selbst, und es muss ihnen nicht immer ernst damit sein.

Ich kann in einer Minute mit meiner Tochter Superhelden-Filme ansehen und in der nächsten eine klassische Arie üben. Hinter beidem steckt der uralte menschliche Trieb, intensiv zu leben, weil man nur so überleben kann. Sie verwenden nicht dieselbe Sprache dafür, und sie bewegen sich auf ganz unterschiedlichen Stockwerken des menschlichen Geistes. Aber Fachleute dürften mir zustimmen, dass sich das Dopamin-Niveau durch Superhelden-Abenteuer ebenso hochjagen lässt wie durch eine Verdi-Oper.

Eine zur Esoterik neigende Gesangslehrerin, bei der ich einen Meisterkurs absolvierte, teilte ihren Schülern jeweils ein Totemtier zu. In meinem Fall war das ein Tiger. Damit konnte ich mich gut anfreunden: etwas zu groß geratene Kuschelkätzchen mit Mördergebiss. Ich denke, das trifft hoch sensible Sensation Seeker ganz gut (ersetzt je nach Präferenz den Tiger durch Löwen, Wildkatzen oder meinetwegen Wookies, die langhaarigen Tierwesen aus *Star Wars*). Ich hätte als Kind meine gefürchteten Wutanfälle jedenfalls leichter überwunden, wenn ich ein, zwei Türen hätte knallen dürfen, anstatt über meine unangebrachten negativen Gefühle zu diskutieren und am Ende zumindest verbal zu akzeptieren, dass es sich dabei zweifellos um eine Charakterschwäche handle (während ich in Gedanken brüllend im Viereck herumsprang). Es war im Nachhinein ein Glück, dass eine meiner Freundinnen eine begeisterte Judoka war. So durfte auch ich mit Judo anfangen. Später, als ich erwachsen war, sattelte ich auf weniger defensive Kampfsportarten um. Passt irgendwie besser zu mir.

Hier melden sich natürlich wieder die Geschlechterstereotypen zu Wort: Mädchen und Aggression, das passt nicht. Kampfsport? Um Himmels willen, dieses abartige Verhalten sollte man nicht auch noch fördern! Doch, sollte man. Ein Mädchen wird sehr viel verträglicher und »weiblicher« sein, wenn man es lässt. Und wer noch einmal überliest, was die Neurobiologie dazu sagt, wird mir recht geben. Lasst sie Karate machen und auf Berge klettern. Wenn ihr es ihr verbietet, kommt sie vielleicht auf die Idee, stattdessen zu klauen oder zu koksen, oder sie schleppt euch mit vierzehn einen Kerl an, den sie im Swinger Club kennengelernt hat, während ihr dachtet, sie übernachtet bei der Freundin von den Pfadfindern.

Sensation Seeking ist nicht automatisch mit Hochbegabung verknüpft. Es ist ein Persönlichkeitsmerkmal, das sowohl im Zusammenhang mit Hochbegabung als auch unabhängig davon vorkommt. Ich spreche auch deshalb so ausführlich darüber, weil man damit schwerer als hoch sensibel und hochbegabt erkannt wird als mit der »klassischen« Behaviour-Inhibition-Variante, die ich spaßeshalber die Sheldon-Variante genannt habe. Diese Leute hält man leichter für hochbegabt: jene eher vorsichtigen Zauderer, die alles fünfundzwanzigmal überdenken und alle Möglichkeiten durchspielen, ehe sie sich entscheiden zu handeln, und die durchdrehen, wenn auf ihrem Schreibtisch ein Buch verschoben wurde. Man denkt eher an Hochbegabte und hoch sensible Menschen, wenn man solche Typen vor Augen hat – Menschen, deren Intelligenz sie vor gefährlichen Situationen warnt, die sich zu dem hingezogen fühlen, was im Allgemeinen als Reich der Intelligenten gilt.

Wir anderen, wir Sensation Seeker, sind die Trickster unter den Hochbegabten. Es wirkt, als würden wir – trickstertypisch – ständig die Gestalt wechseln: mal drauflos ins Getümmel, dann wieder verkriechen hinterm Kamin. Wir werden zerrissen vom permanenten Widerspruch zwischen unserer Intelligenz, die uns warnt, und unserem Temperament, das uns vorantreibt. Wir freuen uns den ganzen Tag darauf, den gruseligen Science-Fiction-Film zu sehen, und schalten ihn dann nach fünf Minuten aus, weil wir Panik bekommen (und vielleicht nach weiteren fünf Minuten wieder ein, weil er doch so spannend war). Während andere Hochbegabte Stress vermeiden, gehen wir darauf zu, um das Adrenalin durch Action loszuwerden. Einerseits wissen wir genau, dass das, was wir tun, gefährlich ist, andererseits haben wir einfach verdammt noch mal diese Lust, uns genau deswegen hineinzustürzen. Es ist die pure Lebensenergie, die sich Luft verschaffen muss.

Im Unterschied zu »normalen« Sensation Seekern, die zum Beispiel Extrem- oder Kampfsport machen, neigen die Hochbegabten vermutlich dazu, dieses Bedürfnis als kalkuliertes Risiko einzugehen, also: in die Sahara fahren ja, aber erst nach ausgiebiger Prüfung der möglichen Risiken, ausreichend Arabisch, Französisch und Vitamintabletten im Gepäck sowie mit ausgiebigem Wissen über die Verhaltensbiologie von Reptilien. Außerdem machen viele sicher das, was bei Hochbegabten naheliegt: das Sensation Seeking auch im intellektuellen Bereich auszuleben. J. Arnett hat 1994 darauf hingewiesen, dass nicht alle Sensation Seeker gefährliche Situationen suchen, sondern dass auch etwa ausgeprägter Forscherdrang in diese Rubrik fallen kann. In diesem Zusammenhang fällt bisweilen der Begriff Novelty Seeking, also das Bedürfnis nach Neuem. Bei mir äußerte sich dieses Bedürfnis zum Beispiel auch so, dass ich mich jahrelang langweilte, wenn ich nicht drei, vier Sprachen, und zwar alle zwei, drei Jahre neue, parallel lernen durfte. So kam es zu der auf den ersten Blick beeindruckenden Anzahl von Sprachen, die ich beherrsche. Aber ganz ehrlich: Natürlich hilft die Hochbegabung bei so etwas, aber der Antrieb dazu war zu einem nicht geringen Teil einfach Neugierde: die Jagd nach einem neuen Drachen, den ich reiten konnte.

GEFÜHLSREICHTUM

Elternabend an der neuen Schule. Ein neuer Raum, viele fremde Gesichter. Stimmen, Gerüche, Bilder. Meine Wahrnehmung verengt sich. Konzentriert sich auf die Power-Point-Präsentation und diejenigen, die dazu sprechen. Alles andere wird unscharf. Wenn ich morgen den Menschen, die gerade neben mir sitzen, begegnen würde, würde ich sie nicht erkennen. Zu sehr ist mein Gehirn darauf konzentriert, alles auszuschalten, was mich hindert zu funktionieren. Und funktionieren heißt jetzt gerade: den Vortrag hören und im Gedächtnis behalten. Wer ihn hält, ist dabei fast nebensächlich.

Ich schüttle Hände, spreche mit Lehrern. Einige Gespräche sind wirklich schön. Das beflügelt mich. Es geht mir blendend, ich genieße den Trubel. Genieße den Austausch mit interessanten Menschen, die hier gerade etwas Interessantes auf die Beine stellen. Etwas, das Sinn ergibt, das gut ist. Gleichzeitig schaltet mein Hirn alles aus, was rechts und links von mir stattfindet.

Trotz meines ausgezeichneten räumlichen Vorstellungsvermögens muss ich einen Moment die richtige Tür suchen, um den Saal zu verlassen. Irgendwo hinter mir erzählt jemand einer Lehrerin von seinem Sohn. Schmerzhaft pocht die Stimme in meinem Hirn, ich nehme alles zur Kenntnis, erfahre eine Menge über den Jungen, dessen Gesicht ich nicht einmal kenne. Wo war die Tür? Ich versuche, eine verschlossene Tür zu öffnen – ach nein, ich bin ja durch die andere gekommen, die gleich daneben. Die, vor der ich stehe, führt wohl in einen Abstellraum. Hätte ich doch sehen müssen, der Weg nach draußen ist im wahrsten Sinne des Wortes glasklar, denn die richtige Tür hat tatsächlich Glasscheiben. Ich flitze hinüber. Hoffentlich hat niemand bemerkt, wie ich an der Tür der Abstellkammer gerüttelt habe, die halten mich ja für bescheuert. Hinter mir riecht es nach Schnittchen. Die Stimmen sind laut, zu laut. Zu viele. Ich höre Namen von Kindern, die ich nicht kenne. Uff. Da ist die richtige Tür. Aber wie komme ich raus? Da ist ein Knopf neben der Tür, auf dem »Auf« steht, ein anderer mit der Aufschrift »Zu«. Ich drücke auf den Knopf mit der Schrift »Auf«. Nichts passiert. Mein Puls geht schneller. Ach, Mist! Wie konnte ich bloß die Türklinke übersehen?

Trotzdem bin ich bester Stimmung, denn ich glaube, ich habe die richtige Schule für Natascha gefunden. Ich fahre nach Hause, meine Seele singt. Als ich im Bett liege, kann ich stundenlang nicht einschlafen. Immer wieder gehen mir die Bilder und die Stimmen durch den Kopf, denke ich an die Gespräche. Die Nacht ist fast herum, als ich endlich einschlafe.

Würde ich zurzeit mehr aufregende Dinge machen, wäre mir der Termin vermutlich leichter gefallen. Trotzdem kenne ich solche Situationen schon mein ganzes Leben lang. Reize, die zu viel werden. Die auf mich einstürmen und meine Wahrnehmung derart verengen, dass ich die einfachsten Dinge nicht mehr sehe. In meiner Kindheit führten solche Erfahrungen zu peinlichen Auftritten.

Ich bin dreizehn und muss ins Lehrerzimmer. In einer Lateinprobe die deutsche Kurrentschrift zu verwenden, nur weil man sie gerade gelernt hat! Was, wenn der Lehrer sie nicht kann? Meine Eltern haben mir die Hölle heißgemacht, ich muss mich sofort entschuldigen. Langsam schleiche ich in der Pause hinauf. Klopfe.

»Herr Schönhärl, bitte.«

Es dauert Ewigkeiten, bis der Lateinlehrer endlich an die Tür kommt. Ich stammle meine Entschuldigung. Trete von einem Bein meiner unmöglichen grünen Schlabberhose aufs andere.

Herr Schönhärl lacht. »Alles in Ordnung. Ich konnte es ja lesen. Sowas hatte ich auch noch nie.«

Ich riskiere einen Blick. Soll das heißen, er ist gar nicht böse? Ich bekomme keine Strafanzeige wegen Urkundenfälschung oder so?

»Geh nur. Ihr bekommt die Probe morgen zurück.«

»Danke«, stammle ich. Die Tür zum Lehrerzimmer schließt sich. Fassungslos stolpere ich zurück, will die Treppe hinunter. Ups, da habe ich wohl eine Stufe übersehen. Au! Ich rutsche ab, mein Bein schlägt schmerzhaft auf, dann rutsche ich noch ein paar Stufen auf dem Hosenboden. Die anderen Schüler auf der Treppe sehen mich kopfschüttelnd an.

Solche Vorfälle gaben denen, die mich ohnehin für eine blöde Besserwisserin hielten, natürlich die perfekte Munition, um mich als nicht ganz dicht darzustellen. Und nicht selten fühlte ich mich auch genau so.

Besonderer Reichtum an Gefühlen oder hohe Sensibilität sind nicht gerade das, was viele mit Hochbegabten in Verbindung bringen. Noch immer halten sich hartnäckig Stereotypen vom gefühllosen Superhirn. Schlau, aber herzlos, sozusagen als gerechter Ausgleich. Auch mich hält man oft für unterkühlt, und das nicht ganz ohne mein Mitwirken. Denn manchmal fühle ich mich, als würde ich auf einem brodelnden Dampfkessel sitzen. Ich kann nicht runter, weil sonst der Deckel hochgehen und mein gesamtes Umfeld pulverisieren würde. Zumindest scheint es mir so.

HERZLOS SCHLAU?

In dem bereits zitierten Film *Lucy* von Luc Besson geht das Wachstum an geistigen Möglichkeiten mit einem rapiden Schwund moralischer Skrupel und Empathie einher. Beispiel gefällig? Lucy braucht dringend jemanden, der ihr den aufgeplatzten Drogenbeutel aus dem Bauch holt. Sie stürmt in den Operationssaal eines Krankenhauses. Auf dem Tisch liegt ein Patient, drum herum stehen die Ärzte. Lucy betrachtet die Aufnahmen am Bildschirm. Sie kommt zu dem Schluss, dass der Patient sowieso nicht mehr zu retten ist, erschießt ihn und schubst die Leiche vom Tisch, um sich selbst daraufzulegen.

In *Sherlock* (»Das letzte Problem«) begegnet Sherlock seiner Schwester Euros, die seit ihrer Kindheit als gefährliche Psychopathin inhaftiert ist. Unversehens findet er sich in einem Menschenexperiment wieder, in dem Euros ihre Brüder und Dr. Watson ständig vor die Wahl über Leben und Tod anderer Menschen stellt. Moral definiert sie als gesellschaftliche Konvention, die, einmal als solche durchschaut, ihre Verbindlichkeit verliert. Als Sherlock den richtigen Mörder in dem ihm vorgestellten Fall findet, bringt Euros dennoch zuerst die beiden anderen Verdächtigen um. Auf die schockierte Frage nach dem Warum erwidert sie: »Macht das einen Unterschied?« Sie drückt den dritten Knopf, der nun auch den Schuldigen tötet, zuckt die Schultern und sagt: »Nein.«

Das würde ich nicht als das typische Verhalten einer Hochbegabten charakterisieren.

Stereotypen vom herzlosen Superhirn halten sich beharrlich – als ob Intelligenz automatisch skrupellos und gemein machen würde. Wäre es so, sollte sich eigentlich niemand wünschen, allzu intelligent zu sein. Und vielleicht liegt genau hier der Grund für das Stereotyp.

Nun legen wirklich nicht wenige Hochbegabte Wert auf Autonomie. Ich würde so weit gehen zu sagen: Den meisten ist durchaus klar, dass moralische Vorstellungen letztlich gesellschaftliche Konventionen sind. Aber das heißt natürlich nicht, dass sie deswegen allesamt falsch sind oder man gar wahllos andere Menschen über die Klinge springen lässt. Dass man moralische Forderungen zu hinterfragen imstande ist bedeutet nicht, dass man keine hätte. Tatsächlich haben Hochbegabte oft sogar sehr strenge Vorstellungen von Moral, die sich allerdings nicht immer mit denen ihres Umfelds decken. Das hängt möglicherweise weniger mit der Hochbegabung an sich als mit der oft damit einhergehenden Autonomie zusammen. Dramatisieren wir es und lassen unsere hochbegabte Person, sagen wir im Kontext der Kreuzzüge oder des IS auftreten: Es ist für jemanden von normaler Intelligenz nicht wirklich einzusehen, warum es ein schweres Verbrechen sein soll, Sex mit jemandem zu haben, den man liebt, während es kein Verbrechen, sondern sogar fromm sein soll, andere Leute auf brutalste Weise umzubringen, nur weil sie nicht glauben, was man selbst glaubt (oder zu glauben vorgibt, weil man damit andere

Menschen ganz wunderbar terrorisieren kann). Doch Autorität kann, das wurde schon 1961 im berüchtigten Milgram-Experiment nachgewiesen, selbst die natürliche Empathie aushebeln, und dasselbe gilt wohl für Gruppendruck. Ein starkes Autonomiegefühl – das natürlich nicht nur Hochbegabte haben – hilft sicher, sich in solchen Situationen zu widersetzen. Selbst wenn das Gegenüber noch so sehr mit Hölle und Jenseits oder anderen Mitteln sozialer Ausgrenzung droht. Das Hinterfragen gesellschaftlicher Normen hängt also vor allem mit dem Autonomiegefühl zusammen, das durch Intelligenz gefördert werden kann, aber nicht muss.

Sokrates nahm sogar an, dass Intelligenz dem ethischen Empfinden zuträglich sei: er sagte, wer das ethisch Richtige erkenne, würde es logischerweise doch auch tun. Schön wäre es, lieber Sokrates! So ist es nun leider auch wieder nicht, weil auch noch andere Motive mitspielen können. Aber Fakt ist: Statt mit Herzlosigkeit geht Hochbegabung tatsächlich oft mit hoher Sensibilität und entsprechender Empathiefähigkeit einher.

Hohe Sensibilität kann auch ein Grund sein, warum eine Hochbegabung nicht oder erst spät erkannt wird: wenn man nämlich aufgrund der Sensibilität sein Potential nicht in Leistung umsetzen kann, also zum Underachiever wird. Es ist schwer, sein intellektuelles Potential abzurufen, wenn die Seele in Aufruhr ist. Schwer, komplexe Gleichungen zu lösen, während man ungeschützt den Reizen ausgesetzt ist, die auf einen einprallen wie kosmische Geschosse auf einen Planeten ohne schützendes Magnetfeld – um es in in den Worten aus *Jasmin und Bittermandeln* (Julia Freidank) auszudrücken.

Eine Generalprobe mit meinem Chor. Zum ersten Mal seit längerer Zeit und nach meinem Bore-out soll ich wieder ein Solo singen. Ich bin nervös. Kann ich das überhaupt noch? Was, wenn ich versage? Normalerweise habe ich kaum Lampenfieber, aber ich bin noch nicht wieder ganz auf den Beinen. Durch das Bore-out sind einige Schutzmechanismen ausgefallen. Jedes Flüstern, jedes Knacken dringt überlaut in meinen Kopf, lenkt mich ab, macht mich nervös. Dabei ist die Phrase wirklich einfach. Stell dich nicht so an, das kriegst du doch hin! Anderthalb Schläge im Takt warten und loslegen. Mein Einsatz kommt immer näher. Und näher. Und näher. Und … ups, das war er. Zu spät!!!

Der Dirigent klopft ab. Nochmal.

Wieder zu spät! Ich versinke im Boden.

»Tschuuuuuldigung!«

Zum Glück hat er Geduld. Irgendwann klappt es.

In der Pause kann ich schon wieder darüber witzeln: »Ja, es sind immer die mit den Doktortiteln, die nicht bis anderthalb zählen können.«

Tatsächlich sind Hochbegabung und hohe Sensibilität oft miteinander verbunden. Ganz banal spürt man das in Form einer Überempfindlichkeit gegenüber bestimmten Geräuschen, Lebensmitteln oder Ähnlichem. Kinder haben generell einen feineren Geschmackssinn als Erwachsene, und wenn sie sensibel sind, erst recht. Als Kind konnte ich den bloßen Geruch von Kartoffeln, Eiern oder Reis nicht ertragen. Mich überkam Ekel, und so sehr ich mich auch bemühte und es mir peinlich war – gerade, wenn ich irgendwo eingeladen war –, ich konnte das nicht essen. Hoch sensible Menschen haben Nasen und Ohren, als wären sie permanent schwanger. Als ich etwa zehn Jahre alt war, hatte meine Mutter eine Freundin mit einer durchdringenden lauten Stimme, die darüber hinaus sehr schnell und ohne Punkt und Komma redete. Die Frau hatte mir nichts getan, aber ich ertrug ihre Gegenwart nicht. Ich weigerte mich, mich zu ihr zu setzen, und wenn sie da war, konnte ich nicht in Hörweite zeichnen oder gar Hausaufgaben machen. Es war wie ein permanenter kleiner körperlicher Schmerz.

Viele hoch sensible Menschen sind Synästheten, das heißt, sie assoziieren (und sehen teilweise sogar) Wahrnehmungen, die scheinbar nichts miteinander zu tun haben, etwa Farben mit Musik. Ich gehöre zwar nicht zu den Leuten, die sofort knallige Farben sehen, wenn sie eine bestimmte Musik hören. Aber in Form von Assoziationen kenne ich das auch. Als ich zum ersten Mal eine Beschreibung eines Drogentrips las, dachte ich, dass man das doch sehr viel einfacher und vor allem ohne Nebenwirkungen haben kann. Man muss nur Verdi hören.

Manche unterscheiden zwischen Hoch*sensitivität* (also hoher Wahrnehmungsfähigkeit) und Hoch*sensibilität*. Ich werde das im Folgenden nicht tun, weil ich denke, dass beides zusammenhängt – auch wenn vielleicht bei den einen das eine, bei anderen das andere stärker ausgeprägt ist.

Nach guten Filmen oder erst recht nach guten Opernaufführungen bin ich erst einmal ein paar Stunden lang zu nichts zu gebrauchen. Manchmal höre ich bewusst meine Lieblingsoper – *Don Carlo* von Verdi – *nicht*, weil ich weiß, es würde mich zu sehr mitnehmen. Wenn ich in einer Aufführung von *La Traviata* nicht nach den ersten Takten anfange, Rotz und Wasser zu heulen, hat der Dirigent seinen Job verfehlt.

Virginia Woolf zu lesen tut weh. Die Lebensgeschichte von Sylvia Plath konnte ich kaum ertragen. Als ich das erste Mal den Film *Das Leben der Anderen* sah, war ich wie betäubt. Es dauerte Stunden, bis ich wieder in die Realität zurückkam, bis ich wieder teilnahm an dem, was direkt um mich herum geschah. Ich lief durch die Stadt, ich sah und hörte, was passierte, aber mein Kopf war noch im Film, und ich fand keine Möglichkeit zu kommunizieren. Ganz ähnlich ging es mir nach der Live-Übertragung von *La Traviata* aus dem Opernhaus Covent Garden mit Angela Gheorghiu. Und natürlich Schillers *Don Carlos*. Nachdem ich das Stück zum ersten Mal gelesen hatte, war ich völlig verzweifelt. Am Ende hatte ich eingreifen wollen und war als Leserin doch verdammt, nur zuzusehen. Ich fühlte mich, als hätte ich einen realen Menschen verloren. Immer wieder weinte ich, konnte mich nicht beruhigen. Ich war fast fünfzehn, also keineswegs in einem Alter, in dem man noch glaubt, was man in einem Buch liest. Obwohl ich kognitiv ganz genau wusste, dass es nur ein Theaterstück war, fühlte ich mich, als wäre ich mittendrin gewesen. Für meine Gefühle war jedes Wort real. Ich konnte mich nicht davon distanzieren.

Sensibilität hat ihre Tücken und ihre Freuden. Dass hohe Sensibilität im erotischen Bereich alles andere als schädlich ist, dürfte klar sein. Zu den Tücken gehört, dass ich gelinde gesagt sozial abzuschreiben bin, wenn ich gerade eine besonders intensive Szene in einem Roman fertig habe.

Ich sitze im Auto, um Natascha aus der Krippe zu holen. In meinem Kopf und im ganzen Körper toben heftige Gefühle. Ich habe sie erfunden für die Heldin meines Romans, an dem ich zurzeit arbeite, und vor ein paar Minuten in die Tasten gehackt. Aber ich kann mich nicht davon distanzieren. Sie übertragen sich auf mich, und ich bin irgendwo, aber nicht auf der Straße. Die Bäume ziehen an mir vorbei, ich muss mich konzentrieren. Vielleicht kann ich mich mit Musik ablenken. Bestimmte Sender im Radio muss ich allerdings gar nicht erst einschalten. Musik, deren Rhythmus immer ein wenig schneller als ein menschlicher Puls hämmert, bereitet mir körperliches Unwohlsein.

Ich schalte den CD-Player ein. *Don Carlo* liegt drin, der letzte Akt, die Sopranarie. Geht jetzt gar nicht, viel zu aufwühlend. Die ersten Takte erklingen – dunkle, traurige Klänge, die zerrissen werden von den hellen Unisono-Geigen. Bevor ich anfange zu heulen, wechsle ich schnell die CD. *Nabucco*. Ah, perfekt. Ich drehe die Cabaletta »O prodi miei« auf volle Lautstärke. Normalerweise fühle ich mich mit diesem Stück, als könnte ich Bäume ausreißen. Das ist das Schöne: So leicht, wie man durch ein großartiges Kunstwerk völlig aus dem Takt geraten kann, so leicht kann man mit Hilfe von Kunst auch Hochgefühle erleben.

Heute sind die erfundenen Gefühle zu stark. Nicht einmal *Nabucco* bringt mich ganz in die Spur zurück. Als ich die Kinderkrippe betrete, bin ich wortkarg. Die Erzieherin erzählt mir von Nataschas Tag, ich höre es kaum. Sehe sie ganz gegen meine Gewohnheit nicht an, während sie mit mir redet. Sie könnte sonst vielleicht in meinem Gesicht ablesen, was ich gerade empfinde, was da auf mich einstürmt. Ich bringe kaum mehr als »Ja« und »Nein« hervor. Als ich mein Kind endlich ins Auto setze, bin ich froh, nicht mehr kommunizieren zu müssen.

In solchen Momenten wirke ich vermutlich, als hätte ich das Asperger-Syndrom. Dabei bin ich in anderen Situationen völlig »normal«. Es ist nur so, dass ich die Gefühle – in diesem Fall die meiner Romanhelden – so stark empfinde, als wären sie real. Es kann eine halbe Stunde oder länger dauern, bis sich der emotionale Sturm gelegt hat. Ich fühle das alles dann so intensiv, als würde ich es in diesem Moment erleben. Und ganz ehrlich: würdet ihr euch gut mit der Kindergärtnerin unterhalten können, während ihr gerade leidenschaftlichen Sex habt oder um euer Leben kämpft?

Typisch für hoch sensible Menschen ist ein starkes Gerechtigkeitsempfinden. Auch ich habe sehr feine Sensoren für Ungerechtigkeit. Sie macht mich wütend, beschäftigt mich, fordert mich heraus. Als ich sah, wie leicht die elementarsten Menschenrechte für Frauen aufgegeben werden, sobald sich die Täter mit dem Glanz der Heiligkeit umgeben, trat ich der Menschenrechtsorganisation Terre des Femmes bei. Die Werte von Freiheit, Gleichberechtigung und einem empathischen Miteinander sind mir äußerst wichtig. Fundamentalismus ist keine Folklore und nichts, was unter Religionsfreiheit fällt, sondern eine Spielart des Faschismus, die überall, wo sie regiert, alles Leben erstickt. Als ich in Algerien war, erschossen islamistische Mordkommandos halbe Kinder, nur weil sie ihr Haar offen trugen und nicht unter einem Kopftuch versteckten. Das kann ich nicht vergessen, und deshalb kommt es mir wie Hohn vor, wenn sich Aktivisten heute unter Berufung auf ein Menschenrecht für das Kopftuch einsetzen. Ich sehe diese Mädchen und ihre Familien vor mir, ich kann mich mehr einfühlen, als erträglich ist.

Sexismus, Rassismus oder Verfolgung Anders- und Nichtgläubiger sind im Grunde ja allesamt Ausdruck derselben Geisteshaltung: es gäbe »überlegene« Menschen und solche zweiter Klasse – Ausdruck eines Bedürfnisses, das eigene wackelnde Ego durch die Zugehörigkeit zu einer wie auch immer – als »Rasse«, Religion, Geschlecht – definierten Gruppe über andere aufzuwerten. Das sind Themen, an denen man sehr schnell merkt, ob man es mit einer hoch sensiblen Person zu tun hat. Meine Tochter bekam schon mit vier regelrechte Wutanfälle, als sie nach und nach erfuhr, dass Frauen in historischer Zeit eigentlich nie Männern gleichgestellt waren.

Das klingt auf den ersten Blick, als würde hohe Sensibilität einen besonders verwundbar machen. Tatsächlich ist es aber so, dass hoch sensible Menschen gleichzeitig oft auch über mehr Resilienzfaktoren verfügen, sich also psychisch leichter heilen können. Hohe Intelligenz und eigene, nicht von außen vorgegebene Werte können zum Beispiel solche Faktoren sein. Vorausgesetzt, dass sie lernen, mit ihrer Sensibilität umzugehen, sind solche Menschen damit unterm Strich letztlich gar nicht so anders als andere. In die Sprache der Populärkultur übersetzt wäre Logan »Wolverine« aus *X-Men* so ein hoch sensibler Hochbegabter: Er ist keineswegs unverwundbar. Seine Stärke besteht vielmehr gerade darin, dass er grenzenlos verletzt werden kann – denn er heilt immer schneller, als er sterben kann.

Ich sehe das ausgeprägte Gerechtigkeitsempfinden, das viele Hochbegabte haben, eher als Ausdruck ihrer hohen Sensibilität denn als Ausdruck der Intelligenz. Hochbegabung geht zwar oft mit Sensibilität einher, muss es aber nicht. Als zum Beispiel im Rahmen der Nürnberger Prozesse führende Nazis getestet wurden, wurden bei manchen hohe oder gar sehr hohe IQs festgestellt. Hochbegabung ist leider kein Garant für moralisches Handeln, Sensibilität oder Empathie. Es gibt auch hochbegabte Verbrecher – in künstlerischer Darstellung dürfte Hannibal Lecter aus *Das Schweigen der Lämmer* wohl der Prototyp sein. Apropos Lämmer: Viele hoch sensible Menschen lieben auch Tiere und stehen gleichermaßen für deren Rechte ein. Ich zum Beispiel war als Kind einige Jahre lang Vegetarierin, bis mir mein Körper klarmachte, dass er nicht für rein pflanzliche Kost gemacht ist und jeder es für Tierquälerei halten würde, eine Katze mit Soja zu füttern. Doch Tierschutz ist mir noch immer sehr wichtig.

Andrea Brackmann berichtet von Kindern, die dauernd unter Strom stehen. Diese Bezeichnung gefällt mir gut, und ich finde mich sehr darin wieder. Dabrowski hat bereits 1964 von Hochbegabung als »Übererregbarkeit« (Overexcitability) gesprochen. Damit lägen Hochbegabung und hoher Sensibilität dieselben biologischen Dispositionen zugrunde.

Ganz gleich, welche Stimmung, ob es Freude ist, Wut, Trauer – sie fällt bei mir immer ein ganzes Stück weit extremer aus als bei anderen. Das erschreckt. Mich am allermeisten. Deshalb habe ich mich ein Leben lang immer stark kontrolliert, was mir dank meines präfrontalen Kortex meist auch gut gelang. Klappte es mal nicht, dann sorgte das allerdings manchmal noch Jahre später für peinliche Situationen, wenn sich Bekannte an entsprechende Auftritte von mir erinnerten.

Ich kann nämlich eine ziemliche Drama-Queen sein. Wenn bei mir zum Beispiel eine Beziehung in die Brüche geht, bebt das Universum. Fixsterne kommen ins Wanken, und jede geplatzte Glühbirne bildet ein Pulsar. In Gefühlen gehe ich an meine absoluten Grenzen, und rechts und links davon bleibt kein Stein auf dem anderen.

Das Gute an hoher Sensibilität ist, dass sie dich zwingt, Dinge ganz und komplett zu verarbeiten. Der Weg dorthin ist oft schwer. Aber danach ist es auch ausgestanden und kommt nicht wieder, egal was passiert. Ist der Ex einmal passé, ruht er für alle Zeiten in Frieden, und nichts und niemand kann daran noch etwas ändern. Ich gebe zu, dass das für die, welche mich im Supernova-Stadium erlebt haben, ein wenig überraschend kommen kann.

Zum Ausgleich spüre ich Freude genauso stark. Und das ist endlich mal ein echter Vorteil, denn es ist phantastisch. Für Außenstehende kann es sein, dass ich ein wenig grenzdebil wirke, weil ich die ganze Zeit grinse, oder so, als hätte ich Drogen genommen, weil kein Mensch so glücklich sein kann, ohne nachzuhelfen.

Doch. Kann man. Auch wenn ich schon gefragt wurde, was ich schlucke und wo man das herbekommt. Es ist Serotonin, und ich bekomme es in meinem Hirn. Das letzte Mal, als ich in Valletta war, war so ein Moment. Ein strahlendes Lächeln wollte nicht mehr weg von meinen Lippen. Endlich wieder hier! Der maltesische Hochsommer war brütend heiß, die Sonne saugte einem den Schweiß von der Haut, ehe er sie halbwegs kühlen konnte. Es ging auf Mittag zu, und die meisten Leute zogen sich schon zur Siesta zurück. Die Straßen sind eng und teils steil, aber ich spürte keine Hitze und keine Anstrengung. Ich lief durch die Stadt, saugte sie in mich auf, jeden Stein, jeden Duft, jede Unebenheit unter meinen Füßen. Meine Kleidung war feucht vor Schweiß, auf meiner Haut brannte die Sonne, aber ich hätte heulen können vor Glück. Immer wieder musste ich die Tränen zurückhalten. Andere haben vielleicht solche Gefühle bestenfalls, wenn sie im Lotto gewinnen oder für ein Casting mit ihrem Lieblingsstar ausgewählt werden. Bei mir reicht es, durch eine winzige Stadt auf einem Inselchen irgendwo zwischen Europa und Afrika zu laufen.

Vieles an mir passt einfach nicht zusammen. Ich lote Widersprüche bis an die Grenzen aus. Mal habe ich Lust auf rauschende Partys, dann verkrieche ich mich tagelang mit Stapeln von Büchern. Mal prügle ich mit meinem Schwert auf Kerle ein, die einen halben Meter größer sind als ich, dann wieder kuschle ich mich in eine Ecke und habe Tränen in den Augen, weil die Musik, die ich höre, so wunderschön ist. Mal gehe ich mit voller Power auf Bedrohungen zu, die andere erschrecken würden, dann wieder verkrieche ich mich vor Dingen, über die andere nur lachen. Mal habe ich ein Gesamtbild im Blick, dann fallen mir Details ins Auge, die anderen völlig unwichtig erscheinen. Werden es zu viele, schalte ich in den Asperger-Modus und blende alles aus, was nicht fürs reine Funktionieren notwendig ist.

Tatsächlich scheinen die Grenzen zwischen hoher Sensibilität und Asperger bisweilen fließend zu sein. Vieles erinnert auch an AD(H)S. Allerdings können sich sehr sensible Menschen, anders als solche mit AD(H)S, gut konzentrieren. Die Ähnlichkeiten scheinen vor allem dann aufzutreten, wenn hoch sensible Menschen gestresst, traumatisiert oder unterfordert sind, also situationsabhängig. Auch betrifft AD(H)S weniger Menschen als hohe Sensibilität (nur etwa 2 bis 12 Prozent). Und Sensibilität ist natürlich kein Krankheitsbild. So wie Sensation Seeker (»Sherlocks«) leicht mit Borderlinern verwechselt werden können (und tatsächlich ist beides möglicherweise eine Resilienzstrategie), so können andere Sensible (»Sheldons«) allerdings leicht mit ADS-Betroffenen oder solchen des Autismus-Spektrums (Asperger-Syndrom) verwechselt werden.

Andrea Brackmann, die die Überschneidungen detailliert beleuchtet, stellt aber auch Unterschiede fest, die besonders sensible Hochbegabte von echten Autisten und Asperger-Patienten unterscheiden. Und die Zeitschrift *Labyrinth* der DGHK führt in der Ausgabe vom Februar 2018 das Asperger-Autismus-Spektrum und AD(H)S unter den vier häufigsten Fehldiagnosen bei Hochbegabung auf. Solche Fehldiagnosen können für die Betroffenen schwerwiegende Folgen haben: Nicht nur wird es dadurch unmöglich, den wahren Grund für ihr Leiden zu finden – meist nichts anderes als Langweile und Unterforderung –, sie haben auch Auswirkungen auf das Selbstwertgefühl. Was solche Diagnosen oder gar ein Aufenthalt in der Psychiatrie, vor allem in der Pubertät, dafür bedeuten, kann ich mir zum Glück nur in der Phantasie vorstellen. Mich hielt man zwar auch für soziopathisch. Aber da es für meine Eltern das Eingeständnis eines erzieherischen Versagens bedeutet hätte, mich zu einem Therapeuten zu schicken, bekam ich das zum Glück nie schwarz auf weiß.

Dabei kenne ich auch Erfahrungen, die gewöhnlich dem Asperger-Syndrom zugeordnet werden: die extreme Sensibilität gegenüber Reizen oder dass ich nicht immer gleich weiß, welche Reaktion innerhalb einer sozialen Interaktion sinnvoll ist und erwartet wird – und natürlich die oft grenzenlose Begeisterung für sehr spezielle Gebiete. Ein Online-Test, den ich im Rahmen der Recherche für dieses Buch spaßeshalber gemacht habe, bescheinigt mir, ich sei nicht eindeutig zuzuordnen, mein Ergebnis könnte auf ein Asperger-Syndrom hinweisen oder auch nicht. Abgesehen davon, dass Internet-Tests natürlich nie verlässlich sind: Ich denke, das Ergebnis ist typisch für hoch sensible Hochbegabte. Der Unterschied zur echten Krankheit ist klar: Tatsächlich bin ich hin und wieder unsicher, wie ich mich in einem sozialen Kontext verhalten soll, und wirke zurückgezogen – weil ich gelernt habe, dass ich nicht in jedem sozialen Umfeld erwünscht bin, oder auch, weil ich aufgrund der Sensibilität eine Situation vielleicht anders bewerte. Doch wo ich mich wohlfühle, kann ich sogar ein ziemliches Partygirl sein. Außerdem werden meine »Asperger«-Situationen (zum Beispiel zu viele Reize) umso stärker, je unterforderter ich bin. Situationen, die mich herausfordern, hingegen machen mich ausgeglichener. Insofern dürfte der Unterschied zum echten

Asperger darin liegen, dass ich Fragen, die ein Asperger-Patient mit »ja« beantwortet, mit »je nachdem – mal so, mal so« beantworte. Früher habe ich getan, was auch Asperger-Kinder oft tun: alle mit meinen Spezialinteressen überrollt. Heute, einige verbale Tritte seitens meiner Schwestern später, beschränke ich mich oft und halte mich zu sehr zurück.

Und ADS? So fahrig und unkonzentriert ich an dem Abend in der Schule war, so konzentriert kann ich in anderen Situationen sein. Vor einiger Zeit fuhr ich mit meinem Mann über eine kurvige Landstraße durch eine Hügellandschaft. Kurz vor einer Kurve sagte ich: »Halt dich rechts, gleich kommt uns ein Auto entgegen.« Ich hatte das Auto während unseres Gesprächs schon vor Minuten bemerkt, und obwohl es in der Zwischenzeit hinter den Hügeln verschwunden war, hatte mein Gehirn berechnet, dass wir ihm nach der nächsten Kurve begegnen würden.

Das alles war mir jahrelang kaum bewusst. Natürlich spürte ich, dass ich oft sehr angestrengt war nach Situationen, die für andere einfach nur Spaß bedeuten. Aber ich war mit der Aufforderung aufgewachsen, dass ich mich nicht so anstellen solle, also riss ich mich zusammen, bis ich vor lauter Anspannung kaum noch gerade stehen konnte. Vermutlich habe ich einen nicht geringen Teil meiner Hochbegabung darauf verwendet, mich »nicht so anzustellen«. Jetzt endlich habe ich einen Namen für das, was an mir immer so »komisch« war.

Manchmal macht einem die hohe Sensibilität Angst. Man sieht, dass andere viel weniger spüren, weniger intensiv wahrnehmen. Gefühle, die unvorbereitet über einen hereinbrechen, können erschrecken. Gelegentlich denke ich, wenn ich meinen Gefühlen wirklich freien Lauf lassen würde, würde ich mein Umfeld im Radius von fünfhundert Metern pulverisieren. Aber sie gehören eben nun einmal zu mir, diese Gefühle. Letztlich ist es wie mit dem Kopf: Gefühle sind eine Sache, die wir nicht ändern können. Es kommt darauf an, die Gebrauchsanweisung dafür zu finden.

Wenn ich das alles, was ich anhand des Delphi-Modells nun herausgearbeitet habe, Revue passieren lasse, stelle ich fest, wie viele typische Züge einer Hochbegabten ich eigentlich habe. Ich fühle mich so herrlich normal. Ob man anders ist oder normal, hängt eben einfach davon ab, welchen Maßstab man anlegt.

DER NEUANFANG

ALTE ANPASSUNGSSTRATEGIEN, ODER: MIMIKRY VERSUS INDIVIDUALISMUS

In der *X-Men*-Reihe gibt es eine Figur, die ich besonders mag. Es ist Mystique: die Frau mit der blauen Haut, die jede Gestalt annehmen kann. Eine Gabe, die ihr unbegrenzte Möglichkeiten eröffnet. Eine Gabe, die sie aber auch hasst. Weil sie in Wirklichkeit nur eines sein möchte: völlig normal. Weil andere in ihr eine Missgeburt sehen. Etwas Widernatürliches. Und wer will schon mit einer Blauhäutigen zusammen sein?

Für alle, die jetzt bei der Erwähnung einer Comic- und Filmreihe zusammenzucken: Habt ihr euch eigentlich je gefragt, warum die Erfahrungen, die Hochbegabte gewöhnlich machen, heutzutage im Popcorn-Kino sehr viel häufiger thematisiert werden als in der sogenannten Höhenkamm-Literatur? Das war früher anders: Liest man Sylvia Plath, hat man eine klassische Hochbegabte vor sich, die an der Rolle zerbricht, die ihr von der Gesellschaft auferlegt wird – die langsam erstickt, bis sie dem Tod durch die Konventionen zuvorkommt, indem sie sich selbst das Leben nimmt. Die X-Men im aktuellen Kino-Universum sind Mutanten und letztlich nichts anderes als Hochbegabte (diese Parallele wird mehrmals gezogen). Sie haben Fähigkeiten, die andere Menschen erschrecken und ihnen das Gefühl geben, Mutanten seien eine Gefahr. Sagen wir es mal so: Eine Gesellschaft, in der die Hochbegabten mehr Identifikationsfiguren im Popcorn-Kino als in der hohen Literatur finden, sollte vielleicht ihr Konzept von hoher Literatur überdenken.

Und deshalb, ja: zurück zur blauhäutigen Mystique!

GESTALTWANDLERIN

Manchmal denke ich, dass ich in Wahrheit auch so eine blaue Haut habe, so rotes Haar und gelbe Augen. Ein Erscheinungsbild, das ich hinter einer gefälligen Fassade zu verstecken gelernt habe – einer Gestalt, die ich angenommen habe, weil ich denke, dass sie meiner Umwelt gefallen dürfte. Ein Erscheinungsbild, das ich viel zu lange hinter wechselnden Gestalten verborgen habe.

Denn natürlich lernte ich, dass man als Hochbegabte zunächst am besten zurechtkommt, wenn man sich anpasst. Wenn man die Gestalt annimmt, die im jeweiligen Umfeld angemessen scheint. In neuen Kontexten bin ich deshalb oft anfangs ein wenig hölzern. Nicht weil ich kein Interesse hätte, sondern weil ich das Verhalten meines Umfelds studiere. Ich arbeite an meiner Tarnung. Wie eine Schauspielerin versetze ich mich in die Rolle, die ich gleich spielen werde. Versuche, den Humor der anderen zu begreifen, ihre Interessen zu analysieren, kalibriere mich und beteilige mich dann an der Unterhaltung, wenn ich richtig gestimmt bin. Nicht immer zu meinem Vorteil.

Wer eine Gehbehinderung, eine Rotgrünblindheit oder einen Sprachfehler hat, hat ein Recht darauf, aufzufallen und trotzdem anständig behandelt zu werden. Warum, habe ich mich oft gefragt, sollten eigentlich Hochbegabte dieses Recht nicht haben? Ihr könnt euch nicht vorstellen, wie oft ich mir gewünscht habe, ein Sprachfehler wäre alles, was mich von anderen unterscheidet (und tatsächlich habe ich als Kind gestottert). Weil Intelligenz gemeinhin als erstrebenswerter betrachtet wird als ein Sprachfehler und Hochbegabte sich etwas herausnehmen, was gar nicht geht, nämlich etwas besser zu können? Na, dann lest mal weiter. Von der Sorge kann ich euch kurieren.

Die gute Nachricht bei der Tarnung ist: Es gibt kein Gesetz, das Hochbegabten den Zugang zu Kontaktlinsen und schicken Kleidern verbietet. Wir legen auch nicht bei unserer Geburt ein Keuschheitsgelübde ab. (Okay, für alle, die mich mit vierzehn kannten, ist das keine gute Nachricht – Stichwort Amy Farrah Fowler.)

In der Psychologie nennt man dieses Verhalten Mimikry, aber streng genommen ist es, zumindest in meinem Fall, eher eine Mimese. In der Biologie, die ich noch immer sehr liebe, unterscheidet man nämlich zwischen der Warntracht (Mimikry), um Fressfeinde durch Ähnlichkeit mit gefährlicheren Tieren zu verschrecken, und der äußerlichen Anpassung an die Umgebung, um für Fressfeinde unsichtbar zu werden (Mimese). Jahrelang habe ich meine Fressfeinde eher durch Anpassung an die Umwelt getäuscht als durch Ähnlichkeit mit etwas Gefährlichem (manchmal allerdings auch das). Denn Menschen neigen leider dazu, alles, was ihnen gefährlich erscheint, zu eliminieren. Liest man Ratgeber über Hochbegabung, wird einem oft genau dieser Ratschlag gegeben: Erkenne deine Hochbegabung, aber ansonsten: Pass dich an, sei wie die anderen, lass sie nicht merken, wer du wirklich bist, kurz: Fall bloß nicht auf! Wie so viele – vor allem Frauen – habe auch ich einen großen Teil meiner Intelligenz darauf verwendet, dass niemand etwas von ihr merkt. Aber damit ist jetzt Schluss.

COOLE KIDS

Als ich vierzehn, fünfzehn war, waren Discos ein absolutes Must, wenn man irgendwo dazugehören wollte. Ich hatte nicht viele Freunde, und so beschloss ich, es zu versuchen. Im Vorfeld recherchierte ich, was man am besten anzog, um so gekleidet zu sein wie alle – selbst mir war klar, dass der Werther-Look hier auf keine Gegenliebe stoßen würde. Ich warf mich also in Jeans und eine weiße Bluse, wie man das in Discos außerhalb des Stadtgebiets von München trug, und machte mich auf neue Erfahrungen gefasst.

Ich war selten so froh gewesen, noch nicht sechzehn zu sein. Zwar tanzte ich eigentlich gern, aber nicht das, was dort gespielt wurde. Bunte, aufblitzende Kugeln, das Wummern der Beats in meinem gesamten Körper, überall wurde geraucht. Am besten ging es noch auf der Tanzfläche, aber auch ein Sensation Seeker tanzt nicht durchgehend. Per Zufall traf ich eine Freundin, aber mich mit ihr zu unterhalten war wegen der Lautstärke absolut unmöglich. Ich fragte mich, wie Leute das anstellten, die behaupteten, ihren Freund aus der Disco zu kennen. »Kennenlernen« war jedenfalls nicht das, was man hier tun konnte. Ganz abgesehen davon, dass ich natürlich nach wie vor aussah wie Amy Farrah Fowler im Disco-Outfit.

Und natürlich verhielt ich mich völlig daneben. In einer Disco geht es ja gerade nicht ums Reden, man tanzt und zeigt sich und signalisiert nonverbal Paarungsbereitschaft, und das war's. Nur war mir nicht klar, dass andere Menschen so etwas auch unter »Kommunikation« fassen. Meine Freundin tat ein paar Stunden lang so, als würde sie mich nicht kennen, und las mich dann irgendwann wieder auf.

»Gut«, sagte ich, als sie fragte, wie ich es fand. »Vielleicht nicht gleich nächste Woche wieder, aber lustig.«

»Lustig« war allerdings eiskalt gelogen. Am nächsten Morgen war mir kotzübel. Kalter Zigarettenrauch hing in jeder Pore, in meinem Haar, in den Kleidern, überall. Ich hatte grauenhaft geschlafen, weil die Rhythmen in meinem Körper alles durcheinandergebracht zu haben schienen. Ich hatte das Gefühl, halb taub zu sein. Aber am schlimmsten war der kalte Rauch. Am liebsten hätte ich mich zuerst in eine Badewanne mit sehr viel Duftöl und dann ins Bett gelegt, weit weg von jedem Geräusch.

Ich habe nie wirklich Gefallen an Discos gefunden, obwohl ich danach noch ein paar besuchte. Meine Partygirl-Zeiten kamen später, als ich in Bamberg bei einem echten Spezialisten studierte. Professor Bert Fragner, ein Wiener Urgestein und vorbildhafter Bonvivant, organisierte legendäre Feste mit kilometerlangen Tischen voll persischer Leckereien und Musik, zu der man tanzen, aber auch sprechen konnte. (Bis auf das eine Mal vielleicht, als ich die Gesellschaft spontan mit Verdis Gefangenenchor unterhielt, weil ich mich gerade mit Annemarie Schimmel darüber unterhalten hatte. Sie war auch angetan, der Rest … nun gut, war höflich.) Hier ging alles aus und ein, was in der Orientalistik und darüber hinaus Rang und Namen hatte. Wenn ich morgens mit den ersten Sonnenstrahlen und den letzten Gästen nach Hause ging, begegnete ich den ersten Kirchgängern. Am fehlenden Willen zum Spaß lag mein Disco-Desaster also nicht, es war einfach nur nicht mein Ding.

In vieler Hinsicht habe ich meine blaue Mutanten-Haut erst im Studium durchblitzen lassen. Es fiel mir immer leichter da, wo ich fremd war. Vor allem später in London konnte man Unterschiede ja einfach darauf zurückführen, dass ich Ausländerin war.

HEMINGWAY UND HOROSKOPE

Schwieriger war das als Kind vom anderen Stern in der eigenen Familie. Brav sah ich Heimatfilme an und ging in die Berge wandern, während ich von Afrika träumte. Führte Gespräche über die Verwandtschaft bis ins fünfte Glied, während ich in Gedanken die Stammbäume arabischer Vollblüter auswendig lernte. Besonders gern traf man sich im großen Kreis mit mehreren verwandten Familien. Meine älteren Cousinen durften schon ihre eigenen

Wege gehen. Und so bekam ich hin und wieder »Menstruationsschmerzen« – das war die Lizenz, mit einer Wärmflasche und einem Buch auf die Couch verschwinden zu dürfen. Mein Cousin erstritt sich geistesgegenwärtig ebenfalls die Lizenz zum Wanderboykott, indem er sich als Krankenpfleger verdingte und mir seine *Asterix*-Hefte lieh. In meiner Familie waren Comics tabu, aber bis meine Eltern zurück waren, hatte ich natürlich längst alle durch.

Mit zunehmendem Alter kam ich in Kontakt mit weiteren Formen der Mimese. Ernest Hemingway soll seinerzeit ungeniert gesagt haben, er betrinke sich, um sich an das geistige Niveau seines Umfelds anzupassen. Ich weiß ja nicht, wie er das mit seinem präfrontalen Kortex geregelt hat. Aber es gab durchaus schon Momente, da wäre ich dankbar gewesen, er hätte es mir verraten.

Da ich das erwähne – sollten wir uns einmal zufällig auf einem gesellschaftlichen Anlass treffen, nehmt es nicht persönlich, falls ich mir ein Glas Sekt hole. Nicht immer, wenn ein hochbegabter Mensch Lust auf so etwas hat, will er sein geistiges Niveau senken. Misstrauisch werden solltet ihr allerdings, wenn ich längere Zeit über Horoskope spreche. Die halte ich nämlich für Humbug. Auch wenn ich behaupte, in einen Hollywood-Schauspieler verliebt gewesen zu sein, versuche ich vermutlich gerade Konversation zu machen. Eine Schulfreundin war zum Beispiel verliebt in mehrere Schauspieler, die alle gleichermaßen groß, blond und muskulös waren und ein Gebiss wie aus der Zahnpasta-Werbung hatten. Ich weiß nicht, wie viele Videos ich für sie aufgezeichnet habe. Es war schön zu sehen, wie sie sich freute, und sie gab mir das Gefühl, mitzuspielen. Noch heute lasse ich bisweilen Bemerkungen über das tolle Aussehen von XY in geselliger Runde los, obwohl ich, wenn überhaupt, dann viel lieber über seine Arbeit sprechen würde – weil ich mich ungern über Menschen unterhalte, die ich nicht kenne. Warum ich es trotzdem tue? Ich habe einfach das Gefühl, dass es unmenschlich rüberkommt, wenn man es lässt.

KLASSENCLOWN

Eine Anpassungsstrategie, die ich inzwischen ganz gut beherrsche, kann man schon bei Kindern beobachten: den Klassenclown. Ich bin auch so kein Trauerkloß, aber in Gesellschaft übertreibe ich es bisweilen. Zu oft habe ich nach geselligen Anlässen gehört, ich sei unsympathisch und rechthaberisch und würde alles an mich reißen. Witze machen hingegen sympathisch, wer lacht, ist harmlos. Lustigen Menschen verzeiht man eher, wenn sie anders sind, weil sie wenigstens einen gewissen Unterhaltungswert besitzen. Und so wurde das Witzemachen zu einer Mimese-Strategie. Ich fürchte, ich habe sie in diesem Buch schon angewandt …

Inzwischen versuche ich zu lernen, sie gezielt und nicht automatisch einzusetzen. Es wird immer Kontexte geben, da ist Mimese nicht die schlechteste Strategie. Es spart Zeit und Nerven, wenn man nicht ständig erklären und sich rechtfertigen muss. Andererseits ist die Mimese selbst auch anstrengend. Die Herausforderung für meine Zukunft liegt darin, im Bruchteil einer Sekunde zu erkennen, ob sie sich lohnt oder nicht. Und ebenfalls zu erkennen, falls ich mich mit meiner Einschätzung geirrt habe, um nachjustieren zu können. Auch beim Schreiben dieses Buches.

KATZENJAMMER

Daniela Katzenberger gab seinerzeit der Nation den Rat: »Sei schlau – stell dich dumm.« Das ist ein sehr sinnvoller Rat. Nur leider wird das Dummstellen mit zunehmender Intelligenz immer schwieriger. Im Hochbegabtenbereich ist es Schwerstarbeit und so erschöpfend wie ein Marathonlauf.

Ich habe es ehrlich versucht. Aus den Viten für meine Pseudonyme habe ich alles herausgestrichen, was nach Grips klingt. Das Ergebnis bei der anvisierten Zielgruppe war ernüchternd: Die Schlaueren merkten nach vier Sätzen, dass es gelogen war. Und bei denen, die es mir tatsächlich abkauften, ging es noch mehr nach hinten los. Da bekam ich dann unter manchen Zeitungsberichten zu meinen historischen Romanen (die unter Pseudonym) ziemlich lustige Kommentare zu lesen. Ein Rezensent riet, ich sollte mir einmal eine Uni von innen ansehen. Wenn ich wüsste, wie lange Studenten an Hausarbeiten schrieben, dann bekäme ich mehr Respekt vor der Wissenschaft. Allerdings waren seine Vorstellungen, wie lang man als Student für eine Hausarbeit brauchen darf, doch etwas unrealistisch. Hätten meine Studierenden so getrödelt, hätte ich ihnen jedenfalls nahegelegt, die Uni zu verlassen. Eine andere meinte gar, nachdem ein Artikel doch meinen Doktortitel verraten hatte, ich sei eine Schwindlerin. Denn in der Münchner Staatsbibliothek gäbe es keine Doktorarbeit unter dem Namen dieser Romanautorin. Nun, in dem Zeitungsartikel stand ausdrücklich, dass dieser Name ein Pseudonym ist. Hätte die Person unter meinem richtigen Namen gesucht, hätte sie meine Dissertation natürlich gefunden. Irgendwann gewöhnte ich mir ab, Kommentare zu lesen.

Dabei entbehrt das alles natürlich nicht einer gewissen Komik. Womöglich haben mir gar Leute, die bei mir im Unterricht saßen und deren Hausarbeiten ich bewertete, geschrieben, ich sollte mir mal eine Uni von innen ansehen. Wie geht man mit so etwas um? Hemingway wäre sicher nicht um eine Lösung verlegen gewesen, aber leider bin ich nicht Hemingway. So ging es mir irgendwann auch ganz schön auf die Nerven. Irgendwann ist man es leid, dass einem Typen, die um einiges dümmer sind, erklären wollen, wie man seinen Job zu machen hat. Und dann kann es schon noch mal passieren, dass man den Sherlock auspackt und sich ein wenig undiplomatisch äußert, so sehr man sich auch das treudoofe Lächeln antrainiert hat.

Einmal bin ich mit einem historischen Roman in ein großes Museum eingeladen. Als Co-Redner tritt ein Vertreter eines Rezensionsportals auf, in dem mich jemand von der oben beschriebenen Fraktion bewertet hat. Na toll, denke ich. Die wollen mich jetzt hier als dumme Tussi vorführen, die sie vor Publikum zerlegen, damit alle sehen können, wie schlau sie selbst sind. Aber nicht mit mir!

»Gratias ago«, bedanke ich mich also, so schleimig ich nur irgend kann, für die Einführung und wende mich mit »Salvete!« an das Publikum. Und spreche die ersten paar Sätze erstmal nur Latein.

Verlegenes Kichern im Publikum.

Es ist gar nicht nötig. Denn die Vertreter des Museums und des Rezensionsportals sind völlig in Ordnung und haben gar nicht vor, mich als dummes kleines Mädchen darzustellen. Uff. Entspann dich, Agnes. Und wechsle doch bitte wieder ins Deutsche. Tatsächlich wird dieser Abend eine der schönsten Lesungen, die ich überhaupt je mit diesem Roman hatte.

Wer schon auf dem Schulhof nicht angesagt war und sich vergeblich dummzustellen versucht, der ist naturgemäß nicht die Ballkönigin der sozialen Medien. Irgendwann habe ich mir für eines meiner Pseudonyme so einen Account zugelegt, gewissermaßen als Teil der Mimese. Weil es dazugehört. Und es gibt keinen Tag, an dem ich diese Entscheidung nicht verflucht hätte.

Es gibt Leute, die gern Klassiker zitieren und dafür geschätzt werden. Das sind eher selten die Hochbegabten, denn die haben schon im Alter von vierzehn gelernt, dass es ihnen nicht gut bekommt. Siehe das Kapitel Begeisterungsfähigkeit.

Tiefgründige Sprüche zitiere ich deshalb eigentlich nie. Ihr wisst schon: dieses Zeug, das nach fernöstlicher Weisheit klingen soll, aber in Wirklichkeit von den Marketingexperten bei Tee-Herstellern entworfen wird. So etwas wie »Befreie dich von deinem Selbst«, »Liebe ist ein Zustand von Mitgefühl, in dem Freundlichkeit regiert«, oder »Vertraue deinem Gefühl«. Einer aktuellen Studie von Gordon Pennycook zufolge passt das zu meinem IQ, denn die Vorliebe für scheinbar tiefgründige Zitate scheint mit einem niedrigen IQ einherzugehen. Facebook-Platoniker nenne ich die Leute, die es tun. Allerdings habe ich gelernt, dass man als dumm angesehen wird, wenn man komplette Zitate- und Bullshit-Abstinenz pflegt. An der Uni zum Beispiel gehört Namedropping zum guten Ton. Aber auch manche Leute, die Rundbriefe schreiben, verwenden es gerne, weil es intellektuell wirkt. Ich persönlich hasse Rundbriefe ebenso wie Social Media, und ich schaffe es nicht, Smalltalk zu machen. Manchmal versuche ich es, aber es geht meistens schief.

Im Prinzip ist es nur wieder eine neue Sprache, die man lernen müsste. Aber ich kann mich nicht überwinden, ihre Vokabeln zu pauken. Eine Zeitlang bin ich davon ausgegangen, dass alle sowieso die Namen kennen, auf die ich anspiele, und war sehr verwundert, wenn man mich für hohl erklärte, weil ich nicht zitierte. Dabei hatten die anderen nur nicht gemerkt, dass ich das sehr wohl getan hatte – sie hatten nur das Zitat nicht erkannt. Ich befinde mich also in einer Zwickmühle: Einerseits brachte ich früher gern gute Zitate, wurde aber deswegen ausgegrenzt. Andererseits bin ich inzwischen erwachsen und kann selbst formulieren. Und ich kann mich mit dem tiefgründigen Facebook-Platonismus nicht anfreunden, so sehr ich mich auch bemühe. Das wiederum erweckt bei Leuten, die so etwas lieben, den Eindruck, ich sei dümmer als sie.

Dummstellen war also auch keine wirklich gute Alternative. Aber was tun, wenn Dummstellen nicht funktioniert, es aber andererseits auch sanktioniert wird, wenn man sich zeigt, wie man ist? Denn natürlich habe ich mich nicht aus Bosheit dummgestellt, um andere Leute auf den Arm zu nehmen oder weil ich ihnen nicht zugetraut hätte, eine intelligente Person zu ertragen.

Als ich noch studierte, verabredete ich mich mit meiner Schwester zu einer Party in ihrem Institut. Es war noch kaum jemand da, als ich kam, und ich kannte niemanden. Also setzte ich mich zu einer jungen Frau, die allein an einem Tisch saß. Wir kamen ins Gespräch – ich war leidenschaftlicher Verdi- und Opern-Fan und Sängerin, sie forschte über Libretti. Andere Leute, die ich ebenfalls nicht kannte, stießen zu uns, und als meine Schwester kam, war ich in eine angeregte Diskussion vertieft und hatte einfach Spaß. Aus ihrem Mund hörte sich die Sache dann allerdings etwa so an:

»Ich hörte Agnes' Stimme schon von weitem, es war wirklich peinlich. Und wo saß sie? Na klar: am Dozententisch!«

UND HEUTE?

Natürlich geht man auf solche Erfahrungen hin zu Mimese-Strategien über. Wir alle brauchen das Verständnis und die Freundschaft der Menschen, die uns nahestehen. Aber langfristig habe ich aus solchen Erfahrungen die Konsequenz gezogen, mich vor allem mit Leuten zu treffen, die sich durch meine Existenz nicht verletzt fühlen.

Ich gehe weiterhin zu sozialen Veranstaltungen, denn dass ich davon angestrengt werde, heißt ja nicht, dass ich die Leute nicht nett fände. Aber ich sorge heute besser für mich. Zum Glück kann ich dabei auf die Hilfe meines Mannes zählen, der meine »kleine Behinderung« kennt.

Wir sitzen bei einem Treffen am Kaffeetisch. Das erste Hallo ist vorbei, und gewohnte Redemuster und Themen werden abgespielt. Ich spüre, wie meine Konzentration abflacht. Meine Augenlider werden schwer und senken sich auf die liebevoll gedeckte Tischplatte. Mein Geist verabschiedet sich.

Mein Mann unterbricht seine Unterhaltung, sieht mich mitleidig an. Dann sagt er plötzlich: »Schatz, hast du nicht noch diese dringende Sache für morgen fertig zu machen?«

Das sind die Momente, wo er mir wirklich wie ein Engel vorkommt.

»Ach ja, du hast ja recht!«, tue ich überrascht. »Schade, wir sitzen hier gerade so nett. Aber es ist wirklich sehr dringend. Entschuldigt mich bitte.«

Ich schnappe mir meinen Laptop, lächle niedlich und verschwinde eilig wie ein Bankräuber, der sich als befreite Geisel tarnt. Draußen atme ich tief durch. Mit zittrigen Fingern wie eine Süchtige, die die rettende Dosis in die Hand bekommt, aber noch nicht öffnen darf, fingere ich an meinem Laptop herum. Dann verschwinde ich so schnell ich kann an einen ruhigen Ort und tauche nicht wieder auf, ehe nicht meine Ressourcen durch geistige Betätigung wieder aufgeladen sind.

Vermutlich neigen Frauen aus den bekannten Gründen dazu, sich noch mehr anzupassen als Männer, Mädchen mehr als Jungs. Mädchen sollen sogar teils mit Absicht schlechte Noten schreiben, nur um nicht zu sehr aufzufallen. Und während man Jungs abweichendes Verhalten eher nachsieht, wird von Mädchen nach wie vor mehr Konformität erwartet. Hochbegabte Mädchen spüren die Aggression ebenfalls, die aus unterdrückter Begabung entsteht, aber aufgrund von Geschlechterstereotypen kehren sie sie eher nach innen. Gegen sich selbst. Sie äußert sich dann in Depressionen, auffallend häufigem Schulbauchweh oder Anorexie (Magersucht).

Das Schlimmste an der Mimese, wenn du sie nicht zielgerichtet und sehr selektiv einsetzt, ist, dass du dich verlierst. Irgendwann weißt du selbst nicht mehr, wer du bist. Welche von diesen Gestalten, die du angenommen hast, von diesen tausend Rollen, die du gespielt hast. Vermutlich mochte ich deshalb in der Religionswissenschaft immer den Trickster-Typus am liebsten: jene ambivalenten Gesellen, die als Gestaltwandler die anderen Götter täuschen, verspotten und ihnen in ihre göttliche Suppe spucken.

Weil sie, genau wie ich, tausend Formen annehmen. Genau wie ich mit Späßen die Beißhemmung für ihr abweichendes Verhalten aktivieren. Die monotheistischen Religionen assoziieren sie gewöhnlich mit dem Teufel, in polytheistischen Religionen haben sie gute und schlechte Züge, ambivalent eben. Da sind wir wieder bei Dostojewskij: Intelligenz ist ein Geschenk des Teufels.

Doch Mimese ist nicht nur anstrengend, sie ist erschöpfend. Wer behauptet, Hochbegabte hätten deshalb wenig Freunde, weil sie keine Lust hätten, sich permanent anzupassen, hatte noch nie mit einem hochbegabten Menschen zu tun. Wir machen kaum etwas anderes, als uns ständig anzupassen. Wenn wir Brötchen kaufen, passen wir uns an; wenn wir im Zug sitzen, passen wir uns an; wenn wir im Schnellimbiss essen … den ganzen verdammten Tag lang passen wir uns an. Es ist ermüdend, erschöpfend, macht uns fertig. Ist es wirklich so verwerflich, wenn wir in der Zeit, die bleibt, die wirklich uns gehört, wenigstens auf das ständige Anpassen verzichten möchten? Wenn wir dann lieber ein Buch lesen, im Privatlabor forschen oder uns mit anderen Hochbegabten austauschen? Was für andere Menschen entspannend ist: die Arbeit kurz durch einen Kaffee unterbrechen, mittags gemeinsam mit Kollegen essen, ein Schwätzchen mit der Verkäuferin oder am Brotstand halten, all das ist für uns Stress. Es laugt uns aus.

Auch Individualisten sind nicht gern völlig einsam. Ich brauche zwar nicht viele Freunde, aber es ist schon schön, ein, zwei Menschen zu haben, auf die ich wirklich zählen kann. Heute gehe ich rücksichtsvoller mit mir um. Anpassung kann helfen, aber zu viel Anpassung schadet. Sicher, es erhöht ganz gewaltig die eigene Attraktivität, wenn man einem Mansplainer mit großen Augen zuhört und gar nichts sagt. Ist aber natürlich auch wahnsinnig langweilig. Das bedeutet, ich wäge inzwischen ab. Lohnt es sich, die Maske zu tragen? Und wenn mir ein Mansplainer auf den Geist geht, weiß ich ja, dass ich nur den Mund aufmachen muss, wenn ich ihn loswerden will.

Deutschland ist leider, man muss es so hart sagen, nicht der beste Ort, um mit einer Hochbegabung zu leben. Ganz besonders dann nicht, wenn man sehr vielseitige Interessen hat. In England zum Beispiel ist es völlig normal, dass Wissenschaftler auch für ein breites Publikum schreiben und neben ihrer Arbeit auch Interessen wie Musik oder Sport pflegen. Aber in Deutschland als Wissenschaftlerin Romane schreiben? Geht gar nicht. Neben historischen Romanen auch anspruchsvollere Genres bedienen? Des Teufels! Daneben einerseits große Oper singen, andererseits mit dem Schwert auf Mittelalterfreaks eindreschen? Unmöglich!

Aber was, wenn man all das nun einmal in seiner Persönlichkeit hat? Die einfachste Form der Mimese ist die Persönlichkeitsspaltung. Also legte ich mir mehrere Pseudonyme zu und entwickelte eine multiple Persönlichkeit. Allerdings nervte es mich irgendwann, dass ich unter dem Namen, unter dem ich auf die Bestsellerliste gekommen war, alsbald als Mädchen für die leichte Muse galt. Zugegeben, ich war daran nicht ganz unschuldig. Meine Mimese war wohl etwas zu gut gelungen. Hatte es mir anfangs noch Spaß gemacht, zwischen den beiden Persönlichkeiten zu zappen, kamen doch bald Erinnerungen an meine Kindheit hoch, in der ich meine Zweitpersönlichkeit als Überlebensstrategie genutzt hatte.

Komische Folgen hatte die Persönlichkeitsspaltung, als ich eines der ersten großen Interviews gab. Akribisch hatte ich sogar das Namensschild an der Tür durch mein Pseudonym überklebt. Der Journalist von einer großen Münchner Zeitung kam mit Foto-Team zu mir nach Hause. Wir unterhielten uns, und es stellte sich heraus, dass wir am selben Ort wohnten und unsere Kinder sogar denselben Kindergarten besuchten. Als das Interview im Kasten war, betrachtete er mein Bücherregal. Dort standen auch die historischen Romane, die ich als Agnes Imhof geschrieben habe, mit ihren Übersetzungen.

»Oh«, meint er. »Sie scheinen diese Agnes Imhof zu mögen.«

Was soll ich darauf denn sagen?

»Wie ist das Buch denn so?«, fragt er. »Ich suche noch ein Geschenk für meine Frau, vielleicht ist es ja etwas für sie.«

Ich stecke in der Bredouille. Einerseits stinkt Eigenlob. Andererseits würde ja wohl auch niemand, der bei klarem Verstand ist, sein eigenes Buch als schlecht bezeichnen.

»Ja, ähm, also mir gefällt's«, ziehe ich mich aus der Affäre. Aber ich habe ein furchtbar schlechtes Gewissen. Ich möchte ihn nicht anschwindeln, wer weiß, vielleicht begegnen wir uns bald im Kindergarten. Andererseits ist das Pseudonym geschlossen, das heißt, mein Name sollte nicht in der Zeitung erscheinen. Und seine Fotografin steht auch noch neben ihm.

Kaum sind die beiden aus dem Haus, schreibe ich ihm eine E-Mail, erkläre ihm, warum ich nichts gesagt habe, und gestehe ihm die Wahrheit. Es wäre doch ziemlich peinlich, wenn mich die Kindergärtnerin beim richtigen Namen ruft und er es so mitbekommt.

Das Vertrauen hat sich gelohnt. Mein richtiger Name erschien trotzdem nicht in der Zeitung, und wir wurden schließlich Freunde. Gemeinsam haben wir auch ziemlich darüber gelacht. Inzwischen handhabe ich zumindest dieses Pseudonym etwas lockerer, doch spiele ich die Rolle nach wie vor ganz gern.

Allerdings möchte ich nicht verheimlichen, dass es Situationen gibt, in denen die Mimese ganz gewaltig schiefgehen kann.

KEIN PARDON BEI MUSENMORD

Ich hatte ja schon erwähnt, dass ich Opern leidenschaftlich liebe, ganz besonders Verdi. Und eigentlich bin ich bei Live-Aufführungen gerade meiner Lieblingsopern auch nicht besonders anspruchsvoll. Ich freue mich, dass jemand sie für mich singt, und ich weiß auch, dass es keine Live-Aufführung ohne Fehler gibt. Lange genug habe ich selbst mit dem Chor der Bamberger Symphoniker und im Süddeutschen Vokalensemble unter Weltklassedirigenten gearbeitet. Es geht immer etwas schief, das ist normal. Aber nicht normal ist Musenmord.

Ein großes Opernhaus in Süddeutschland. Es ist ausgerechnet *Don Carlo*. Hymnisch gelobt von den Kritikern, besonders der Bariton. Ich freue mich wahnsinnig.

Nach den ersten Takten weicht die Freude ein wenig. Es klingt doch alles etwas unmotiviert. Als die Sänger auftreten, geht es von Auftritt zu Auftritt abwärts. Absoluter Tiefpunkt: der so hoch gelobte Bariton, der Kritikerliebling. Es ist nicht nur sein holpriges Italienisch – ein bisschen wie auf den uralten Aufnahmen, als ob sich die Comedien Harmonists an Verdi versuchten –, das der Rolle etwas akut Lächerliches verleiht. Er verpasst nahezu jeden zweiten Einsatz, und was an Volumen fehlt, versucht er durch Druck auf der Stimme wettzumachen. Wie so oft, wenn ein Publikumsliebling zum Mädchen für alles gemacht wird, egal, ob er dafür geeignet ist oder nicht.

Wenn ich im *Don Carlo* sage, dass der Bariton nichts taugt, dann bin ich kurz vor der Panikattacke. Wenn ich im *Don Carlo* sage: »Können sie den vorletzten Akt nicht vorziehen und ihn gleich erschießen!?«, dann wankt das Universum. Hier ist es so weit. Ich hätte nie gedacht, dass ich das mal sage, aber als er endlich den Bühnentod stirbt, bin ich richtiggehend erleichtert. Zum ersten Mal muss ich auch sagen, dass mir seine beiden Arien vor dem Bühnentod verdammt lang vorkommen. Ich bin geladen bis kurz vorm Supernova-Stadium.

Draußen treffen wir Bekannte meines Mannes. Wir kommen ins Gespräch. Irgendwann fragen sie dann leider, wie es mir denn gefiele.

Normalerweise sage ich mittlerweile, wenn ich eine Oper grauenhaft finde, etwas sozial Verträgliches wie: »Es hat viel Schönes. Was mir gut gefällt, ist das, und was mir nicht so gut gefällt, ist das« oder so ähnlich. Aber das ist leider nicht mehr möglich. Mein präfrontaler Kortex versagt glamourös, und mein hoch sensibles Sensation-Seeker-Temperament geht mit mir durch.

»Zum Erbrechen!«, erwidere ich. »Das Orchester ist hörbar beleidigt, mit diesem Pfuscher von Dirigenten arbeiten zu müssen. Die Sopranistin auch. Und der Bariton hat das Singen offenbar im Kreißsaal gelernt, denn er singt nach dem Motto: Pressen! – Atmen! – Pressen! Bei jedem zweiten Einsatz kommt er zu spät. Es klingt, als wäre Marquis Posa nicht erschossen worden, sondern durch Komasaufen auf dem Oktoberfest verschieden. Und welcher Idiot hat ihm gesagt, dass das, was er da radebrecht, Italienisch sei?! Im Ernst, wer hier klatscht, ist entweder taub oder bekloppt, und schlimmstenfalls beides.«

Sie schauen mich an, als hätte ich gerade einen Terroranschlag angekündigt.

Mein Mann wird schlammgrün vor Schreck.

»Äh ... b-b-bitte was ...?«, bringt die Frau noch hervor. Sie wechselt einen Blick mit ihrem Mann, der verstohlen vor sich hin kichert. Und dann suchen sie ganz schnell das Weite. Vermutlich befürchten sie, wenn ich noch ein paar Sätze sage, ziehe ich ein Schlachtmesser aus meinem Dekolleté, oder ich werde groß und grün und schlage alles kurz und klein. Womit sie gar nicht so unrecht haben.

»Sag mal, Schatz, hast du noch alle Tassen im Schrank?«, erkundigt sich mein liebender Gatte besorgt.

Zugegeben. Das war einer der Momente, wo die Mimese nicht so gut funktionierte. Es gibt eben Situationen, da muss man sich entscheiden zwischen sozialer Verträglichkeit und Ehrlichkeit. Aber, hallo! Es ging schließlich um Verdi!

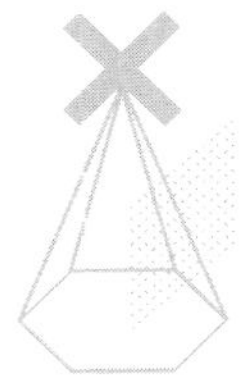

DEN DRACHEN ZÄHMEN

DIE SCHÖNEN SEITEN DER HOCHBEGABUNG

Deutsches Museum, München. Es ist ein nasskalter Wintertag, es regnet. Die Schlange vor der Kasse ist so lang, dass Natascha und ich völlig durchweicht sind, als wir endlich im Inneren stehen. Wir starten mit den üblichen Attraktionen: Bergbau, Schiffe, Luftverkehr. Seit einiger Zeit darf Natascha mit uns *The Big Bang Theory* sehen. Sie will in die Physikabteilung.

In der Schule fand ich Physik sterbenslangweilig. Unser Lehrer war unmotiviert, und das übertrug sich auf mich. Heute gehe ich durch die Physikabteilung, als würde ich das erste Mal von dieser Wissenschaft hören. Ich berühre die Apparate wie Wunderwerke. Ich lache wie ein Kind, als ich Kugeln aneinanderknallen lasse, um ihren Impuls zu beobachten. Ich reiße die Augen auf wie vor einem gewaltigen Zauber, als ich eine Kugel auf einem Luftstrom tanzen sehe, und ich erzähle mit Feuer von dem Foucault'schen Pendel, das gerade abgebaut ist. Als ich vor Galileis nachgebautem Arbeitszimmer stehe, habe ich Tränen in den Augen.

Ich bekomme nicht genug. Weiter. Ich will noch das mikroskopische Theater sehen. Die Nano-Technologie und die Abteilung über Atomenergie. Natascha will ebenfalls das Raster-Elektronenmikroskop sehen und die Experimentierwerkstatt. Es gibt einen Vortrag über Kryptografie, den wir auf keinen Fall verpassen sollten, schließlich hat sie eine Chiffriermaschine zu Hause. Und wir müssen unbedingt in die Körperzelle in der Pharmazie-Abteilung gehen! Wir stopfen in uns hinein. Lachen uns kaputt über manche Apparate, probieren alles aus, spüren nicht, dass uns längst die Füße wehtun und wir ausgehungert und dehydriert sind. Egal. Natürlich können wir nächste Woche wieder herkommen, aber es ist gerade so spannend, und so groß ist die nächste Abteilung doch auch nicht …

Es sind diese Momente, in denen sich Hochbegabung richtig schön anfühlt. Wunderschön. Diese Momente, in denen der Körper von Glückshormonen derart geflutet wird, dass man Hunger, Schmerzen, Kälte und Hitze nicht mehr spürt, in denen man zurückfindet zu der kindlichen Freude, die einen alles wie ein Schwamm aufsaugen lässt.

Am Ende kaufe ich mir im Museumsshop ein Buch über Teilchenphysik. Keins von denen, die auf dem Niveau einer Doku sind. Wenn schon, dann auch rein in die Formeln. Und auch wenn ich jede einzelne erst einmal auswendig lernen muss, weil ich es damals im Schulunterricht vorgezogen habe, Dramen in Blankversen zu schreiben oder über die Entstehung des Universums zu sinnieren – egal.

Mein hochbegabtes Kind eröffnet mir Horizonte, die ich schon längst verloren geglaubt hatte. Ich finde Spaß an Dingen, denen ich nie Spaßpotential zugetraut hätte, weil es in meiner eigenen Kindheit aus irgendwelchen Gründen keinen gab. Kein Mensch kann sich ein Leben lang mit arabischer Poesie beschäftigen. Ich atme auf, wenn ich einen DNA-Strang vor mir sehe. Diese unbegrenzten Möglichkeiten, dieses Unabwägbare, die unendlichen Freiheiten und Neuigkeiten, die sich in den zahllosen Wissenschaften und der Kunst unserer Zeit eröffnen, geben mir tausendfach Sicherheit. Nicht in der Beschränkung und der Autorität, in der Freiheit ist Sicherheit. Wir können atmen und gleichzeitig tot sein, es gibt Menschen, die tun das ihr ganzes Leben lang. Aber wer forscht und Neues erschafft, lebt.

Entspannung ist nicht Abschlaffen, sagte Schiller, sondern der Ausgleich zwischen verschiedenen Spannungspolen. Nicht Trash und Chips machen uns glücklich, sondern Lernen.

Ein Kino. Der ganze Saal ist dunkel. Ich sitze neben einer Freundin, die sich ebenso für die Renaissance begeistert wie ich.

Lautenklänge. Irgendwo im Dunkeln eine Frauenstimme. Und die Verse von Shakespeare, mit einem ganz leichten Augenzwinkern gesprochen:

Sigh no more, ladies, sigh no more.
Men were deceivers ever.
One foot on sea, and one on shore,
To one thing constant … never.
Then sigh not so, but let them go
And be you blithe and bonny,
Converting all your sounds of woe
Into hey nonny nonny!

Atemlos sitze ich im Kino. Ich bin vom ersten Augenblick an völlig gefesselt. Ich höre und sehe nichts anderes mehr. Noch nie hat mich ein Film derart in den Bann geschlagen. Heute noch kommen mir jedes Mal die Tränen an dieser Stelle, und nicht selten heule ich den halben Film durch. Egal, wie schlecht es mir gehen mag, ich sehe ihn an und fühle mich besser.

Ich spreche von der Verfilmung von Shakespeares *Much ado about nothing (Viel Lärm um nichts)* von Kenneth Branagh. Die Musik der Verse reißt mich bis heute mit. Es war einer der ersten Filme, in denen das Thema hochintelligente Frauen und ihr Paarungsverhalten thematisiert wird – interessanterweise ausgerechnet nach einer Vorlage, die vierhundert Jahre alt ist! Zwei Wochen, nachdem ich den Film das erste Mal gesehen hatte, konnte ich die Rolle der Beatrice auswendig. Noch immer kenne ich fast jedes Wort. Denn natürlich war sie meine Identifikationsfigur: das Mädchen, das einerseits für seine Klugheit respektiert wird, andererseits aber selbst in ihrem wohlwollenden Umfeld immer die ist, die anders ist. Die Starthilfe beim Verlieben benötigt – und das Glück hat, nicht nur auf ihresgleichen zu treffen, sondern auch noch auf einen Mann, der im entscheidenden Augenblick eben keine Angst vor ihrer Klugheit hat.

Es ist bloß ein Theaterstück. Es ist vierhundert Jahre alt. Und es macht mich glücklich. Und zwar egal, ob jemand zusieht oder nicht. Es gibt noch sehr viele Dinge dieser Art. Sie alle haben gemein, dass sie nichts oder nur wenig kosten, dass sie in fast allen Fällen nicht materieller Art sind und so gut wie jederzeit verfügbar.

Vor kurzem arbeitete ich an einem Artikel für eine Publikation mit Kollegen unter anderem aus Cambridge. Es geht um arabische Weinpoesie. Wie bereits gesagt, wurde das Weinverbot im Islam lange Zeit lax gehandhabt. Entsprechend gibt es eine umfangreiche arabische Weinpoesie. In der Fachliteratur ist die Rede von einem Text eines eher unbekannten frühislamischen Dichters. Ich würde den Text gern zitieren, doch die genaue Quelle steht nicht dabei. Das lässt mir keine Ruhe. Nach einer schlaflosen Nacht mache ich mich an eine typische Arabisten-Arbeit: Ich nehme mir das fast dreißigbändige *Kitab al-Aghani* vor und durchforste es nach Angaben über den Dichter.

Im 21. Band werde ich fündig. Ich checke das Kapitel, und tatsächlich, nach nur wenigen Seiten finde ich den gesuchten Text. Ich bin high. In Nullkommanichts habe ich die wenigen Zeilen übersetzt. Wow! Das Gedicht ist, dem Kontext im *Kitab al-Aghani* zufolge, Ausdruck einer generell ablehnenden Haltung des Dichters gegenüber seiner mehr oder weniger erzwungenen Konversion zum Islam. Das wirft ja ein ganz neues Licht auf den Text!

Den ganzen Nachmittag trägt mich das wunderbare Gefühl, in meinem Artikel einen guten Schritt weiter zu sein und endlich die Zusammenhänge fundiert darstellen zu können.

Dasselbe passiert bei vielen Gelegenheiten, etwa beim Schreiben oder in der Musik. Ich habe ein Beispiel aus der Arabistik gebracht, weil man bei solchen Glückszuständen meist nicht an Wissenschaft denkt. Aber natürlich kann ein solcher Moment genauso zustande kommen, wenn ich ein neues Stück richtig gut singe, wenn eine Szene sich fast von selber schreibt oder bei vielen anderen Dingen. Kürzlich war ich drei Stunden high, nur weil ich begriff, warum in meiner aktuellen Arie ein Stakkato-Punkt auf der Note steht.

PURER FLOW

Der Begriff »Flow« stammt von Mihaly Csíkszentmihályi und bezeichnet einen Zustand, in dem man völlig in dem, was man tut, aufgeht. Man ist hochkonzentriert, vergisst sich und alles andere, die Zeit scheint wie im Flug zu vergehen, man beherrscht seine Aktivität, die zugleich herausfordernd und damit spannend ist. Und deshalb ist es einem auch völlig egal, ob sie zu irgendetwas nütze ist. Es geht um die Sache selbst.

Flows erlebt man unabhängig von Hochbegabung. Aber eine der wunderschönen Seiten von Hochbegabung ist, dass sie einem ständig neue Wege eröffnet, solche Flows zu erleben – in Zusammenhängen, die für andere meist völlig spaßfrei sind.

In seinem Gedicht »An die Freude« schreibt Schiller neben den einfachen Genüssen, die glücklich machen, auch von der Freude, die in ganz anderen Dingen liegt:

Aus der Wahrheit Feuerspiegel
Lächelt sie den Forscher an.

Zu der Tugend steilem Hügel
Leitet sie des Dulders Bahn.

Das stimmt übrigens überein mit der geläufigen Forschungsmeinung zum Flow. Csíkszentmihályi und seinesgleichen gehen sogar davon aus, dass der stärkste Flow tatsächlich genau dadurch erzeugt wird: durch Aufgaben, die man bewältigt, durch Rätsel, die man gelöst, durch ein Kunstwerk, das man geschaffen hat. Zwar kann man auch durch andere, einfachere Dinge einen Flow erleben – durch eine Party, Sex und so weiter –, aber das Gefühl ist tiefer und dauert länger, wenn es ums Schachspielen, um die perfekte Operation oder die brillante Aufführung einer Symphonie geht. Es geht also nicht nur ums Dopamin an sich, sondern auch darum, wie man drankommt. Und offenbar sind Tätigkeiten besonders befriedigend, die einen angemessen herausfordern, also weder über- noch unterfordern. Was nicht zu schaffen ist, ist ebenso frustrierend wie etwas, das einen nicht herausfordert.

Das ist für uns Hochbegabte praktisch, weil wir für solche Dinge ohnehin ein Interesse haben. Wir müssen dazu gewöhnlich nicht erst motiviert werden. Es liegt in unserer Natur, uns anstrengen zu wollen. Wenn unser intellektueller Jagdtrieb einmal geweckt ist, sind wir sehr motivierte und engagierte Mitarbeiter. Es ist der pure Flow.

Ja, manchmal ist es auch schön, wenn man Dinge kann, die ein bisschen verrückt sind. Und es kann manchmal sogar für ein Team nützlich sein. Vor einiger Zeit habe ich mit meiner Tochter sogenannte Escape Rooms ausprobiert: Man wird in einen Raum eingesperrt, und um wieder befreit zu werden, muss man verschiedene Rätsel lösen. Wie viele Mensaner waren unsere beiden Mitspieler – eingefleischte Fans – eher von der mathematischen Sorte. Das Spiel war ziemlich lustig, auch wenn es für uns erst einmal Neuland war. Dann kam der Moment, wo man eine Radionachricht abhören musste. Und die war auf Arabisch. Theoretisch hätte man auch andere Sprachen per Suchlauf einstellen können, aber das hätte Zeit gekostet. Da war es natürlich schon cool zu sagen: Jungs, gebt mir den Kopfhörer. – Denkt jetzt nicht, ich will angeben. Ich will damit nur sagen, selbst für weltfremde Freaks wie mich ist es schön, wenn man einmal in zehn Jahren das Gefühl hat, dass das, was man kann, auch mal irgendwo gebraucht wird.

Diese Momente sind selten, und sie sind klein. Aber das macht sie nicht weniger schön. Während meines Bore-outs habe ich mich in die Quantenmechanik eingearbeitet – nachdem ich als Schülerin alles andere als ein Physik-Fan war. Rettung aus einer Ecke, aus der ich sie niemals erwartet hätte – und sie machte aus einer deprimierten Couchpotato, die aus lauter Langweile am liebsten Löcher in die Wand geballert hätte, plötzlich einen hochmotivierten Cheerleader der Teilchenphysik:

The Big Bang Theory läuft im Fernsehen. Sheldon Cooper wird an einem Bahnhof aufgegriffen. »… Ich bin in Wirklichkeit ein weltweit anerkannter Physiker«, beteuert er. »Fragen Sie mich nach dem Unterschied zwischen einem Boson und einem Fermion!«

Ich springe auf, reiße die Arme hoch und johle: »Sheldon, daran erkennt man doch keinen Physiker! Ein Fermion hat einen halbzahligen Spin und ein Boson einen ganzzahligen, ist doch klar!«

Mein Mann wirft mir einen Blick zu, als würde er überlegen, ob das die Frau ist, die er geheiratet hat, oder ob sie heimlich gegen einen außergewöhnlich ähnlichen Klon ausgetauscht worden sein könnte. Aber ich freue mich wie ein Kind.

Auf einmal finde ich Physik phantastisch. Da ich sie so lange ignoriert habe, bietet sie mir ein weites Feld, und ich lerne ständig Neues. Endlich ist der Horizont wieder in sicherer Entfernung. Endlich kann ich mich wieder darauf zuarbeiten. Habe freie Fahrt, meinem Jagdtrieb zu folgen.

Zwar werde ich wohl kaum noch Physik studieren. Wenn man sich nicht einmal mehr erinnert, wie man die Umwandlung von Lage- in Bewegungsenergie berechnet, weil man den Unterricht genau genommen verschlafen hat, ist das wohl keine gute Idee. Aber es tut mir gut, und letztlich ist es die Fortführung der Naturphilosophie, die mir schon immer besonders gut gefiel. Parallel habe ich wieder Bauwerke entworfen. Es ist das Spiel mit den Möglichkeiten, das mich fasziniert.

Vermutlich klingt es für viele Menschen befremdlich, einen psychischen Erschöpfungszustand mit Quantenmechanik zu bekämpfen. Aber Menschen sind verschieden, und was den einen hilft, kann für andere völlig nutzlos sein. Für mich hätte es nichts Besseres geben können. Ich denke, dass man Hochbegabten viel ersparen kann, wenn man ihnen eine Publikation von Einstein in die Hand drückt und wenn es statt Antidepressiva wissenschaftliche Aufbaustudien als Kassenleistung gäbe.

Im Prinzip habe ich nichts anderes getan als damals während meiner Kindheit mit der Literatur: Ich habe mir eine Gegenwelt gesucht, die mir neue und interessante Anregungen bot, so dass die Seele Kraft schöpfen konnte. Es muss keine bestimmte Gegenwelt sein, die Möglichkeiten sind unendlich. Ich werde die Literatur und die Musik immer lieben. Aber hätte mir jemand noch vor wenigen Jahren gesagt, dass ich freiwillig und sogar begeistert in Physikshows gehen würde, ich hätte mir an die Stirn getippt. Und doch: nach den Jahren der Langweile war es genau das, was ich nötig hatte. Hochbegabte sind im Grunde sehr leicht glücklich zu machen. Wir brauchen nicht viel, kein neues Haus, keine teuren Klamotten, keinen Ruhm und keinen neuen Lover. Es reicht ein neuer Blick auf die Welt.

Hochbegabung ist ein Drache im eigenen Geist. Aber man kann ihn zähmen und seine Kraft nutzen. Es macht mich glücklich, Rätsel zu knacken – und die Leistungen von Menschen zu bewundern, die einen Weg gefunden haben, ihren Drachen zu zähmen. Die etwas Großartiges geleistet haben, etwas, worauf sie stolz sein können und das nebenbei noch anderen zugutekommt.

Das ist doch eigentlich nichts Schlechtes.

Hatte ich das gesagt, oder war das mein wissenschaftliches Ich?

Es saß ganz still in seinem Sessel und lächelte ein bisschen schüchtern.

»Weißt du was?«, sagte ich zu ihm. »Eigentlich bin ich jetzt doch ziemlich froh, dass ich dich habe. Was meinst du – wollen wir es nochmal miteinander versuchen?«

Mein wissenschaftliches Ich sah mich ungläubig an. »Du meinst, so richtig wieder eine Person werden? Ich darf nach Hause?«

Jetzt war ich beinahe gerührt. Es war eine plötzliche, warme Zuneigung, die mich selbst überraschte. Ich nahm das widerborstige, rotzfreche kleine Ding in den Arm und drückte es fest.

»Danke, dass du da bist«, sagte ich. Vielleicht zum ersten Mal.

Ich weiß nicht, wovon andere Frauen in meinem Alter träumen. Vielleicht von erfolgreichen Kindern oder von einem Liebhaber, der aussieht wie … wer auch immer. Ihr wisst schon: ich und Schauspieler. Was mich betrifft, ich träume von einem Besuch im Labor von Anton Zeilinger in Wien, der die Quantenkryptografie geprägt hat wie kaum ein anderer, oder im CERN. Oder vom Schreiben, oder davon, wieder mit Profis auf der Bühne zu stehen, mich mit interessanten Menschen auszutauschen. Und von einer Reise durch ein Wurmloch, von einem Besuch in einer anderen Galaxie. Davon, nachts einen anderen Himmel zu sehen, bekannte Sterne aus einer neuen Perspektive, Himmelskörper, von denen ich nichts wusste, Galaxien, deren Namen ich nicht einmal kenne, und irgendwo, weit entfernt und klein wie ein heller Fleck am Nachthimmel, die, in der irgendwo die Welt liegt, auf der ich geboren wurde.

KEINE ANPASSUNG UM JEDEN PREIS

»DEINE FRAU REDET ZU KLUG, KÖNNTE SIE BITTE DEN MUND HALTEN?«

Wir sitzen bei Bekannten. Ein nettes Tischgespräch, wir verstehen uns wunderbar. Meistens geht es um Musik, aber auch um Philosophie. Was wir eben so lieben.

Ein paar Tage später telefonieren unsere Männer.

Nach dem Gespräch kommt Uwe zu mir. Erzählt davon und sagt dann auf einmal:

»Georg Albrecht bittet dich, wenn wir zusammensitzen, nicht ganz so intelligent zu sprechen.«

Ich blicke auf. »Wie bitte?«

Uwe runzelt die Stirn, es erscheint ihm ganz offensichtlich auch reichlich sonderbar. »Er sagte, Aya würde sich deprimiert fühlen, weil du so klug bist.«

Ich glaube, ich höre nicht recht. Die erste Reaktion ist einfach nur Enttäuschung. Grenzenlose Enttäuschung.

»Kann ich mich nicht ein einziges Mal auf meiner Betriebstemperatur unterhalten, ohne dass irgendjemand etwas dagegen hat?«, rufe ich wütend. Zuerst bin ich sauer auf sie. Wieder eine, die es nicht mag, dass ich mich auch noch über andere Dinge als Apfelkuchen unterhalten kann!

Dann überlege ich. Apfelkuchen ist eigentlich auch nicht Ayas

Thema. Sie ist Musikerin, und sie arbeitet mit einigen wirklich guten Solisten zusammen. Meistens sprechen wir über Musik, und das ist, trotz all meiner Begeisterung dafür, ihr Metier. Soweit ich mich erinnere, hat sie während unseres Gesprächs auch kein bisschen deprimiert gewirkt, im Gegenteil. Wir haben uns sehr angeregt über Shintoismus unterhalten. Da sie Japanerin ist, habe ich die Gelegenheit genutzt, um sie ein paar Dinge zu fragen, die ich noch nicht wusste. Ich hatte nicht das Gefühl, sie dadurch in Verlegenheit gebracht zu haben, ganz und gar nicht. Sie schien sich sogar zu freuen, dass sie hier in Deutschland mit jemandem über diese japanische Religion sprechen konnte. Aber jetzt, wo ich darüber nachdenke, fällt mir auf, dass Georg Albrecht bei diesem Thema plötzlich so still geworden ist.

»Sag mal«, meine ich zu Uwe, »kann es sein, dass es gar nicht *Aya* ist, die sich durch meinen IQ kastriert gefühlt hat, sondern *Georg Albrecht*?«

Jetzt werde ich richtig sauer, und zwar auf ihn. Was für eine miese Masche! Sich hinter seiner Freundin zu verstecken, ihr zu unterstellen, sie käme nicht mit intelligenten Frauen klar – während in Wirklichkeit er selbst es ist, der dazu nicht Manns genug ist! Und das alles noch hinter ihrem Rücken, so dass sie keine Chance hat, die Sache richtigzustellen. Mein Respekt vor ihm sackt in den Nanobereich. Da sind sie wieder, die Nieten-, pardon: Nixon-Männer.

Es kommt eher selten vor, dass es dir jemand so naiv-offen ins Gesicht sagt, wenn er dich zu intelligent findet. Meistens läuft es sehr viel subtiler ab. Über die Strategien von Mobbern, dich zum Schweigen zu bringen, nur um sich selbst wieder schlauer zu fühlen, könnte man ein eigenes Buch schreiben. Aber was nun?

Ich würde gern in einer Welt leben, in der es nicht meistens irgendjemanden stört, wenn ich auf meiner Betriebstemperatur rede. Ich bin inzwischen ziemlich gut in Mimese, aber auch ich muss irgendwann Luft holen dürfen. Hochbegabung gehört zur Persönlichkeit. Sie zu unterdrücken macht krank.

Und es hilft ja auch nichts. Wenn man hochintelligent ist, werden es andere Menschen immer merken, die einen früher, die anderen später. Es gibt Leute, die jahrelang nicht mit mir gesprochen haben, weil ich ihnen zu intelligent redete. Weil sie die bloße Tatsache, dass ich so bin, wie ich bin, als arrogant empfanden. Ich habe Briefe erhalten, in denen das stand. Es gibt Freundschaften, die daran zerbrochen sind. Menschen, die mir sehr nahestanden, mit denen ich den Kontakt abgebrochen habe, weil sie permanent versuchten, mich daran zu hindern, so zu sein, wie ich bin.

Das kann ich nicht ändern. Aber ich kann das Schema ändern, nach dem ich auf Menschen zugehe.

Es wird immer Menschen geben, die einen mögen, und andere, die es nicht tun. Aber nie wieder werde ich meine Persönlichkeit verleugnen, knebeln und ersticken. Auch nicht für eine Freundschaft oder meine Familie. Das Multiversum ist überall. Nichts ist alternativlos.

Der altarabische Dichter Labid sagte: »Weißt du denn nicht, Nawar, dass ich Liebesbande ebenso schnell knüpfen wie abschneiden kann? Und dass ich Orte, mit denen ich unzufrieden bin, schleunigst verlasse, es sei denn, ich wäre tot?«*

Genau wie Menschen das Recht haben, trotz und mit ihrer Behinderung akzeptiert zu werden, haben auch Hochbegabte ein Recht, zu sein, was sie nun einmal sind. Ich habe nicht vor, das Märchen weiterzuspinnen, dass Hochbegabte eigentlich seien wie alle andern. Sind wir nicht. Das ist die Definition von Hoch-Begabung.

Aber wir sind ja nicht hochbegabt aus purer Gemeinheit. Wir haben uns das nicht einmal ausgesucht. Es ist noch nicht einmal

---

* Zitiert nach: Gottfried Müller: *Ich bin Labid und das ist mein Ziel. Zum Problem der Selbstbehauptung in der altarabischen Qaside.* Wiesbaden 1981

so, dass es unbedingt ein Vorteil wäre. Genauso wie bei tausend anderen Arten von Menschen, die auch irgendwie anders sind: sei es bezüglich ihrer sexuellen Orientierung, sei es aufgrund körperlicher Besonderheiten, Herkunft und so weiter. Die Behauptung, Hochbegabte seien eigentlich ganz normal, ist in meinen Augen nichts als ein Versuch, die Beißhemmung zu aktivieren. Als ob Beißhemmung in einer Gesellschaft, die sich für zivilisiert hält, nicht eigentlich eine Selbstverständlichkeit sein sollte.

Manche fürchten, dass Neid andere Menschen gegen Hochbegabte aufbringen könnte. Wer hochbegabt ist, wird möglicherweise durch seine bloße Existenz anderen das Gefühl geben, weniger begabt zu sein. Das ist aber nicht unsere Schuld. Und es ist auch nichts, worauf ich mir etwas einbilde. Intelligenz allein sagt nicht viel über einen Menschen, es gibt viel mehr Eigenschaften, die einen ausmachen. Dass wir nicht für unsere Intelligenz bemitleidet werden müssen heißt aber nicht, dass man uns deswegen wegbeißen müsste.

Aber Neid worauf eigentlich? Erfolg? Hochbegabung garantiert keineswegs Erfolg, in mancher Hinsicht ist sie dabei sogar eher hinderlich. Und selbst wenn – nicht wenige Hochbegabte werfen scheinbar urplötzlich vielversprechende Karrieren hin, weil sie als Klavierlehrer glücklicher sind als im Hamsterrad und auf Geld ohnehin nicht viel geben. Oder die Klugheit an sich? Ich kenne kaum echte Hochbegabte, die sich nicht wenigstens eine Zeitlang nichts sehnlicher gewünscht haben, als so richtig schön dumm zu sein. Ich weiß, wovon ich spreche, ich habe es selbst jahrelang versucht. Obwohl man nicht hochbegabt sein muss, um zu wissen, dass die Aussichten auf Erfolg eher begrenzt sein dürften. Zumindest ohne ein Labor für Genmanipulation oder wenigstens einen angemessen skrupellosen Gehirnchirurgen.

Ich habe gesehen, was es anrichtet, eine Hochbegabung zu unterdrücken. Es macht aggressiv, depressiv, anfällig für Krankheiten. Was an Negativklischees zu Hochbegabten existiert, wird dadurch verstärkt. Ich jedenfalls bin sehr viel friedlicher, wenn ich mich nicht verbiegen muss:

Wie gesagt, solange mich Männer anständig behandeln, bin ich eigentlich sehr nett zu ihnen. Doch sitze ich brav lächelnd in einem Kreis, wo Sprüche fallen wie »Frauen sind dümmer als wir, denn wir haben die größeren Hirne«, kann es passieren, dass der intellektuelle Hulk in mir geweckt wird. Und dann kommt urplötzlich von mir eine Antwort wie: »Ja, das sagte auch der Neandertaler zum Homo sapiens, und wir wissen alle, wie das endete!« (Übrigens hatte auch Einstein ein überraschend kleines Gehirn, dessen Gewicht lag deutlich unter dem männlichen Durchschnitt.)

Es ist also für das nähere Umfeld auch kein Gewinn, wenn die Hochbegabte sich zu sehr anzupassen versucht.

Elternabend an der Grundschule. Unruhig rutsche ich auf meinem viel zu niedrigen Kinderstühlchen herum. Die Lehrerin redet und redet. Sie hat eine Folie aufgelegt, auf der sie in Stichpunkten in der üblichen säuberlichen Grundschullehrer-Handschrift notiert hat, was zu sagen ist. Würde sie das verdammte Ding einfach ablesen, könnten wir in zehn Minuten fertig sein. Ich würde jedenfalls jetzt lieber am Kamin sitzen, ins prasselnde Feuer sehen, vielleicht ein Buch lesen. Es wird später und später. Immer wieder fragt auch jemand etwas, woran sich meist eine minutenlange Diskussion entzündet. Ich werde immer unruhiger. Fange an, die Augen zu verdrehen, sobald sich die Themen wiederholen. Und sie wiederholen sich ständig. Mein Verhalten nähert sich immer mehr dem eines gelangweilten Teenagers an. Huch! Wie unhöflich! Ich versuche erneut, mich zu konzentrieren. Es klappt nicht. Ich bin hier gefangen in diesem ewigen Kreislauf von Kleinigkeiten. Und der Zeiger der Uhr rückt weiter. Und. Weiter.

Weder die Lehrerin noch die anderen Eltern haben mir etwas getan. Aber jeden, der die Sache jetzt noch mehr in die Länge zieht, indem er das Wort ergreift, starre ich inzwischen an, als wollte ich ihn mit der bloßen Kraft meiner Gedanken erwürgen. Ich fange an, jeden zu hassen, der mich weiter in dieser Folter hält.

Als die Lehrerin die Veranstaltung endlich beendet, stürze ich hinaus, als wären sämtliche dunklen Mächte um Darth Vader und seine Spießgesellen hinter mir her. Springe ins Auto, drehe mit zitternden Händen den Schlüssel – und krache beim Zurückstoßen gegen einen der großen Feldsteine am Rande des Parkplatzes. Na super. Das ist mir seit der Führerscheinprüfung nicht mehr passiert! Was zur Hölle ist bloß los mit mir?

So etwas ist zum Glück nicht der Normalfall, es passierte während meiner Bore-out-Phase. Unterforderung und ständige Anpassung machen deine Synapsen zu Discokugeln der Signalübertragung. In deinem Kopf findet ein Blitzlichtgewitter von Aktionspotentialen statt, die über deine Nervenfasern irrlichtern und sie bis zum Durchschmoren heißlaufen lassen. Verhaltensaktivierende und verhaltenshemmende Impulse zerren an dir, bis dein Kortex die einfachsten Dinge nicht mehr wahrnimmt, weil er krampfhaft zu verhindern versucht, dass du groß und grün wirst. Irgendwann kollabiert das System, und du wirst aggressiv oder depressiv oder beides gleichzeitig.

Wahrscheinlich sind Frauen noch häufiger von dem Problem betroffen als Männer. Weibliche Intelligenz ist bei dümmeren Männern noch nie gut angekommen. Die Kombination von weiblicher Intelligenz und patriarchalischer Machtausübung ist hochtoxisch und führt so gut wie immer zu Gewalt – physischer oder verbaler. Das ist kein Wunder: Patriarchalische Strukturen basieren ja auf dem Mythos, dass Frauen nicht fähig seien, selbst zu wissen, was gut für sie ist. Eine hochintelligente Frau stellt allein durch ihre Existenz eine überdeutliche Gefahr für die Grundfesten dieses

Weltbilds dar. Reagiert die Gesellschaft mit gewaltsamer Unterdrückung und die Frauen mit Anpassung, kommt es zu sozialen Ausfällen, Krankheiten und Depressionen. Viele böse Stereotypen – das »zänkische Weib«, das »Hauskreuz«, die »Hysterikerin«, die »Hypochonderin« mit Dauermigräne – lassen sich möglicherweise durch eine unterdrückte Hochbegabung erklären.

Zu ermessen, was hochbegabte Frauen in Gesellschaften leiden mussten und müssen, in denen sie weggesperrt, diskriminiert und unterdrückt werden, ist unvorstellbar. Ich träume davon, dass diesen Frauen endlich auch eine Stimme gegeben wird, und nicht immer nur denen, die von solch tristen Gesellschaften profitieren.

Aber wir müssen nicht gleich ein so extremes Beispiel wählen. Denken wir noch einmal an das Thema Vielseitigkeit:

Die Spezialisierung, die wir heute haben, ist historisch gesehen eher unnatürlich. Jahrhundertelang haben Menschen alles Mögliche parallel gelebt. In den kulturell bedeutendsten Epochen war eine vielseitige und möglichst allumfassende Ausbildung das Bildungsideal – ganz schwach lebt diese Idee noch im Konzept des humanistischen Gymnasiums. Aber sobald man das Abitur hat? Die Gesellschaft bewundert Goethe als Universalgenie und macht all denen, die das zum Vorbild haben, das Leben schwer.

Jahrelang gab es nur sehr wenige Menschen, die wussten, dass ich viele Leben habe. Dass ich teilweise sogar verschiedene Namen in diesen Leben trage – wie meine Autorenpseudonyme –, nur damit niemand merkt, wer ich wirklich bin. Oder auch, dass ich in vielen Dingen gut bin, denn das scheint geradezu unverzeihlich.

Die Sängerin und die Autorin, die Wissenschaftlerin und all die anderen gehören aber zusammen. Als ich mir mein erstes Pseudonym zulegte und damit auf der Bestsellerliste landete, kamen sofort die Ersten, die sagten: immer diese oberflächlichen Mädchen, die meinen, sie müssten über Dinge schreiben, von denen sie nichts verstehen. Na gut, über eines dieser Themen, von denen ich nichts verstehe, habe ich erst jetzt wieder einen wissenschaftlichen Artikel geschrieben. Aber das konnte ich natürlich nicht sagen, sonst wäre das Pseudonym aufgeflogen. Also hieß es: Zähne zusammenbeißen.

Ich habe so genug davon, den Mund zu halten. Ich habe so genug davon, immer eine Rolle zu spielen. Es gehört zu meiner Persönlichkeit, dass ich viele Leben habe. Es gehört zu mir, dass ich diese Facetten habe. Ist es nicht auch eine Form von Gewalt, wenn ich mich ständig knebeln muss?

Es ist nach wie vor eine Gratwanderung. Doch ich weiß heute, dass ich mich nicht mehr um jeden Preis anpasse. Lieber wenige gute Freunde als viele schlechte – und viele Freunde hatte ich sowieso noch nie. Tendenziell bin ich in oberflächlichen Beziehungen eher zurückhaltend. Aber ich verstecke mich auch nicht mehr.

Schon früher war mir Intelligenz sicher bei meinen Freunden wichtig. Ganz unabhängig übrigens von dem, was sie beruflich machten – eine Freundin von mir ist Erzieherin, eine andere Kunsthistorikerin. Das war vermutlich unbewusst, es waren einfach die, die übrigblieben und mich nicht mobbten. Dadurch, dass ich gezwungen war, mich mit dem Thema Hochbegabung auseinanderzusetzen, kann ich heute gezielter auf Menschen zugehen.

Ich telefoniere mit einer Freundin, wir sprechen über die Ereignisse, die in letzter Zeit wichtig für uns waren. Ich zögere. Dann rücke ich mit der Hochbegabung heraus.

Sie lacht.

Ich stutze. Sie empfindet das gar nicht als arrogant?

»Aber das wundert mich überhaupt nicht«, ruft sie lachend. »Ehrlich gesagt, habe ich das schon immer von dir gedacht. Du warst doch schon immer so drauf. Eher komisch, dass es dir erst jetzt klar wird.«

Zu meiner Überraschung stelle ich fest, dass die meisten Menschen es schätzen, wenn man ehrlich zu ihnen ist. Eigentlich ist das kein Wunder, denn so zeige ich ihnen, dass ich sie ernst nehme. Ich traue ihnen zu, eine hochbegabte Person zu sehen, ohne sie gleich zu mobben. Diese Haltung ist letztlich sehr viel respektvoller, als wenn ich mich verstecken würde. Denn das würde im Grunde nichts anderes heißen als: Ich halte euch für Dummköpfe, die mit meiner Hochbegabung nicht klarkommen würden.

Früher konnte ich das nur in ganz extremen Fällen wie diesem:

Eine Nachbarin will mich einladen. Es geht um eine Art Tupper-Party. Eine Vertreterin soll ein Küchengerät präsentieren. Früher hätte ich vielleicht zugesagt, einfach nur, weil ich nicht abweisend sein wollte. Mich zwei Stunden zu Tode gelangweilt und danach im Keller ein Blutbad unter Silberfischchen angerichtet oder mit meiner Reitgerte minutenlang schreiend auf unschuldige Kissen eingeschlagen. Jetzt sage ich: »Sei mir nicht böse, aber das ist eher nichts für mich. Lass uns lieber mal zusammen einen Kaffee trinken, okay?«

Heute würde ich vermutlich auch in weniger eindeutigen Situationen absagen. Ja, mir wird schneller langweilig als anderen. Aber Menschen haben nun einmal unterschiedliche Geschwindigkeiten. Ich habe jetzt mein halbes Leben diese Langeweile brav akzeptiert. Ich finde, das genügt. Es ist Zeit, endlich zu leben.

Natürlich bin und bleibe ich trotzdem immer ein Stück weit die, die anders ist. Nach wie vor kann es auch mal zu Fehlzündungen in zwischenmenschlichen Beziehungen kommen. Und manche komischen Eigenheiten gehören eben auch zu mir. Na und? Die meisten Menschen reagieren sehr viel freundlicher auf diese Eigenheiten, wenn sie wissen, woran es liegt. Sicherlich wird es immer auch solche geben, die sich nicht vorstellen können, dass man Mittelalterschwerter schwingen und trotzdem intelligent schreiben kann, die sich allein durch meine Existenz narzisstisch gekränkt fühlen. Aber mit denen muss ich mich ja nicht mehr abgeben.

Wer gegen seine eigene Persönlichkeit kämpft, kann nur verlieren – entweder den Kampf oder sich selbst. Und deshalb brauchen wir euer Verständnis und eure Empathie. Lasst mich das mit einer Szene aus *The Big Bang Theory* illustrieren:

Sheldon hat Geburtstag. Weil er jedoch schreckliche Angst hat, vor Publikum zu sprechen, traut er sich nicht, die Geburtstagsrede zu halten. Er versteckt sich im Badezimmer. Penny – die geistig eher schlichte Superblondine mit dem goldenen Herzen – redet ihm zu, doch Sheldon weigert sich. Er fürchtet, die anderen könnten ihn für wunderlich halten.

»Schätzchen«, erwidert Penny. »Du *bist* wunderlich. Und jeder hier weiß das. Und sie sind alle trotzdem noch da, weil du ihnen nämlich am Herzen liegst.«

Ich hätte in meiner Kindheit sehr viel darum gegeben, ein einziges Mal Worte wie diese zu hören.

PLÄDOYER FÜR EIN ENTSPANNTES MITEINANDER

Nun habe ich einiges vor euch ausgebreitet. Presul discretissime, hier ist meine Beichte. Und nun?

Nein, ich erwarte weder Absolution noch Verdammnis. Aber ein Augenzwinkern wäre schön. Es ist Zeit, dass wir endlich normal miteinander kommunizieren. Und wie soll das gehen, wenn wir euch nicht verraten, wie wir ticken? Es wäre daher nett, wenn ihr uns einfach nehmen würdet, wie wir sind. Nicht weil wir irgendeine Extrawurst gebraten haben wollten. Sondern weil es unglaublich wehtut, nicht das sein zu dürfen, was man ist.

Und deshalb bin ich nicht mehr willens, meine Hochbegabung zu verstecken oder gar zu bereuen. Wir werden von nun an so miteinander klarkommen müssen. Also lasst mich mein Schlussplädoyer sprechen: für ein entspanntes Miteinander.

In die Klasse meiner Tochter ging ein Mädchen, dessen Familie eine große Firma gehört. Man sah das Kind fast ausschließlich in Kleidern, die aus den üblichen Shops stammten, wo alle einkauften. Auch die Mutter trat bei Elternabenden sehr dezent auf: Jeans, T-Shirt und Ballerinas. Als ich das erste Mal meine Tochter zum Spielen hinbrachte, begrüßte sie mich in Arbeitskleidung mit Gartenhandschuhen. Nonverbale Aussage: Ja, ich mache meine Gartenarbeit selber, genau wie du. Ich bin ganz normal. Ganz, ganz, ganz normal, bitte beiß mich nicht.

Ich wollte gar nicht beißen. Und auch wenn ich natürlich sah, dass das alles ein für mich inszeniertes kleines Theaterstück war, ich kann das sehr gut verstehen. Es war ihre Art der Mimese. Warum muss das eigentlich sein? Diese Frau hat mehr Geld als ich, sehr viel mehr Geld, und daran wird sich aller Voraussicht nach auch nichts ändern. Na und? Ist das ein Grund, böse auf sie zu sein oder sie gar schlecht zu behandeln?

Dass jemand reicher, schöner, intelligenter ist, sollte weder Gegenstand besonderer Arroganz noch des Neides sein. Man weiß nie, ob man alles, was zu dieser Eigenschaft dazugehört, auch haben möchte. Wer besonders intelligent ist, hat dafür nicht unbedingt ein leichteres Leben. Es ist auch eher wenig ruhig. Im Gegenteil, es kann oft ganz schön aufreibend sein. Wer Hochbegabte beneidet, sollte sich fragen, ob er wirklich sicher ist, dass er sich wünscht, eine philologische Frage oder ein Stakkato-Punkt auf einer Note würde ihn nächtelang den Schlaf kosten. Er sollte sicher sein, dass er sich wünscht, auf alle möglichen Gerüche mit Übelkeit zu reagieren oder manchmal so desorientiert zu wirken, als hätte er nicht alle Schotten dicht. Ständig anzuecken, Dinge zu tun, die die meisten Menschen einfach nur anstrengend finden. Ob er sich wirklich sicher ist, dass es ihm Spaß machen würde, Jahre seines Lebens mit Fragen nach Dingen zu verbringen, die den meisten völlig egal sind, während alle anderen im Biergarten sitzen. Weniger Freunde zu haben, weniger potentielle Partner und sehr viel weniger Menschen, die einen gut finden. Von frühester Jugend an Kämpfe mit der Familie auszufechten. Freunde zu verlieren, vielleicht gemobbt zu werden. Überlegt es euch gut, was es bedeutet, ehe ihr jemanden beneidet.

Viele Probleme hätte ich nie gehabt, wenn das Thema Hochbegabung offen angesprochen worden wäre. Wenn man mir zugestanden hätte, dass ich anders bin, hätte ich eine Chance gehabt, auf andere Menschen einzugehen. So stieß ich sie vor den Kopf, ohne es zu wollen. Und deshalb bin ich absolut dagegen, wenn mir jemand sagt: Sei hochbegabt, aber bitte so, dass es keiner merkt.

Seht es als Marotte oder meinetwegen als kleines Handicap. Liam ist rotgrünblind, Annalisa lispelt, Charlotte ist hochbegabt. Wenn jemand eine Nussallergie hat, stopft ihr ihm doch auch kein Walnuss-Eis in den Mund. Also seht es uns doch einfach nach, wenn wir Theorien zur Antimaterie spannender finden als die Frage, wer mit wem schläft. Nennt es meinetwegen Smalltalk-Unverträglichkeit. Oder erotisch laktoseintolerant, was auch immer.

Ich versichere euch, die Rücksichtnahme ist nicht einseitig. Den größten Teil unserer Gespräche führen wir mit angezogener Handbremse, und das tun wir für euch! Weil wir gern mit euch zusammen sein möchten. Also gebt uns wenigstens eine Chance, auch wenn wir vielleicht manchmal komisch sind. Wir brauchen ein bisschen Förderung und ein bisschen Empathie. Das ist schon fast alles.

Okay. Manchmal kann es trotz aller Bemühungen noch immer passieren, dass ich ein bisschen besserwisserisch wirke. Aber habt ihr nicht auch mal einen schlechten Tag?

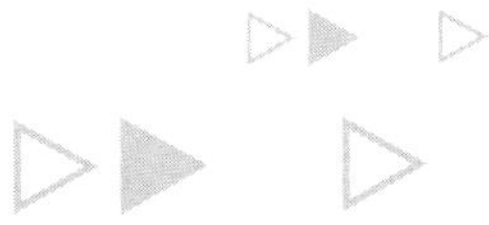

AUFGABEN FÜR DIE ZUKUNFT

Es gibt noch viel zu tun, wenn es in Zukunft nicht mehr dumm sein soll, hochbegabt zu sein. Bessere und frühzeitige Diagnosemöglichkeiten, Integration in den Arbeitsmarkt, Reintegration hochbegabter Mütter und vieles mehr. Deutschland ist bei der Anerkennung und Förderung von Hochbegabung noch immer ein Entwicklungsland. In den USA etwa werden IQ-Tests flächendeckend durchgeführt. Hochbegabte werden so rechtzeitig erkannt und können gefördert werden, auch wenn sie aus bildungsfernen Familien kommen.

Der deutsche Rückstand liegt auch daran, dass die Hochbegabtenforschung hier noch immer in den Kinderschuhen steckt. Aufzuholen wird noch Jahrzehnte dauern. Es hat sich etwas getan. Aber noch immer liest man hier auch Vorstellungen von Hochbegabung, die sich von Veröffentlichungen aus dem Ausland teilweise so stark unterscheiden, dass man sich fragt, ob beide vom selben Thema sprechen. Wir brauchen eine Hochbegabtenforschung mit Kontakt zur Lebenswirklichkeit: eine ergebnisoffene Wissenschaft, frei von Zielen wie der möglichst billigen Ruhigstellung oder frühzeitigen Rekrutierung von Wirtschafts-Leistungsträgern und stattdessen der Entwicklung individueller Fördermöglichkeiten verpflichtet. Keine Hochbegabung ist wie die andere, auch wenn Modelle wie das Delphi-Modell Anhaltspunkte zum Verständnis liefern können. Es geht nicht nur darum, die Schnelligkeit der Hochbegabten zu nutzen, sondern auch ihr kritisches Potential, ihre Fähigkeit, um die Ecke zu denken, ihre Sensibilität und ihre Kreativität beim Entwickeln neuer Technologien, Kunstwerke oder Strategien. Gerade hier sind oft die Underachiever besonders stark, wenn man es schafft, den Performer in ihnen herauszukitzeln.

Das erfordert Offenheit. Hochbegabung erlaubt keine Aussage darüber, welche Werte oder persönlichen Präferenzen jemand hat. Selbst wenn bestimmte Muster bei Hochbegabten überdurchschnittlich häufig vorkommen, heißt das nicht, dass es für alle gelten muss. Es ist nicht so, dass alle Physiker hochbegabt sind, und es gibt in Deutschland auch sehr viel mehr Atheisten als Hochbegabte. Außerdem entwickeln sich Menschen und ändern im Laufe ihres Lebens auch mal ihre Ansichten. Zu vielen Themen hätte ich mich als Kind anders geäußert als heute – und ich war damals schon genauso hochbegabt. Und wenn ihr womöglich irgendwo lesen solltet, dass Menschen, die einer bestimmten politischen Ansicht sind, allesamt hochbegabt seien, dann werft eure Lektüre ins Altpapier. Sie versucht euch zu manipulieren.

Hochbegabte Kinder haben darüber hinaus ein Recht auf Förderung, um sich gesund entwickeln zu können, und zwar unabhängig von Herkunft und Geschlecht. Das birgt Konfliktpotential. Wo endet das Erziehungsrecht der Eltern, wenn, sagen wir, ein hochbegabtes Mädchen auf elterlichen Wunsch heiraten oder eine Banklehre statt Abitur und Studium machen soll? Aufgrund der Einschätzung von Fietze u. a. wäre das eine Form von Gewalt. Wo ist die Grenze, wenn ein solches Mädchen von seinem familiären Umfeld wegen seiner intellektuellen Neigung gemobbt wird: etwa weil das Umfeld wenig Wert auf Bildung legt und andere Dinge – Religiosität, der Verein, die Familie oder was auch immer – wichtiger sind? Wo verläuft die Grenze, wenn ein Kind in der Schule von den Lehrern kleingehalten wird? Von Kindheit an stehen nicht wenige Hochbegabte einer Welt gegenüber, in der sie ihre Bedürfnisse oft gegen ihre engsten Bezugspersonen – Eltern, Geschwister, Lehrer, Erzieherinnen – durchsetzen müssen. Das können sie nicht allein schaffen.

Und deshalb müssen wir über Hochbegabung reden. Viele Kommunikationsschwierigkeiten hätte ich vermeiden können, wenn ich gewusst hätte, worin sie bestehen. Genervte und nervende Sätze wie »Warum geht das nicht schneller?« oder »Wie kann man das nicht verstehen?« kommen mir heute kaum noch über die Lippen – ich weiß ja jetzt, woran es liegt. Ich weiß, dass ich eine Katze unter Hunden bin, oder ein Hund unter Katzen.

Ein Anfang wäre eine frühe Erkennung und Aufklärung der Eltern. Es muss Hilfestellung und Anlaufstellen für Eltern aus bildungsfernen Familien geben, die mit einem hochbegabten Kind ansonsten überfordert sind. Was das betrifft, ist inzwischen immerhin eine Menge geschehen. Mensa, DGHK und andere Vereine bieten Eltern die Möglichkeit zum Austausch, der Beratung und Hilfe. In vielen Fällen haben Eltern selbst den Verdacht, ihr Kind könnte hochbegabt sein, und lassen es testen. Manche irren sich damit, andere nicht. Das Kind ist nicht weniger wert, wenn es nicht hochbegabt ist. Es geht hier nicht um ein Statussymbol, sondern darum, seinem Kind unnötiges Leid zu ersparen. Was mich betrifft, habe ich vor dem Test meiner Tochter (und auch meinem eigenen) mit niemandem darüber gesprochen. Erst als wir die Hochbegabung schwarz auf weiß hatten, haben wir es anderen gesagt. Zuerst nur den Lehrern und engsten Freunden. Einige erfahren es erst, wenn sie zufällig dieses Buch lesen sollten.

Ich halte nichts davon, Kinder mit Erwartungen zu überfrachten, die sie womöglich nicht erfüllen können. Das ist genauso ungesund wie das Unterdrücken von Hochbegabung. Zur Illustration diese kleine Geschichte, die mir anonym über ein Bewerbungsverfahren für eine Hochbegabtenklasse erzählt wurde.

Am Ende gab es für die Kinder noch die Möglichkeit, Fragen zu stellen. Ein Junge meldet sich.

»Ich würde gern wissen, ob man in die Klasse gehen muss, wenn man die Tests bestanden hat«, meint er.

Warum er das wissen will, fragt die Schulpsychologin.

»Ich will eigentlich gar nicht in die Hochbegabtenklasse«, erwidert er. »Mein Vater will das, aber ich würde lieber mit meinen Freunden aufs normale Gymnasium gehen.« Da erübrigt sich natürlich dann das weitere Verfahren.

Hochbegabung ist kein Accessoire, mit dem man sich im Freundeskreis schmückt. Es ist sinnvoll, Hochbegabung zu benennen und sein Testergebnis zu kennen. Aber ein IQ-Wert ist kein Statussymbol, und Tests sind trotz allem immer nur ein Anhaltspunkt. Genauso wenig sinnvoll ist es, sich als hochbegabt zu bezeichnen, ohne einen dafür geeigneten Test (also nicht im Internet, sondern bei einer darauf spezialisierten Fachperson) abgelegt zu haben. Wenn ihr glaubt, hochbegabt zu sein oder ein hochbegabtes Kind zu haben, sagt nicht: Ich bin/es ist hochbegabt, sondern lasst euch testen. Sonst werdet ihr immer hören: Na klar, du bist hochbegabt … im Angeben vielleicht!

Umgekehrt wäre es wirklich schön, wenn eine echte Hochbegabung kein Grund mehr wäre, sich zu schämen. Es hat sich viel getan, aber es gibt noch immer Lehrer, die unter Hochbegabung fleißige Schüler mit guten Noten verstehen. Als ich einer Lehrerin meiner Tochter von deren Hochbegabung erzählte, mit der Bitte, sie soweit möglich entsprechend zu fördern, um schlimmere Motivationsschäden zu vermeiden, erklärte sie mir, ihre eigene Tochter sei ebenfalls hochbegabt. Einen Test hatte sie nicht – nur ein 1,0-Abitur. Das aber spricht eher gegen eine Hochbegabung. Es wäre wichtig, dass Lehrer wissen, was Hochbegabung bedeutet, um gerade in der Grundschule besser darauf eingehen zu können.

Denn diese ist für Hochbegabte oft der schlimmste Teil der Schulzeit. Viele Eltern denken, die Kinder würden zu früh in Gymnasiasten, Realschüler und Hauptschüler aufgeteilt. Aus der Hochbegabtenperspektive muss ich sagen, dass ich es eher zu spät finde. Warum kann man nicht schon für Grundschüler Übergangsklassen an Gymnasien anbieten?

Auch wenn ein Kind im Chemieunterricht über Antimaterie nachdenkt, kann das Wissen um Hochbegabung helfen. Statt die anderen zu nerven und die Basics des Fachs zu verpassen, könnte das Kind die Basics beschleunigt lernen und in der gewonnenen Zeit die Antimaterie-Theorie vertiefen, am besten unter fachkundiger Anleitung.

Hochbegabtenklassen können hochbegabten Kindern das Leben enorm erleichtern. Endlich ein ganz normales Kind unter anderen normalen Kindern sein – das ist eine Erfahrung, die sehr wertvoll ist. Umso mehr, wenn das Kind extrembegabt ist und in der regulären Klasse Probleme hat. Es ist sehr viel leichter, soziale Fähigkeiten zu entwickeln, wenn man nicht permanent damit beschäftigt ist, sich zu verstecken, zu knebeln oder zu betäuben.

NEUE TESTVERFAHREN

Die wenigsten in Deutschland üblichen IQ-Tests sind zur Messung von Hochbegabung entwickelt worden. Bei den Tests für Erwachsene endet der Messbereich meist bei einem IQ von 150 oder sogar schon 140. Mit solchen Instrumenten kann man vor allem Höchstbegabungen nur schwer bis gar nicht erkennen. Je höher die Begabung liegt, desto ungenauer wird das Ergebnis. Im Extremfall kann es sogar deutlich zu niedrig ausfallen. Wir brauchen neue und sicherere Tests, die äußere Einflüsse wie Aufregung minimieren und feinere Messergebnisse ermöglichen. Warum nicht auch aus der Hirnforschung?

INTEGRATION INS ARBEITSLEBEN

Hochbegabte ins Arbeitsleben zu integrieren ist sicher nicht immer ganz leicht. Es kann aber leichter werden, je weniger die

Hochbegabten im Gefühl aufwachsen müssen, nicht in Ordnung zu sein. Dann werden sich auch ihre sozialen Fähigkeiten deutlich verbessern. Meine jedenfalls vermehrten sich exponentiell, kaum war ich aus dem Elternhaus ausgezogen. Das obligatorische Sanktionieren jeder auf ungewöhnliche Intelligenz zurückzuführenden Verhaltensweise war weggefallen – ich befand mich auf einmal in einem Umfeld, in dem ich mich wohl und vor allem sicher fühlte. Entsprechend fiel es mir leichter, auf andere Menschen zuzugehen und ihnen zu vertrauen – mit sofortigen positiven Auswirkungen auf meine soziale Kompetenz.

Für eine erfolgreiche Integration Hochbegabter ins Arbeitsleben wäre es zweitens hilfreich, ihren Ansprüchen, also ihrem intellektuellen Niveau möglichst gerecht zu werden. Universitäten beispielsweise möchten gern intelligente Wissenschaftler, aber sie schaffen nicht die Voraussetzungen, damit diese arbeiten können. So verlieren sie die intelligentesten Köpfe ans Ausland oder an die Wirtschaft. Kein Wunder: An deutschen Universitäten wird der akademische Mittelbau heutzutage systematisch unter seiner Qualifikation hauptsächlich mit Verwaltungsarbeiten beschäftigt – für Hochbegabte der Anti-Job per se.

Auch die extreme Spezialisierung kann abschrecken, vor allem sehr kreative Hochbegabte. Sich selbst zu beschneiden und einseitige Aufgaben zu erfüllen ist demotivierend. Warum ist es bei Goethe bewundernswert, wenn er viele Interessen hatte und in vielen Dingen gut war, beim hochbegabten Lieschen Müller aber ein Nachteil? Kreativität braucht Freiraum. Wenn man Lieschen Müller auch mal über den Tellerrand sehen lässt, wird man sich vielleicht wundern, wie motiviert sie plötzlich ist und wie viel Input von ihr kommt.

Es braucht nicht viel, um das Beste aus einer hochbegabten Person herauszuholen: einen Job, der sie auf Betriebstemperatur bringt und etwas Abwechslung für den Jagdtrieb bietet. Kollegen, die nicht neidisch sind und sie diese Arbeit auch machen lassen. Dafür bekommt man dann aller Wahrscheinlichkeit nach höchstmotivierte, kreative und enorm produktive Mitarbeiter, die in wenigen Stunden erledigen, wofür andere Tage brauchen. Das Geld für die Förderung wäre also gut investiert. Am besten dürften Teams funktionieren, in denen sich die Stärken von Hoch- und Normalbegabten ergänzen können: mit klarer Aufgabenverteilung und offener Kommunikation.

Last but not least: Hochbegabte Kinder haben oft auch hochbegabte Mütter, die gar nichts von ihrer Begabung wissen. Wenn sie davon erfahren, ist es meistens zu spät, um noch eine normale Karriere zu starten. Zugleich bringen auch sie ein enormes Potential mit, das ungenutzt zu bleiben droht. Warum muss das sein?

Überall wird über den Fachkräftemangel lamentiert, und hier gibt es jede Menge ungenutztes Potential. Wenn sie Slawistik studiert haben – na und? In eine neue Wissenschaft liest sich eine Hochbegabte doch in Nullkommanichts ein. Programmieren lernen, nachdem sie bisher Lateinunterricht gegeben hat – wieso nicht? Mit 55 Jahren noch auswandern, wenn sie sowieso bis 70 oder länger arbeiten will – welches Land wäre wohl so dumm, hier Nein zu sagen?

ZWEI SEITEN DER MÜNZE

Im Nachhinein denke ich, dass es auch an meinem Gymnasium Lehrer gab, die vielleicht hochbegabt sind. Eine Griechisch-Lehrerin hatte zum Beispiel parallel Physik bei Werner Heisenberg studiert. Aber weil in ihrer eigenen Jugend Hochbegabung tabu war, konnte sie auch mir nicht helfen. Wie hätte sie benennen oder gar behandeln können, was sie an sich selbst vermutlich nicht einmal zur Kenntnis nahm?

Eine Gesellschaft, in der Hochbegabte sich wohlfühlen, schiebt Menschen nicht in Schubladen. Du kannst nicht eine Sache, sondern drei? Wunderbar, wir belohnen Leistung. Unsere Gesellschaft hat Platz für Menschen, die ein bisschen merkwürdig sind.

Leider ist das nicht gerade eine Beschreibung des Ist-Zustands in Deutschland. Mit eine der besten Erfahrungen meines Lebens war daher die Zeit, als ich in London lebte.

Karin Rasmussen schrieb 2011 in der *ZEIT*: »Nicht Genie macht wahnsinnig – es ist die Gesellschaft, die ihre Genies in den Wahnsinn treibt.«

Wie wäre es, das gemeinsam zu ändern?

Es gibt noch viel zu tun. Heute und hier ist weder der beste Ort noch die beste Zeit, um mit einer Hochbegabung zu leben. Aber es gab in der Geschichte der Menschheit auch schon schlechtere. Mag sein, dass ich in diesem Leben immer eine Fremde sein werde. Aber das ist okay, solange das Umfeld nicht intellektuell xenophob ist.

Hochbegabung hat wie jede andere Eigenschaft zwei Seiten. Sie hat positive Aspekte und negative. Manches hilft einem, und über anderes kann man stolpern. Aber so ist das nun mal im Leben.

Ja, ich habe ein merkwürdiges Innenleben. Ja, ich verhalte mich manchmal anders. Und ja, manchmal bin ich schon ein wenig seltsam. Das macht, dass ich mich nicht in jedem Kontext gleich gut bewegen kann, und hat mir in der Vergangenheit Erfahrungen beschert, die ich niemandem wünsche. Aber wer kann sich schon in wirklich jedem Kontext gleich gut bewegen?

Ja, meine Hochbegabung hat mir schon einigen Ärger bereitet. Aber sie beschert mir eben auch diese Flows.

Und deshalb zähle ich auf euch. Unterhalten wir uns, kommunizieren wir auf Augenhöhe. Ihr habt jetzt einen Einblick, wie wir ticken. Hochbegabung an sich ist weder gut noch schlecht. Es kommt darauf an … genau: die Gebrauchsanweisung dafür zu finden. Ich würde mich freuen, wenn ich dem ein oder anderen von euch dabei helfen konnte.

ZUM WEITERLESEN

BÜCHER, ARTIKEL UND AUFSÄTZE

Arnett, J.: »Sensation seeking. A new conceptualization and a new scale«, in: *Personality and Individual Differences* 16.2 (1994), S. 289–296

Aron, Elaine: *Sind Sie hochsensibel? Wie Sie Ihre Empfindsamkeit erkennen, verstehen und nutzen.* Heidelberg 2005

Bruttel, L./Stolley, F.: »Nudging als politisches Instrument – gute Absicht oder staatlicher Übergriff?«, in: *Wirtschaftsdienst* 94 (11), 2014, S. 767–771

Billhardt, Jutta: *Hochbegabte. Die verkannte Minderheit.* Würzburg 1996

Brackmann, Andrea: *Jenseits der Norm – hochbegabt und hoch sensibel?* Stuttgart 2005

Breedijk, J./Nauta, N./Rau, J.: *Extrem begabt und sehr sensibel. Hochbegabte Jugendliche – was sie brauchen – wie sie ticken.* Weinheim/Basel 2018

Csíkszentmihalyi, Mihalyi: *Flow. Das Geheimnis des Glücks.* Stuttgart 1995

Csíkszentmihalyi, Mihalyi: *Das Flow-Erlebnis. Jenseits von Angst und Langeweile im Tun aufgehen.* Stuttgart 2000 (8. Aufl.)

Dabrowski, K.: *Positive Disintegration.* London 1964

Düber, D.: »Überzeugen, Stupsen, Zwingen – Die Konzeption von Nudge und Libertärem Paternalismus und ihr Verhältnis zu anderen Formen der Verhaltenssteuerung«, in: *Zeitschrift für Praktische Philosophie* 3 (1), 2016, S. 437–486

Dutton, E./Van der Linden, D.: »Why is Intelligence Negatively Associated with Being Religious« (2017), in: *Evolutionary Psychological Science*, DOI: 10.1007/s40806-017-0101-0, Link: https://link.springer.com/article/10.1007/s40806-017-0101-0

Fietze, K.: *Kluge Mädchen.* Berlin 2013 (2. Aufl.)

Freidank, J.: *Jasmin und Bittermandeln.* Leipzig/Luxemburg 2017

Freund-Braier, I.: *Hochbegabung, Hochleistung, Persönlichkeit.*, Münster 2001

Jacob, A.: *Hochbegabte Kinder in der Beratung.* Beltz 2016

Kippmann, U.: »Auswahl von Intelligenztests in der Begabungsdiagnostik. Erfahrungen aus der Praxis«, in: *news and science. Begabtenförderung und Begabungsforschung ÖZBF* Nr. 29/Ausgabe 3, 2011, S. 18–23

Kooijman-van Thiel, M.: *Hoogbegafd: Dat zie je zó! Over zefbeeld en imago van hoogbegaafden.* OYA Productions 2008

Liebert-Cop, I./Zirbes-Domke, S.: »Die vier häufigsten psychischen Fehldiagnosen bei hochbegabten Kindern«, in: *Labyrinth* (Magazin der DGHK) 135, S. 16–19, 136, S. 30–31

Meister, J.-J.: *Hochbegabte an deutschen Universitäten. Probleme und Chancen ihrer Förderung.* München 1992

Mujica-Parodi, L. u. a.: »The fine line between ›brave‹ and ›reckless‹: Amygdala reactivity and regulation predict recognition of risk«, in: *NeuroImage* 103 (2014), S. 1–9, Link: https://www.sciencedirect.com/science/article/pii/S1053811914007125

Nepper Fiebig, J.: *Gifted early adolescent girls in the United States and Germany. Factors influencing their career orientation and career aspiration.* Regensburg 2002

Norbury, A./Husain, M.: »Sensation Seeking: Dopaminergic modulation and risk for psychopathology«, in: *Behavioural Brain Research* 288 (2015), S. 79–93, Volltext: https://www.sciencedirect.com/science/article/pii/S0166432815002570

Onysko, A.: »Enhanced creativity in bilinguals? Evidence from meaning interpretations of novel compounds«, in: *International Journal of Bilingualism* 20 (2016), S. 315–334

Pennycook, G. u. a.: »On the reception and detection of pseudo-profound bullshit«, in: *Judgement and Decision Making*, Bd. 10 Nr. 6 (2015), S. 549–563, Link: http://journal.sjdm.org/15/15923a/jdm15923a.pdf

Preckel, F.: *Diagnostik intellektueller Hochbegabung.* Göttingen 2003

Roedell, W. C./Jackson, N. E./Robinson, H. B.: *Gifted young children.* New York 1980

Rorty, R.: *Kontingenz, Ironie und Solidarität.* Frankfurt/M. 1989

Rost, D. (Hg.): *Hochbegabte und hochleistende Jugendliche. Befunde aus dem Marburger Hochbegabtenprojekt.* Münster 2009 (2., erw. Aufl.)

Schmidbauer, W.: *Kassandras Schleier. Das Drama der hochbegabten Frau.* München 2013

Sellin, B.: *Ich will kein inmich mehr sein. Botschaften aus einem autistischen Kerker*, Köln 1993

Sellin, B.: *Ich Deserteur einer artigen Autistenrasse.* Köln 1995

Stapf, A.: *Hochbegabte Kinder. Persönlichkeit, Entwicklung, Förderung.* München 2003 (div. aktualisierte Aufl.)

Terman, L. u. a. (Hg.): *Genetic Studies of Genius*, Bde. 1–5, Stanford 1925–1959

Tettenborn, A.: *Familien mit hochbegabten Kindern.* Münster 1996

Thompson, P. u. a.: »Genetics of Brain Fiber Architecture and Intelligence«, in: *Journal of Neuroscience*, 18.02.09, Link: http://users.loni.usc.edu/~thompson/HARDI-IQ/NSimg004.jpg

Webb, J. u. a.: *Doppeldiagnosen und Fehldiagnosen bei Hochbegabung. Ein Ratgeber für Fachpersonen und Betroffene.* Bern 2015

Zuckerman, M.: *Behavioral Expressions and Biosocial Bases of Sensation Seeking.* Cambridge 1994

Zuckerman, M./Silberman, J./Hall, J.: »The Relation Between Intelligence and Religiosity. A Meta-Analysis and Some Proposed Explanations«, in: *Personality and Social Psychology Review* 2013, Link:

http://psr.sagepub.com/content/early/2013/08/02/1088868313497266

bzw. http://diyhpl.us/~nmz787/pdf/The_Relation_Between_Intelligence_and_Religiosity__A_Meta-Analysis_and_Some_Proposed_Explanations.pdf

HILFREICHE UND INTERESSANTE LINKS

Fehldiagnosen

https://www.dghk.de/herausforderungen/fehldiagnosen/

http://www.hochbegabt.ch/fehldiagnose-bei-hochbegabten/

Intelligenz

http://www.spektrum.de/news/effektive-verknuepfungen-sorgen-fuer-intelligenz/1023268

http://testexperiment.stangl-taller.at/testintelligenzhochbegabt.html

Intelligenz und Kreativität

http://paedagogik-news.stangl.eu/hochbegabung-und-kreativitaet/

https://www.researchgate.net/publication/240218031_Hochbegabt_und_einfallslos_Zur_Kreativitat_intellektuell_hochbegabter_Kinder_und_Jugendlicher_Gifted_and_not_Creative_On_the_Creativity_of_Intellectually_Gifted_Children_and_Adolescents

http://www.faz.net/aktuell/wissen/leben-gene/wie-entsteht-originalitaet-im-gehirn-kreativitaet-ist-die-neue-intelligenz-12042938.html

http://www.psychologie-heute.de/archiv/detailansicht/news/hat_langeweile_einen_sinn/

http://www.stangl-taller.at/TESTEXPERIMENT/testintelligenzkreativ.html

Tänzerin von A. Kitaoka mit Animation

http://psychologie-news.stangl.eu/120/rechte-vs-linke-gehirnhaelfte

Hanno Beck, Nudging-Kritik

https://www.welt.de/wirtschaft/article169652501/Am-Ende-lauert-eine-Gluecksdiktatur.html

Alexander Huber, Sensation Seeking

https://www.klettern.de/community/vertical-life/der-grenzgaenger-alexander-huber.419835.5.htm

Genie und Wahnsinn

http://www.zeit.de/2011/45/C-Hochbegabte/seite-2 (Zitat K. Rasmussen)

Unheimliche Kinder

http://www.spiegel.de/spiegel/print/d-7956517.html (»Mein Kind ist mir unheimlich«)

Teenager + hochbegabt
= Pubertät hoch drei

Janneke Breedijk
Noks Nauta
Julia Rau
EXTREM BESCHENKT UND SEHR SENSIBEL
HOCHBEGABTE JUGENDLICHE –
wie sie ticken,
was sie brauchen
BELTZ